《南昌发展蓝皮书（2024）》编撰委员会

主　任

高世文

副主任

胡晓海

编　委（按姓氏笔画顺序排列）

于立山　万利平　王　玮　王成久　邓　峰　兰　园
朱世鸣　刘光荣　巫　滨　李　勇　李国水　李建红
杨　春　杨　燊　杨育星　何彦军　汪众华　陈　艳
陈　曙　陈宏文　罗国栋　罗建华　胡俊峰　骆　军
贾彧超　凌敏杰　黄　琰　黄小红　黄师奇　龚林涛
彭路萍　葛　苗　谢蔚如　雷桥亮　熊　辉　戴　琼

主　编

陈　曙　雷桥亮

副主编

何彦军　谢蔚如

编　辑

戴庆锋　杨美蓉　何丽君　张晓波　罗思越

南昌发展蓝皮书

（2024）

Blue Book on Nanchang Development (2024)

南昌市城市发展研究院　编
南昌社会科学院

江西人民出版社
Jiangxi People's Publishing House
全国百佳出版社

图书在版编目（CIP）数据

南昌发展蓝皮书.2024/南昌市城市发展研究院，南昌社会科学院编.--南昌：江西人民出版社，2024.10.--ISBN 978-7-210-15756-4

Ⅰ.F127.561

中国国家版本馆CIP数据核字第2024D89Q69号

南昌发展蓝皮书（2024）
NANCHANG FAZHAN LANPISHU(2024)

南昌市城市发展研究院　南昌社会科学院　编

责任编辑：陈才艳
封面设计：小　尉

江西人民出版社　出版发行
Jiangxi People's Publishing House
全国百佳出版社

| 地　　　址：江西省南昌市三经路47号附1号（邮编：330006）
| 网　　　址：www.jxpph.com
| 电子信箱：jxpph@tom.com
| 编辑部电话：0791-86898115
| 发行部电话：0791-86898801
| 承　印　厂：江西新华印刷发展集团有限公司

开　　　本：787毫米×1092毫米　1/16
印　　　张：23
字　　　数：310千字
版　　　次：2024年10月第1版
印　　　次：2024年10月第1次印刷
书　　　号：ISBN 978-7-210-15756-4
定　　　价：58.00元
赣版权登字-01-2024-605

版权所有　侵权必究

赣人版图书凡属印刷、装订错误，请随时与江西人民出版社联系调换。
服务电话：0791-86898820

目录

综合编   001

南昌市经济和社会发展情况报告
南昌市发展和改革委员会课题组 —————— 002

南昌市生态文明建设发展报告
南昌市发展和改革委员会课题组 —————— 022

南昌市县区经济发展情况报告
南昌市社会科学界联合会课题组 —————— 032

部门编   053

南昌市固定资产投资形势分析与展望
南昌市统计局课题组 —————— 054

南昌市财政形势分析与展望
南昌市财政局课题组 —————— 061

南昌市制造业形势分析与展望
南昌市工业和信息化局课题组 —————— 069

南昌市农业和农村形势分析和展望
南昌市农业农村局课题组 —————— 077

南昌市商务经济形势分析与展望
南昌市商务局课题组 —————— 084

南昌市金融业发展情况报告

  中共南昌市委金融委员会办公室课题组 —————— 092

南昌市人力资源和社会保障事业分析与展望

  南昌市人力资源和社会保障局课题组 —————— 099

南昌市生态环境发展情况报告

  南昌市生态环境局课题组 —————— 108

南昌市科学技术事业发展报告

  南昌市科学技术局课题组 —————— 116

南昌市教育事业发展报告

  南昌市教育局课题组 —————— 126

南昌市卫生健康事业发展报告

  南昌市卫生健康委员会课题组 —————— 135

南昌市文化旅游事业发展报告

  南昌市文化广电旅游局课题组 —————— 142

南昌市城市管理工作报告

  南昌市城市管理和综合执法局课题组 —————— 151

南昌市市场监管情况报告

  南昌市市场监督管理局课题组 —————— 159

南昌市房地产业发展情况报告

  南昌市住房和城乡建设局课题组 —————— 166

南昌市新型城镇化发展报告

  南昌市发展和改革委员会课题组 —————— 173

南昌法治建设情况报告

  中共南昌市委全面依法治市委员会办公室课题组

  —————— 183

南昌市体育发展形势与展望
　　南昌市体育局课题组 —— 193

南昌市民生工程建设情况报告
　　南昌市政府研究室课题组 —— 199

调研编 207

抢抓"网红城市"发展机遇　持续擦亮南昌"天下英雄城"金字招牌的思考与建议
　　江西省生态文明研究院、南昌市社会科学界联合会课题组
　　　　—— 208

"四力齐发"优化营商环境　补齐"短板"打造全省标杆
——南昌市优化营商环境的实践探索及其对全省的启示
　　南昌大学课题组 —— 218

顺应时代大变局　推动南昌高质量发展
　　南昌市发展和改革委员会课题组 —— 235

南昌城市社区基层治理的调查研究
　　南昌市社会科学界联合会（南昌社会科学院）课题组
　　　　—— 243

南昌市低空经济发展路径研究
　　南昌社会科学院课题组 —— 254

虚拟现实赋能南昌市文旅业的思考
　　南昌市城市发展研究院课题组 —— 263

新质生产力下南昌绿色转型发展对策分析
　　南昌社会科学院课题组 —— 271

关于南昌市推动EOD模式的思考与建议
　　南昌市城市发展研究院课题组 / 283

南昌建设"博物馆之城"的路径研究
　　南昌社会科学院课题组 / 292

南昌市城市地下综合管廊调研报告
　　南昌市城市发展研究院课题组 / 300

加快推进南昌生物医药产业转型升级的对策研究
　　南昌社会科学院课题组 / 308

南昌市数字文化产业发展调查报告
　　——以网络文学产业化为例
　　南昌社会科学院课题组 / 320

南昌康养旅游业发展路径及对策研究
　　南昌社会科学院课题组 / 331

南昌培育壮大新型储能产业研究
　　南昌社会科学院课题组 / 340

南昌市现代物流产业高质量发展研究
　　南昌社会科学院课题组 / 350

南昌推进"八一"红色文化品牌的路径研究
　　南昌社会科学院课题组 / 357

综合编

南昌市经济和社会发展情况报告

南昌市发展和改革委员会课题组

一、2023年国民经济和社会发展计划执行情况

2023年，在南昌市委、市政府的坚强领导下，全市上下深入贯彻落实党的二十大精神和习近平总书记考察江西重要讲话精神，以深入开展学习贯彻习近平新时代中国特色社会主义思想主题教育为引领，聚焦"走在前、勇争先、善作为"的目标要求，紧紧围绕"项目为先、实干奋进，争分夺秒拼经济"工作主线，完整、准确、全面贯彻新发展理念，努力克服不利因素影响，砥砺奋进、真抓实干、攻坚克难，统筹推进稳增长、调结构、促转型、惠民生、防风险、保安全等各项工作，加快推动"一枢纽四中心"建设，全面实施省会引领战略，有力推动全市经济实现质的有效提升和量的合理增长。

全年地区生产总值增长3.5%，地方一般公共预算收入增长9.3%，规模以上工业增加值增长4.2%，固定资产投资下降7.8%，社会消费品零售总额增长6.3%，城镇、农村居民人均可支配收入分别增长4.3%、6.5%，全市经济总体呈现"稳中向好、加快恢复，提质增效、动能积蓄"的态势。"稳中向好、加快恢复"，即各项重点工作扎实有效、经济复苏态势持续巩固。全年GDP（国内生产总值）增速较一季度、上半年、三季度分别提高4.2、2.5、0.8个百分点，地方一般公共预算收入、规上服务业增速位列全省第一，工

业用电用工、项目建设、人流物流、金融存贷等实物量指标传递出积极信号。"提质增效、动能积蓄",即信息基础设施建设、生态文明建设获国务院督查激励,在全省率先创建国家骨干冷链物流基地。规上战略性新兴产业、高技术制造业、装备制造业增加值分别增长7.0%、8.1%、8.3%,数字经济核心产业增加值突破600亿元,技术合同成交额突破350亿元,年营收3亿元以上工业企业研发机构实现全覆盖。全省首家省实验室——南昌实验室启动建设,江西创新馆筹备工作有序推进,新增入库科技型中小企业3444家,新增上市企业5家。全年吸引人才14.70万名,在昌两院院士达10人,创历史新高。昌景黄高铁、南昌东站、南昌南站、中微半导体MOCVD(Metal-Organic Chemical Vapor Deposition的缩写,金属有机化合物化学气相沉积)设备生产基地、江西杭电铜箔、华创新材等一大批重大项目建成投运,为南昌市高质量发展增添强大动力。

(一)坚持项目为先,内需潜力充分释放

及时出台《南昌市关于实干奋进拼经济的若干政策措施》《南昌市2023年"项目为先,实干奋进"攻坚行动实施方案》,持续加密经济运行监测频率,不断优化指标研判体系,稳增长"一揽子"政策措施有力有效。昌杭高铁黄昌段、南昌东站、南昌南站、复兴大桥建成投运,昌九高铁、昌北机场三期、赣抚尾闾、洪州大桥、隆兴大桥、姚湾码头等一大批交通基础设施加快建设,巩固提升全国性综合交通枢纽城市地位。南昌市人民医院经开院区、南昌中学、欣旺达南昌动力电池生产基地、华勤电子千亿级产业基地、传音控股年产2500万部智能手机整机等一大批重大民生项目、重大产业项目加快实施,公共服务提质扩容,发展动能更加充沛。全市1005个重大重点项目完成投资3151.31亿元,重点推进亿元以上工业项目374个,争取中央预算内资金19.1亿元,发行地方政府专项债110.5亿元。成功举办2023年世界VR(Virtual Reality的缩写,虚拟现实)产业大会、南昌电子信息产业发展大会、中国航空产业大会暨南昌飞行大会、中国

（江西）工业互联网创新发展大会等大型活动，签约重大项目843个，协议投资总额2839.09亿元。推动"省企入昌"签约项目65个，签约金额935亿元。统筹开展500余场促消费活动，发放消费券超亿元，武商MALL、江旅都市方舟、华润万象天地等商业综合体顺利开业，吸引超100家首店进驻南昌，核心商圈网点布局日趋成熟。举办各类规模以上展会80余场，展览面积200万平方米，获评"中国会展之星·最具创新活力会展城市"和"最佳会展目的地城市"。

（二）坚持产业强市，实体经济做优做强

出台《南昌市制造业重点产业链现代化建设"8810"行动计划（2023—2026年）》，坚持"一产一策""一企一策"，持续完善产业政策支撑体系。全市规模以上工业营收突破6500亿元，电子信息全产业链营业收入突破2400亿元，汽车及装备、新材料、医药健康等全产业链营业收入均超千亿元。高新航空制造产业集群新增为省级重点产业集群，安义铝型材产业集群、进贤医疗器械产业集群获评省中小企业特色产业集群，"安义门窗"经国家知识产权局核准注册为集体商标。加快推进数字经济与先进制造业深度融合，信息基础设施建设工作成效突出，获国务院督查激励，获评全国首批中小企业数字化转型试点城市，新增上云上平台企业超1.5万家，累计建成5G（第五代移动通信技术）基站数超1.95万个，城市家庭千兆光纤网络覆盖率超350%，均位居全省第一。江铃汽车股份有限公司（简称"江铃汽车"）等3家企业获评国家级智能制造示范工厂，欣旺达等4家企业入选国家级智能制造优秀场景榜单，江西五十铃等12家企业获评"5G+工业互联网"应用示范企业，"数字化转型背景下的VR基础教育实践"等3个项目入选工业和信息化部虚拟现实先锋应用案例名单，"国泰工业互联网平台"成为江西省首个国家级跨行业跨领域工业互联网平台。在全省率先创建国家骨干冷链物流基地，并成功入选综合型现代流通战略支点城市布局建设名单，进境冰鲜水产品、水果指定监管场地投入运营。本外币贷款余

额、金融业税收、直接融资额占全省比重超 30%，本外币贷款余额突破 2 万亿元，新增持牌金融机构 7 家，总数为 192 家，新增上市企业 5 家，累计达 43 家，占全省比重 35.54%。

（三）坚持内外兼修，城市品质显著提升

完成市县两级国土空间总体规划编制并上报审批，编制完成重要规划和城市设计 21 项。全面开展乡镇国土空间总体规划和村庄规划编制工作，编制"多规合一"实用性村庄规划 300 余个。深入推进"胡子工程"和"打通断头路"攻坚专项行动，"胡子工程"完成 11 项，38 条"断头路"完工通车，交通健康指数在全国 36 个重点城市中居前列，成为全国首个从"限行"到"不限行"，拥堵指数"不升反降"的城市。全面推进 612 个城市高质量发展和功能品质提升项目建设，城市更新规划被住房城乡建设部列入可复制经验做法清单。建成海绵城市达标面积 159.93 平方公里、新建市政雨污水管 133.75 公里，高新区湿地公园社区入选国家级完整社区建设试点，创建城市客厅"席地而坐"示范点 13 个，新（扩）建城市公园 26 个，试点开放共享绿地 54 处。建成公共停车场 125 个，新增泊位 13888 个。扎实推进 303 个老旧小区改造，累计完成既有住宅加装电梯 581 台、完成老旧燃气管网改造 248.3 公里，3517 栋既有建筑完成安全隐患整治。全年共举办迎春烟花晚会、国际龙舟赛、千人横渡赣江、八一广场升旗仪式、国际马拉松等系列文旅体活动 400 余场，南昌汉代海昏侯国考古遗址公园列入第四批国家考古遗址公园，万寿宫历史文化街区获评国家级旅游休闲街区，成功入选"2023 年中国十大旅游目的地必去城市"。全年接待游客 1.9 亿人次、同比增长 16.9%，实现旅游综合收入 1977.79 亿元，同比增长 41.3%，均创历史新高。

（四）坚持创新驱动，改革开放持续深化

未来科学城、航空科创城、瑶湖科学岛、中医药科创城、南昌实验室、

江西创新馆等创新平台加快建设，年营收3亿元以上工业企业实现应建尽建全覆盖，亿元以上工业企业覆盖率超70%。培育科技领军企业和独角兽、瞪羚企业213家，新增入库科技型中小企业3444家，新增省级专精特新企业310家、创新型中小企业477家。成立院士（专家）工作站44家，新增本土院士2名，在昌院士达10人，创历史新高。技术合同成交额突破350亿元大关，同比增长超200%。制定出台新"人才10条"政策，创新推出"洪漂"概念，吸引人才14.7万名，兑现奖励资金超11亿元。企业群众办事"一网通办"，网上可办率、一网通办率分别提升至100%、95.84%，在全省中小企业发展环境评估中蝉联第一。南昌市将开办企业指标领域改革作为典型经验在全国营商环境现场会分享交流。"惠企通"平台累计为1.4万余家企业无感兑现资金48.09亿元，净增经营主体8.8万户。34个行政执法单位出台458项轻微违法行为"首违不罚"和"轻微不罚"清单，涉企行政执法检查同比减少14.52%。成立全省首个市级中小企业服务联盟。全市131项试点示范改革项目全面铺开，新增全国加工贸易承接转移示范地、全省第一批水网先行市等47项国家级、省级试点示范项目。拓展深化国企改革"南昌模式"，完成市直党政机关事业单位所属经营性企业划转工作，全市国资总额达1.3万亿元。积极参与共建"一带一路"，与白俄罗斯奥尔沙大区正式缔结友好城市关系，国际友城及友好交流城市达40个。昌北国际机场正式迈入4E级机场运行F类飞机时代，南昌国际陆港开通首条中亚班列，开行铁海联运班列1519列，外贸重箱运量同比增长49.84%。签署《长江中游城市群省会城市合作行动计划（2023—2025年）》，与九江、景德镇、萍乡签署战略合作协议，南昌都市圈同城化水平显著提升。

（五）扎实推进共同富裕，乡村振兴走深走实

完成粮食播种面积516.81万亩，总产量42.96亿斤，冬种油菜89.30万亩，粮油生产再获丰收。新增国家级农业龙头企业2家，10家企业入选中国农企500强，水稻机械化育秧中心实现全市农业乡镇全覆盖。建设高

标准农田8.05万亩，累计建成255.75万亩，占基本农田面积的79.2%。农产品累计网络零售额48.66亿元，占全省1/4。安义瓦灰鸡等10个特色农产品纳入2023年第二批全国名特优新农产品名录。1149个行政村集体经营性收入近11.97亿元、村均收入104.18万元，新增农民合作社343家，5家农民合作社被认定为国家级农民合作社示范社。投入衔接推进乡村振兴补助资金3.5亿元，推进80个脱贫村、64个省级重点帮扶村建设；加强防止返贫动态监测和帮扶工作，累计帮扶有返贫致贫风险的对象1283人。深入推进农村路域环境整治、农村人居环境整治、农村特色产业提升（简称"两整治一提升"）行动，340个重点村环境整治全面完成，开展昌景黄铁路和西二绕城高速公路等重要通道沿线环境整治工作。新改建农村公路352.52公里，完成农村道路"白改黑"370公里、省道"白改黑"99公里，道路隐患治理194公里。农村卫生厕所普及率近80%。安义县入选2023年国家乡村振兴示范县。南昌县向塘镇等9个乡镇上榜全国综合实力千强镇（简称"全国千强镇"）名单。经开区蛟桥街道办事处龙潭村等4个村入选第三批全国乡村治理示范村。新建区石埠镇西岗村获评2023年中国美丽休闲乡村。

（六）坚持人民至上，群众幸福指数不断攀升

民生类支出占地方一般公共预算支出比重稳定在八成左右，10件人大票决民生实事项目全面完成。入选全国公共就业服务能力提升示范项目城市，新增城镇、农村就业分别达到6.89万人、3.74万人，发放创业担保贷款18.58亿元，企业职工基本养老保险参保企业、参保人员同比分别增长19.0%、6.5%，零就业家庭安置率达到100%。启动实施全市中小学校网点建设补短板三年攻坚行动，新投入使用中小学21所，新增学位3.9万个；新投入使用公办幼儿园40所，新增园位1.07万个；"义务教育智慧入学"平台被国务院办公厅《电子政务工作简报》肯定推介。全力办好南昌技师学院、南昌健康职业技术学院，市委党校新校区（八一干部学院）如

期投入使用。加速构建"4+2+2"医疗卫生服务体系，市第一医院九龙湖院区、市洪都中医院二期已完工试运行，南昌新急救中心、市中心医院瑶湖分院、市卫生应急指挥与检验中心等建设项目有序推进。不断完善"一老一幼"服务体系，获评全国首批婴幼儿照护服务示范城市；打造区域性养老中心8个，建成社区居家养老服务中心887家，顺利通过全国爱国卫生运动委员会办公室开展的"国家卫生城市"复审现场评估。纵深推进八大标志性战役30个专项行动，生态文明建设获国务院督查激励，全市空气质量优良率92.3%，在中部六省省会城市稳居第一。推动水系大连通，深化水环境治理，前湖水系、乌沙河水质明显改善，重点建设用地安全利用率达到95%以上。加快构建碳达峰碳中和"1+N"政策体系，稳步推进废旧物资循环利用体系建设，国家低碳试点城市评估获优秀等次。省级以上工业园区循环化改造覆盖率达到85.7%。

（七）坚持防范风险，社会大局保持和谐稳定

坚持粮食安全党政同责，全力保障粮食安全，连续7年在全省粮食安全省长责任考核中获得"优秀"等次。积极推进国家粮食物流核心枢纽建设，覆盖城乡的应急保供网络不断完善。保障能源安全，迎峰度夏、度冬能源供应保障平稳有序。全力化解恒大、新力、正荣等逾期楼盘涉稳风险，扎实做好保交楼各项工作。不断提升防范和处置非法集资全链条治理能力，筑牢全市防非处非防线，提前四个月完成非法集资存量案件年度化解任务。全面压实债务管控主体责任，牢牢守住不发生系统性区域性债务风险底线。推动财力下沉，坚决兜住基层"三保"底线。严厉打击各类违法犯罪，常态化开展扫黑除恶斗争，治安案件受理数同比下降14.2%，电诈案件发案数下降30.3%，刑事案件破案数上升31.5%，获评全国首批、全省首个社会治安防控体系建设示范城市。扎实开展安全生产重大事故隐患专项排查整治工作，安全生产事故数下降33.3%。

面对错综复杂的内部和外部环境，取得这样的成绩来之不易。这是深

入贯彻落实党的二十大精神和习近平总书记考察江西重要讲话精神的结果，是深入开展学习贯彻习近平新时代中国特色社会主义思想主题教育的结果，是在江西省委、省政府及南昌市委、市政府的带领下，团结一致奋力拼搏的结果。

二、关于2024年发展环境分析

从国际形势来看，世界百年未有之大变局加速演进，外部形势依然复杂严峻，不稳定、不确定因素明显增多，西方对我国的全面遏制打压不会根本改变，经济逆全球化、产业链供应链区域化碎片化更趋明显。国际货币基金组织预计，2024年全球经济增长率为2.9%，低于3.8%的历史平均水平（2000年至2019年）。从国内情况来看，仍然面临有效需求不足、部分行业产能过剩、社会预期偏弱、风险隐患较多等困难挑战，周期性问题、结构性矛盾相互交织，经济恢复处于波浪式发展、曲折式前进的状态。但是，我国经济韧性强、潜力大、活力足，经济回升向好、长期向好的基本趋势没有改变。特别是2023年第四季度以来，国家增发国债1万亿元等提振市场信心的措施接续出台，供需两端边际向好，经济循环加速改善，市场预期逐步好转，支撑高质量发展的要素不断集聚。2023年12月，中央经济工作会议把"坚持稳中求进、以进促稳、先立后破"作为2024年经济工作的总要求，将为进一步提振市场信心、增强市场活力创造有利条件。

从全市来看，在发展机遇方面，长江经济带发展、"一带一路"、国家生态文明试验区、内陆开放试验区等叠加带动，南昌仍处于重要的战略机遇期。江西省委十五届四次全会坚定实施省会引领战略，推动政策向南昌倾斜、项目向南昌布局、要素向南昌汇聚，为南昌高质量发展提供了强有力的支撑。在发展势头方面，全市发展势头向上向好，主要经济指标逐季提升，发展韧性较强，工业基础较为扎实，服务业保持较快增速，消费回补态势较为明显。用电用工、项目建设、人流物流、金融存贷等实物量指标增长势头良好，发展成果实实在在。在发展质效方面，近年来，全市持之以恒推动"一枢纽四中心"建设，一大批重大交通基础设施建设加快推进，内畅外联的综合立体交通网络正在形成，"8810"行动计划实施进度加快，教育、医疗等公共服务更加优质均衡，科创、金融、生态优势持续彰显，城市功能品质逐步提升，人流、物流、信息流、资金流等加速集聚，为未来发展积蓄了强劲动能。

总体来看，2024年全市经济发展有稳定的基础和支撑，有利条件多于不利因素，持续回升向好的态势不会改变。我们要认清形势、把握大势，既要坚定信心、保持定力，抢抓机遇、主动出击，又要增强忧患意识、坚持底线思维，迎难而上、敢作善为，加快全面建设社会主义现代化南昌。

三、关于2024年经济工作总体要求和预期目标

（一）总体要求

2024年全市经济工作的总体要求：以习近平新时代中国特色社会主义思想为指导，深入贯彻党的二十大精神及中央经济工作会议精神，全面贯彻习近平总书记考察江西重要讲话精神，认真落实江西省委十五届五次全会和省委经济工作会议精神，聚焦"走在前、勇争先、善作为"的目标要求，以"迎难而上、敢作善为，奋力推动经济社会高质量发展"为工作主线，坚持稳中求进工作总基调，完整、准确、全面贯彻新发展理念，加快构建新发展格局，着力推动高质量发展，统筹扩大内需和深化供给侧结构性改革，统筹新型城镇化和乡村全面振兴，统筹高质量发展和高水平安全，全面落实省会引领战略，深入推进"一枢纽四中心"建设，切实增强经济活力、提高社会预期、增进民生福祉、推进共同富裕、防范化解风险、保持社会稳定，巩固和增强经济回升向好态势，为谱写中国式现代化江西篇章作出省会贡献。

（二）预期目标

经过认真研究，拟按以下原则提出全市2024年主要经济指标预期目标。一是稳中求进，对标对表。在巩固经济回升向好态势的基础上，与中央经济工作会议精神、省委经济工作会议精神及省委十五届五次全会部署要求相对标，与中部省会城市、省内兄弟城市目标相对比，同"十四五"规划目标相衔接，保持进位赶超的良好势头。二是以进促稳，稳定预期。在转方式、调结构、提质量、增效益上积极进取，抓住一切有利时机，利用一切有利条件，看准了就抓紧干，能多干就多干一些，努力以自身工作的确定性应对形势变化的不确定性。注重加强预期引导、增强市场信心，将积蓄的强劲势能转化为高质量发展的强大动能，更好发挥省会引领作用。三是立足实际，科学安排。充分考虑全市发展阶段和发展形势面临的变化，更加聚焦高质量发展这一首要任务，突出投资结构优化、产业结构升级、新旧动能转换，考虑和兼顾现有项目支撑、潜在增长空间，确保目标积极可行，推动实现质的有效提升和量的合理增长。经测算，初步考虑：

地区生产总值增长5.0%左右；

地方一般公共预算收入同比增长5.0%左右；

全社会固定资产投资增长5.0%左右；

规模以上工业增加值增长6.5%左右；

社会消费品零售总额增长7.0%左右；

实际利用外资、出口总额实现促稳提质；

城镇居民人均可支配收入增长5.0%左右；

农村居民人均可支配收入增长7.0%左右；

居民消费价格总水平涨幅控制在3.0%左右。

四、2024年经济社会发展的重点任务

围绕实现上述目标，坚持和加强党的全面领导，持续推进政治生态良

好、营商环境良好、工作作风良好、社会风气良好"四个良好"建设,加强财政、金融、就业、产业、区域、科技、环保等政策协调配合,不断增强宏观政策取向的一致性、延续性。扎实做好"五经普"(第五次全国经济普查)工作,加强经济宣传和舆论引导,及时回应市场关切热点问题,努力营造良好氛围。建议重点做好以下八个方面工作:

(一)坚持科技创新引领,加快构建现代化产业体系

一是坚持制造业立市不动摇。深入实施制造业重点产业链现代化建设"8810"行动计划,做好延链补链强链文章,培育一批百亿级、千亿级先进制造业集群,加快构建具有南昌特色、在全省具有引领地位的现代化产业体系。深入实施制造业基础再造和智能制造升级工程,加快推动钢铁、纺织、食品等传统产业全链条升级改造。扩大乘用车生产规模,推进商用车车型电动化转型和高端车型研制。提前布局航空发动机拆解、改装、维修等高附加值领域,推动产业集群向精深加工延伸、产品向中高端迈进。积极布局人工智能、柔性电子、未来新材料、新型储能等未来产业,着力开辟新领域新赛道,加快形成新质生产力。牵头申报国家级电子信息、航空等产业先进制造业集群。立足长三角、粤港澳大湾区、京津冀等重点区域,紧盯世界500强、中国500强、大型中央管理企业(简称"央企")投资动向,充分发挥产业引导基金撬动作用,招引一批延链补链强链骨干企业。

二是强化科技赋能引领带动。深入实施科技型企业梯次培育计划,力争2024年科技领军企业和高成长性科技型企业累计数达到200家。高标准规划建设未来科学城、瑶湖科学岛、南昌实验室、江西创新馆等创新平台,确保全省首个未来产业研究院、首批先导试验区落户。扎实推进专精特新企业和年营收1亿元以上工业企业建立研发机构,督促指导营收3亿元以上工业企业研发机构开展实质性研发活动,支持龙头企业、省属企业、省内各地市龙头企业在昌建立研发中心,健全以企业为主体的创新体系。深入实施数字经济,做优做强"一号发展工程",充分发挥南昌数字化转型促

中心作用,以医药健康、绿色食品、轻工纺织、新材料等优势特色产业为重点,加大企业设备更新和技术改造力度,加快培育有竞争力的数字产业集群。稳步推进5G基础设施建设,加快推进"双千兆""万企上云"计划,加速推进算力基础设施建设,大力推广"机联网""厂联网"等试点示范应用。建立重点产业紧缺人才需求目录发布制度,加大科技领军人才、创新团队、高层次和急需紧缺海外人才引育力度。

三是大力发展高端高质服务业。围绕建设高品质服务业集聚发展中心目标,着力构筑"一核引领、三极驱动、多点支撑"的服务业空间布局,推动服务业上规模、提质量、增效益。大力发展研发设计、检测认证、法务咨询、知识产权、金融物流、软件信息等生产性服务业,大力引进会计师事务所、律师事务所、审计师事务所等,促进先进制造业与现代服务业融合发展。全力推动国家骨干冷链物流基地、向塘国家陆港、临空空港建设,推进西部、东南、北部物流园项目建设。大力发展科技金融、绿色金融、普惠金融,全力引进金融机构,积极创建国家级绿色金融改革创新试验区,支持本土金融机构做大做强。深入推进企业上市"映山红行动"升级工程,加强上市后备梯队建设,力争新增3家以上上市公司。统筹推进服务业多元化发展,聚焦动漫游戏、数字文创、创意设计等领域,培育壮大文化创意园区。发挥生态资源和医药企业优势,丰富康养产品、发展银发经济,打造一批健康产业综合体和产业集群。

(二)积极扩大有效需求,形成投资消费良性循环

一是着力扩大有效益的投资。坚定不移实施项目带动战略,谋划实施一批牵引性、撬动性强的重大工程,加快形成谋划一批、储备一批、开工一批的项目建设良好局面。综合交通枢纽方面,要加快完善南昌东站周边配套设施,持续推进昌九高铁、隆兴大桥等铁路项目建设,争取昌福(厦)、武咸昌、长昌(九)高铁纳入国家铁路中长期规划(修编)。推进昌北机场三期改扩建工程及配套路网等建设,打造航空、高铁、地铁"零距

离换乘"综合客运枢纽。积极谋划景鄱昌等高速公路项目，加快推动西二绕城高速、昌樟高速二期枫生段扩建等建设，力争西二绕城高速国庆节前全线贯通，推动北二绕城、南绕城东延（进贤县至南昌县塔城乡）、洪腾以及南昌至南丰等项目尽快开工。谋划实施吊钟水库、潦河水利工程，全力推进赣抚尾闾综合整治、姚湾综合码头二期、龙头岗综合码头二期等工程建设，积极申报南昌—九江国家综合货运枢纽。加快推进洪州大桥、复兴大桥，以及环鄱阳湖公路、G105、G320等国省道干线新改建工程建设，力争三条地铁延长线提前开通运营，加快推进轨道三期建设规划申报工作。在产业项目方面，重点推动传音年产2500万台智能手机、江铜年产1.5万吨高精铜板带、江西志博信5G通信电路板生产基地项目、华创新材年产10万吨超薄锂电铜箔等项目建设。在公共服务方面，推动南昌青山湖污水厂治理片区污水系统整治工程（三期）、35个中小学校新改扩建等项目开工，加快市中心医院瑶湖分院、市人民医院经开院区、南昌中学等项目建设，力争南昌十中经开新校区在第三季度竣工。建立健全项目调度、考评、督查、奖惩等机制，完善重大项目的一体化协同联动机制。积极抢抓中央预算内资金、增发特别国债、地方政府专项债、超长期国债等政策机遇期，扎实做好申报项目储备和前期工作，推动开展"争资争项"攻坚行动。发挥好政府投资的带动效应，大力激发民间投资活力，实施政府和社会资本合作新机制，采取特许经营模式，支持社会资本参与盘活国有存量资产、城市老旧资源、新型基础设施等领域建设。

二是充分激发有潜能的消费。深入实施促进消费扩容升级三年行动，以"乐购洪城"为主线，唱响"四季"活动品牌，接续开展各类应季促销活动，推动传统消费和新兴消费提质升级。推动汽车、绿色智能家电家居、绿色建材下乡，加强城乡充电基础设施建设，持续扩大新能源汽车消费，鼓励开展汽车"以旧换新"，加速二手车流通。持续完善"一江两岸"核心商圈网点布局，优化升级重点消费载体，积极发展"四首"经济（首店、首发、首秀、首牌），更好地满足高端、高品质消费需求，进一步扩大高端消费回流。积极发展线上餐饮、智慧零售、无人配送等新业态，大力实施"快递进村"工程。顺应年轻人的生活需求、习惯和方式，因地制宜举办一批年轻人喜爱的草坪音乐会、露营体验等活动，加强与各大网络平台合作，吸引更多年轻人来昌游玩、留昌消费。策划元旦八一广场升旗活动、南昌跨年夜活动、迎春烟花晚会等一系列有流量、有影响的营销活动，建设一批夜间消费集聚区，不断提升南昌的"年轻指数"。大力发展会展经济，办好第二十一届中国畜牧业博览会、第十六届中国绿色食品博览会等会展活动。深入挖掘县域和农村消费潜力，健全农村电子商务和快递物流配送体系，推动直播带货、乡村旅游、订单农业等消费模式的发展。

（三）深化改革扩大开放，持续激发内生发展动力

一是持续优化营商环境。打造市场化、法治化、国际化的一流营商环境，全力打造区域性营商环境标杆城市，争取更多指标能在国家营商环境评价中列入"优异"行列。持续深化"放管服"改革，加快"数字政府"建设，高标准办好第十八届全国政务服务工作交流研讨会。降低市场准入门槛，推进全国统一大市场建设，严格执行落实市场准入"全国一张单"管理模式，推行企业简易注销"即来即办"，稳步扩大制度型开放。深入推进"法治南昌"建设，推进中央法务区建设，完善现代公共法律服务体系。全面推行"双随机、一公开"监管制度，探索推广"首违不罚+公益减罚+轻微免罚"、信用分级分类监管等柔性执法方式。构建亲清新型政商关系，在全市范围内选树一批优化营商环境先进个人，大力宣传一批营商环境典型案例。始终坚持"两个毫不动摇""三个没有变"，全面落实关于支持民营企业发展的各项政策措施，做实各项政策兑现。

二是提升对外开放水平。深入推进内陆开放型经济试验区建设，深度融入共建"一带一路"。充分发挥海关特殊监管区、跨境电商综合试验区等优势，大力发展跨境电商、外贸供应链、外贸综合服务等外贸新业态新模式，加强生产型外贸企业的引进。鼓励金融机构加大对外贸企业的出口信

用保险支持力度，加大支持以电动载人汽车、锂电池、太阳能电池"新三样"为代表的各类产品的出口力度，支持南昌新能源汽车出口服务体系建设，支持安义县铝型材开拓东南亚等国际市场。加快内外贸一体化发展，推进内外贸产品同线同标同质。主动对接服务长三角一体化发展、粤港澳大湾区、海西经济区等国家战略，深化长江中游城市群协同发展，积极承接沿海地区产业转移，探索建设"产业飞地""科创飞地"。

三是深化重点领域改革。抓好新一轮国企改革深化提升行动，增强国有资产监管效能，以更大力度打造现代新国企。推动开发区管理体制机制创新，厘清社会事务管理职能，优化"管委会＋公司"和"一区多园"管理模式，健全亩产效益综合评价体系，进一步提高开发区能级和运营效率。大力发展普惠金融，加快推动经开区、西湖区普惠金融服务中心建设。纵深推进宅基地改革，有序推进安义县农村宅基地改革试点和规范化管理。推动出台科技成果转移示范机构发展相关政策，深化财税、生态、教育、医疗、文化、体育等重点领域改革，全力破解制约高质量发展的重点难点问题。

（四）统筹区域协同发展，不断提升城市功能品质

一是做优做强南昌都市圈。加强与赣江新区、九江、抚州及毗邻省会地区深度融合，提高昌九、昌抚一体化同城化发展水平，深化全市9个县区与南昌都市圈9个县市"一对一"结对合作。推进都市圈内的多层次交通基础设施建设，加快实现城际交通"高速化""公交化"，顺利开通南昌至鄱阳的城际公交。加快推进都市圈内合作办学办医，完善住房公积金转移接续和异地贷款，鼓励都市圈内实施户籍通迁、居住证互通互认，不断提升公共服务共建共享水平。推动劳动力要素合理畅通有序流动，加强区域经贸往来和产业协同配套，促进都市圈发展从局部融合向全面融合迈进。

二是建设宜居韧性智慧城市。深入实施"东进、南延、西拓、北融、中兴"城市发展战略，推进城市更新和城市功能与品质再提升行动，深入

推进海绵城市建设，提高城市基础设施和公共服务水平。合理布局停车场、农贸市场、城市绿道、"邮票绿地"等基础设施建设，持续巩固通道沿线、裸土绿化、空中管线、广告招牌等整治成果，巩固"马路本色"行动成效，加强城中村、老旧小区、城市管网等改造提升，推动井盖常态化整治。持续推进城市社区"一刻钟便民生活圈"建设。分批次推进"席地而坐"城市客厅示范点创建，推进公共绿地建设。常态化开展城市市容秩序乱象治理工作，提升市民文明素质和城市文明程度，打造全国城市高质量发展示范城市。

三是持续彰显城市文化魅力。实施文旅 IP（Intellectual Property 的缩写）提升计划，打造"八一起义""滕王阁""海昏侯""万寿宫"等文旅核心 IP，形成多支撑、多层次的南昌文旅 IP 体系，唱响"物华天宝、人杰地灵——天下英雄城"的城市品牌。用好八一起义纪念馆、小平小道陈列馆、新四军军部旧址陈列馆等红色资源，配合做好陆军博物馆规划建设工作，唱响红色文化品牌。加快汉代海昏侯国考古遗址公园国家 5A 级旅游景区创建，推进梅岭云端索道、蟠龙峰景区以及滕王阁景区还景于民及扩建等项目建设。以杭昌高铁全线贯通为契机，开发互联互通的文化旅游线路和特色产品，打造世界级黄金旅游线路。优化全市孺子书房运营管理，推动市图书馆新馆、保利大剧院等项目建设。

（五）全面推进乡村振兴，巩固拓展脱贫攻坚成果

一是确保粮食安全稳定。压紧压实粮食安全和耕地保护党政同责，对违法占用耕地"零容忍"，遏制耕地"非农化"，防止"非粮化"。优化各类农业奖补政策，保障农民种粮基本收益。高质量推进高标准农田建设和管理，不断提高防灾减灾能力，健全农民种粮收益保障机制，抓好粮食等重要农产品稳定安全供给。强化良田良种、良机良法的集成推广，完成年度 14.6 万亩高标准农田建设任务，抓好 85.5 万亩油菜生产和管理，确保全年粮食播种面积在 516 万亩以上，粮食产量稳定在 42 亿斤以上。推进国家粮

食物流核心枢纽建设，构建保障粮食安全的长效机制。

二是提升农业现代化水平。坚持农业农村优先发展，做深做实"土特产"文章，发展都市农业、高效农业、数字农业。以"一县多业""一镇一业""一村一品"为抓手，加快2个国家级、1个省级和10个市级产业强镇建设。抢占预制菜产业新风口，推动煌上煌预制菜产业园等项目建设，大力发展农产品精深加工，延伸现代农业产业链条。促进一二三产业深度融合，积极开发休闲农业、乡村民宿、森林康养、科普研学、宠物经济等新业态，支持优秀农产品进入盒马鲜生、山姆会员商店等销售渠道，打造"洪字号"农产品品牌。

三是大力建设美丽乡村。学习借鉴浙江"千村示范、万村整治"工程（简称"千万工程"）的经验做法，持续推进"两整治一提升"专项行动，统筹推进村庄环境整治和基础设施建设。以"畅安舒美"为目标，完成316公里省县乡道"白改黑"，实现三级以上农村公路宜改道路全覆盖。强化道路长效管护，提高道路通行安全水平。按照"干净、整洁、有序"标准，突出点、线、面融合，推进385个重点村庄建设，完成三年整治1000个村庄的目标，推进农村"厕所革命"，深化生活污水垃圾治理。加强农村精神文明建设，推进移风易俗，努力让农村具备更好的生产生活条件。

四是巩固拓展脱贫攻坚成果。盯紧盯牢防返贫监测帮扶和义务教育、基本医疗、住房安全、饮水安全等底线任务，坚决防止出现规模性返贫。改善基础设施条件，努力巩固和拓展产业扶贫和就业扶贫成果，培养贫困群众发展生产和务工经商技能，加大以工代赈实施力度，开展消费帮扶专项行动，健全消费帮扶长效机制，创建消费帮扶示范城市。

（六）树牢绿色发展理念，打造生态文明建设高地

一是抓好生态保护修复。深入打好污染防治攻坚战，抓好"四尘"（建筑工地扬尘、道路扬尘、运输扬尘、堆场扬尘）、"三烟"（餐饮油烟、烧烤油烟、垃圾焚烧浓烟）、"三气"（机动车尾气、工业废气、燃煤锅炉烟气）

专项治理。推进"无废城市"建设。打造山水林田湖草生命共同体示范样板,实施生态系统保护和修复重大工程,落实重点水域禁捕退捕,加强饮用水水源地保护,推进重点区域森林"四化"建设,巩固国际湿地城市、国家森林城市、国家水生态文明城市创建成果。加快连通"一江十河串百湖"丰富水系,强化前湖、乌沙河等重点水域日常管理,因地制宜推动鱼目山周边区域升级改造,加快蟠龙峰景区建设。推进长江经济带"共抓大保护"攻坚行动,推进环保督察反馈问题、长江经济带生态环境警示片披露问题整改。

二是推动全面绿色转型。积极稳妥推进碳达峰碳中和,有计划分步骤实施"碳达峰十大行动",加强电煤有效供应与煤炭清洁高效利用,优化能源消费结构,推动能源绿色低碳转型。严控高耗能高排放低水平项目盲目发展,强化工业、交通和建筑等重点领域节能升级改造,提升企业绿色能源使用比例和电气化、数字化水平。扎实推进产业转型升级示范区、园区循环化改造、自然资源资产有偿使用、城乡环境第三方治理等重大改革试点,推进国家废旧物资循环利用体系试点城市建设。

三是拓宽两山转化通道。健全生态产品价值核算体系,探索实施GEP(Gross Ecosystem Product 的缩写,生态产品总值)核算统计报表制度,有序推进全市域GEP核算。推进跨区域流域生态补偿协议签订,健全财政资金与生态环境质量和生态价值转化挂钩激励机制。深化绿色金融改革,高规格举办中国(南昌)绿色金融峰会,全面拓宽生态产品投融资渠道。加强绿色科技创新和成果转化,加快探索排污权、碳排放权、用能权、水权等环境权益交易试点,努力打通"绿水青山"与"金山银山"双向转化通道。

(七)兜牢兜实民生底线,着力提升公共服务能力

一是强化就业优先政策。突出就业优先导向,确保高校毕业生、退役军人、农民工等重点群体和城乡困难群众就业稳定。加快公共就业示范项目建设,打造智慧就业信息平台。提升"百场校招"的精准性,开展"洪

漂人才荟"招聘活动，推进南昌高级技工学校新校区建设，推进"10万名大学生和技能人才来昌留昌创业就业"计划，完善柔性引才、飞地引才机制，做好各项人才政策兑现，唱响"天下英雄城·聚天下英才"品牌。实施中等收入群体培育行动，健全企业工资增长、创新要素参与分配等机制，拓宽居民劳动收入和财产性收入渠道，推动居民收入增长和经济增长基本同步。

二是扎实办好民生实事。办好人民群众急难愁盼的10件民生实事，让民生福祉更加可感可及。实施教育高质量发展三年行动计划，持续丰富优质教育资源供给，推进中小学网点改扩建，加强普惠性幼儿园建设，确保南昌中学、行知中学、洪都中学基本建成，南昌十中经开校区投入使用，新增学位2.2万个。支持五大国家区域医疗中心建设，确保市人民医院经开院区、市中心医院瑶湖院区、市立医院新院、市卫生应急指挥与检验中心等项目如期完工，加快构建市级医疗卫生服务"4+2+2"新格局。积极发展银发经济和普惠托育服务，推进区域性养老服务中心建设，积极争创国家社区嵌入式服务设施建设试点城市，打造15分钟社区居家养老服务圈。支持鼓励各类主体开办托育机构，巩固全国婴幼儿照护服务示范城市创建成果。持续完善"15分钟健身圈"，推动全民健身与全民健康深度融合。

三是兜牢兜实民生底线。实施全民参保计划，提升城乡低保、农村特困人员救助、城乡医疗救助、弱势群体基本生活保障水平。构建以基本生活救助、专项社会救助、急难社会救助为主体，社会力量参与为补充的分层分类救助制度体系。持续抓好保供稳价工作，严格执行社会救助和保障标准与物价上涨联动机制，确保重要民生商品量足价稳。

（八）有效防范化解风险，高质量统筹发展和安全

一是促进房地产市场持续健康发展。做好保交楼、保民生、保稳定工作，加强在建项目预售资金监管，防范化解优质头部房企风险。推进保障性住房建设、"平急两用"公共基础设施建设、城中村改造等三大工程，支持刚性和改善性住房需求。鼓励县区调整优化房地产政策，研究盘活存量

土地的办法措施，推动房地产向新发展模式平稳过渡。

二是坚决防范地方政府债务风险。常态化开展地方政府隐性债务风险测算评定工作，坚决遏制隐性债务增量，稳妥有序化解存量。加强投融资平台公司债务风险监测预警，"一企一策"制定风险化解方案和应急处置预案，逐步把债务规模控制在合理水平。兜牢基层"三保"（保基本民生、保工资、保运转支出）底线，完善"三保"预算审核机制，增强基层"三保"能力。树立"过紧日子"思想，严控一般性支出，控制财政供养人员规模，逐步清理机关事业编外人员。

三是强化金融机构风险防范处置。完善地方金融监管体制改革，加强金融风险监测预警和早期干预，守住不发生区域性系统性金融风险底线。提升金融机构治理能力和现代化金融企业管理水平，加大非法集资风险隐患排查和处治力度，加大对金融机构的管理、帮扶和支持力度，推动中小金融机构健康发展。

四是维护社会和谐稳定。加强道路交通、燃气管道、危房旧房、建筑施工等重点领域安全隐患排查整治，遏制重特大事故发生，降低事故起数和死亡伤亡人数。加强食品药品监管，守护群众"舌尖上的安全"。统筹抓好防汛抗旱工作。坚持和发展新时代"枫桥经验""浦江经验"，学习和发扬"邱娥国工作法"，完善矛盾纠纷排查化解机制，把矛盾纠纷解决在基层、消除在萌芽。依法严厉打击"黑拐枪""盗抢骗""黄赌毒"和电信网络诈骗等突出违法犯罪，常态化开展扫黑除恶斗争，落实"八个一"勤务运行机制（每日一调度、每日一巡查、每周一研判、每周一走访、每月一检查、每月一练兵、每月一谈心、每月一小结），推动"雪亮工程"、智慧平安社区、数字乡村等建设。完善党群服务中心功能，深化网格化服务管理，夯实基层治理基础，打造"昌治久安"社会治理品牌。

组长：雷桥亮

成员：林绪强　徐文俊　尹　昕　刘建波　龙水庚

南昌市生态文明建设发展报告

南昌市发展和改革委员会课题组

一、2023年生态文明建设回顾

2023年，全市认真贯彻党的二十大精神和全国、全省生态环境保护大会精神，深入学习习近平总书记考察江西重要讲话精神，牢记嘱托、砥砺奋进，按照江西省委、省政府关于打造国家生态文明建设高地的决策部署，以及南昌市委、市政府关于加强生态文明建设的工作安排，聚焦"走在前、勇争先、善作为"目标要求，纵深推进国家生态文明试验区建设，协同推动降碳、减污、扩绿、增长，在改善生态环境质量、社会经济绿色转型、体制机制改革等方面取得显著成效，并获得国务院督查激励。

（一）绿色转型逐步推进

一是加快产业结构低碳转型升级。不断做优做强数字经济。2023年全市数字经济核心产业增加值实现636.27亿元，占全市GDP比重8.8%。全面实施《南昌市数字经济促进条例》，加快规划建设未来科学城和瑶湖科学岛。推进数字经济重点项目100个，新增上云上平台企业近1.7万家，累计建成5G基站超1.95万个，获评全国建设信息基础设施和推进产业数字化成效明显市、全国首批中小企业数字化转型试点城市。3家企业获评国家级智能制造示范工厂，4家企业入选国家级智能制造优秀场景榜单。国泰工业互联网平台成为江西省首个国家级跨行业跨区域工业互联网平台。持续做大做强主导产业。制定出台《南昌市关于提升开发区能级构建以实体经济为支撑的现代化产业体系集成改革实施方案》《南昌市制造业重点产业链现代化建设"8810"行动计划（2023—2026年）》，全面提升电子信息、航空、汽车及装备、新能源、新材料、医药健康、绿色食品、轻工纺织等8条制造业重点产业链现代化水平。实施产业集群提能升级行动，推动产业集群经济高质量发展，高新区新型计算机及信息终端设备制造产业集群获批国家级创新型产业集群。国家虚拟现实创新中心、中国科学院苏州纳米所南昌研究院等一批创新平台逐步建设，高新区入选江西省高质量跨越式发展示范园区名单。加快推动现代服务业发展。积极引进大型央企、头部企业在昌设立子公司、结算中心，出台打造区域金融中心政策措施，以红谷滩金融商务区为依托，积极争创国家级绿色金融改革创新试验区，深入推进企业上市"映山红"升级工程，助推企业对接多层次资本市场。大力推进陆港型国家物流枢纽建设，积极打造高品质服务业集聚发展中心迈上新台阶。

二是稳步推进能源绿色低碳转型。系统规划建设新型清洁能源体系。印发了《南昌市级电网发展规划项目库（2023—2028年）》，集中开工云海220千伏、天祥110千伏输变电工程等12项重点电网工程，共计新增变电容量131万千伏安、线路58公里，项目投运后，南昌电网"十四五"骨干网架将基本形成。推动传统能源和新能源统筹、科学、协调发展。推进能源领域安全有序降碳减排，推动全市能源结构持续优化。起草了《南昌市推进光伏发电高质量发展实施方案》，储备市级光伏发电项目153个，总投资117.48亿元。2023年全市新能源和可再生能源项目发电总装机容量134.78万千瓦，同比增长59.62%，占全市全口径总发电装机容量的43.4%，其中，光伏发电装机容量达到114.59万千瓦，同比增长94.75%。

三是加快推动重点领域绿色低碳发展。系统化全域推进海绵城市建设。截至2023年底，全市建成海绵城市达标面积159.96平方公里，占建成区面积比例从21.5%提高至42.5%，占全省累计建成面积的20.8%，超额完成年度目标任务。大力推广装配式建筑和绿色建筑。完善装配式建筑推广应用工作机制，全面落实绿色建筑建设标准。截至2023年底，城镇规划区内新建（改、扩建）民用建筑全面实施绿色建筑建设标准，全市新开工装配式建筑面积占新开工总建筑面积的比例达43.18%。全市新竣工建筑中绿色建筑面积占比94.16%，绿色建筑发展进入新阶段。加快构建低碳交通体系。推广应用清洁高效运输工具，全年新增网约车8672辆，其中新能源8140辆，新增新能源车占比达到93.87%。截至2023年底，全市码头岸电设施建设实现全覆盖，南昌港79艘1200总吨以上船舶已全部完成船舶岸电系统受电设施改造。全市绿色出行比例达76%，获评国家绿色出行创建考核评价达标城市。

四是持续提高资源节约集约循环利用效率。认真落实关于全面加强资源节约的若干举措，统筹推进各类资源全过程、全链条节约。印发实施《南昌市固定资产投资项目节能审查实施办法》，严把能效水平准入关。首次在全社会领域开展节能监察工作，对全市年综合能耗5万吨标煤及以上项目节能审查意见落实情况进行监察。加快落后低效产能淘汰和过剩产能压减，系统推进高耗能用能设备（电机、风机、水泵等）淘汰工作。截至2023年底，全市重点用能企业高耗能落后机电设备淘汰更新改造591台，单位GDP能耗处于全国优秀水平，能耗产出效益指数达到1.4，位列全国第一方阵。江西安义高新技术产业园区入选省级节水标杆园区，多家企业获评省级水效领跑者企业、节水标杆企业和节水型企业。稳妥推进城镇低效用地再开发、落实建设用地"增存挂钩"机制，全年累计消化批而未用土地3.02万亩，累计处置闲置土地3246亩。

（二）生态保护和修复不断深入

一是聚力打好污染防治攻坚战。多措并举、综合施策，推动生态环境质量持续改善。深入推进大气污染防治。强化工业污染源减排，制定本地化绩效分级指南，推动58家重点企业实施"一企一策"考核，谋划实施重点工程减排项目34个，完成方大特钢245平方米和130平方米烧结机、晨鸣纸业锅炉超低排放改造和南昌印钞厂VOCs（挥发性有机物）深度治理等18个项目。持续抓好"四尘""三烟""三气"整治，累计建成重点区域高空瞭望视频监控113套，累计监测调度处置火点793个，火点处置闭环率95%。2023年，全市环境空气质量各项指标均达到国家二级标准，$PM_{2.5}$、PM_{10}和优良天数比例等指标连续9年在中部六省省会城市中排名第一。深入推进水污染防治。幸福河湖建设全面推进，长堎河成功列入水利部第二批幸福河湖建设试点。完善饮用水水源安全体系，完成县级及以上集中式饮用水水源地规范化建设，推动《南昌市饮用水水源保护条例》立法工作，强化入河排污口监管，排查赣江干流、抚河干流及鄱阳湖入河排污口1083个，完成整治833个。大力推进城市水环境三年治理攻坚，补齐城镇污水处理短板，截至2023年底，全市管网建设累计投入71.49亿元，累计整治完成排水单元3818个，新建污水管网1644公里（含排水单元1518公里、市政管网126公里），全市污水处理厂集中处理率达到99.4%，各类船舶污染物转运处置率均达99%以上。全市地表水断面水质优良率完成国家考核任务，其中鄱阳湖南昌湖区总磷浓度提前达到国家"十四五"考核目标，赣江、抚河、潦河干流断面继续保持Ⅱ类水质，乡镇级及以上集中式饮用水水源地水质达标率为100%。深入推进土壤污染防治。严格建设用地准入，市本级建设用地土壤污染状况调查全覆盖，完成6个优先监管地块污染管控，实现90个地块安全利用。扎实做好受污染耕地安全利用工作，开展11轮全面巡查工作，严格管控类耕地全部管控到位。生活垃圾无害化处理率达到100%。全市土壤环境质量状况保持总体良好，受污染耕地、重点建设用地安全利用率得到有效保障。

二是持续提升生态系统质量。开展国土绿化和森林质量提升行动。围绕提升森林资源质量、总量目标，逐步改善林分结构，不断提升全市森林碳汇功能。2023年，全市共完成营造林面积6.16万亩，其中人工造林面积3.36万亩，封山育林0.33万亩，退化林修复2.47万亩，均超额完成省下达年度任务。6个乡村森林公园完成省级绩效评价，实施完成森林村庄建设13个，乡村道路绿化和补植220余公里，创建省级乡村小微湿地保护利用示范点1个。实施完成彩叶树种造林补植2400余亩，栽植各类彩色、珍贵树种10万余株，全市森林质量及城乡绿化美化水平得到有效提升。推进矿山生态修复。建立市、县（区、湾里管理局）两级多部门绿色矿山建设部门联动机制，完善了绿色矿山管理机制，2018年以来新增建设绿色矿山2座，完成13座历史遗留废弃矿山综合治理修复（约500亩）。加强生物多样性保护。制定《南昌市关于进一步加强生物多样性保护的实施方案》《关于进一步加强野生动植物保护管理的通知》等制度保障文件。湿地保护模式不断创新，南矶湿地国家级自然保护区实施"协议管湖"的社区共管模式，有效破解鄱阳湖区鱼鸟冲突、人鸟争食等矛盾，保护区内越冬水鸟数量峰值和累积数量均增加1.5倍，保护区入选首批陆生野生动物重要栖息地名录。全面实行禁捕退捕，加强江豚活动区域巡查管理，长江江豚种群数量稳定向好，刀鱼的数量明显增加，再现"江豚吹浪立，沙鸥得鱼闲"的美景。

三是有序推进突出生态环境问题整改。历次中央、省生态环保督察及长江经济带、省生态环境警示片反馈（披露）问题有整改时限的227个问题完成整改213个，其余问题正按时限要求有序推进；2981件交办信访件全部解决，销号2980件。

（三）生态价值转换持续加速

一是加快完善统计核算评估体系。持续抓好自然资源确权登记。基本完成全市68个自然资源登记单元的划定并建立数据库，成果已提交质检。推动完善林权登记和林权制度改革，加快林权登记档案移交和数据整合，市本级办理林权类登记业务共39件。有序推进农村土地、宅基地所有权、资格权、经营权"三权分置"改革。出台《南昌市农村宅基地制度改革试点和规范管理实施方案（2022—2024年）》，形成了一级抓一级，层层抓落实的工作机制。印发实施《南昌市农村村民建房管理条例》。建设可视化精算平台。建立部门填报、数据审核、一键核算、决策支撑的全过程自动化生态产品价值精算平台，可对全市任意区域的 GEP 进行一键自动核算与可视化管理，并形成分析报告。

二是建立健全生态产品市场交易机制。以《江西省水权交易管理办法》《江西省水权交易规则（试行）》《江西省水权交易可行性论证技术导则（试行）》为规范，通过市场机制实现水资源使用权在地区间、流域间、行业间、用水户间流转。2023 年，全市共完成水权交易 10 例，交易水量 294.2 万立方米。完成碳配额清缴履约工作。碳排放重点企业均按要求在全国碳排放数据平台进行信息填报和数据核查，江西晨鸣纸业有限责任公司、国家电投集团江西电力有限公司新昌发电分公司按时完成全国碳市场第二个履约周期碳配额清缴履约工作，按时履约率达到 100%。扎实推进 CCER（中国核证自愿减排量）林业碳汇开发试点项目。积极推进国营江西省新华林场林业碳汇开发试点项目，将安义县新华林场与进贤县香炉峰林场、新建区红林林场的森林资源进行整合，明确安义县新华林场为实施主体，划定了 10.6 万亩的项目开发范围红线，完成试点范围内的本底调查工作，并编制完成《江西省新华林场 CCER 林业碳汇开发项目试点建设实施方案》。因地制宜创新发展集体经济。立足自身资源禀赋，抢抓发展机遇，培育盘活闲置荒地、发展集体所有制经济实体等 20 种集体经济发展模式，为进一步用活资金，实现资金变股金、股金变收入创造有利条件。

三是系统推进生态产品产业化利用机制。实施生态产品品牌价值提升工程。积极开展"江西绿色生态"品牌认证、"赣鄱正品"认定以及地理标志产品培育登记工作，截至 2023 年底，"wang's 汪氏"蜂蜜等 4 个品牌入选中国农业品牌目录，9 家企业获得"江西绿色生态"品牌认证，煌上煌等 35 个农产品品牌被认定为"赣鄱正品"，安义瓦灰鸡等 10 个产品入选"全国名特优新农产品"名录。进贤县军山湖大闸蟹成功入选第四批中国特色农产品优势区，林恩茶业有限公司成功入选 2021 年农业农村部农业国际贸易高质量发展基地名单。深入实施"湾里人家"民宿品牌创建工程，打造了半朵悠莲、岭溪谷、雨田水巷、在芙山房等28家精品民宿，"林恩"牌杜鹃红茶、萧坛云雾茶评选为"南昌礼物""洪城工匠"。湾里"中国天然氧吧"、安义古村"江西省避暑旅游目的地"生态旅游品牌完成复核续牌。提升优质生态产品供给能力。全面推进农作物、畜禽、水产和微生物普查工作，配合做好江西省农作物种质资源库建设。累计创建10家特色畜禽养殖示范基地，建设18个千亩优质稻米生产高质高效示范片区，建设水果标准化基地1633亩、中药材基地2327亩，完成油茶新造面积30300亩，低改21900亩；森林药材种植1500亩，笋竹两用林建设1000亩，林下经济林地利用总面积达555200亩。大力推进农业产业融合发展。积极推进农业与旅游、教育、文化、康养等产业深度融合发展，推进湾里、南昌经开区、南昌高新区省级生态产品价值实现示范创建基地建设。截至2023年底，全市共有省级以上休闲农业品牌102个，累计推介中国美丽休闲乡村8个、市级以上休闲农业精品线路32条。

二、2024年生态文明建设工作计划

（一）加快发展方式绿色转型

推动产业结构优化升级，全面实施"8810"行动计划，力争实现全市规模以上工业营业收入年均增长10%左右的目标。加快培育优质企业，发展壮大一批链主企业、领航企业和单项冠军、专精特新企业。引导企业以高端化、智能化、绿色化、融合化为主攻方向实施技术改造。深入实施数字经济做优做强"一号发展工程"，加快推进未来科学城建设，争创未来产业发展先导区。落实全面节约战略，开展重点行业和设备节能、节水、降碳改造工作，推广节能技术与模式。推动大规模设备更新和消费品以旧换新工作，加快产品设备更新换代。推动废弃物循环利用产业发展，推进废旧物资循环利用体系试点城市和省级"无废城市"建设，加强绿色低碳技术研发和成果转化，鼓励发展绿色循环经济。

（二）积极稳妥推进碳达峰碳中和

扎实开展碳达峰"十大行动"，提升碳排放核算核查能力，探索建立碳足迹管理体系，充分参与全国碳市场建设，推进能源结构、交通运输结构绿色低碳转型。深入推进能源革命，加强煤炭清洁高效利用，加快建设新型能源体系，合理有序规划风电、光伏发电项目建设，发展新型储能，同时推进支撑性、调节性清洁煤电项目建设。推进工业节能降碳，坚决遏制"两高一低"项目盲目发展。推进钢铁、水泥行业超低排放改造。系统化全域推进海绵城市建设，力争城市建成区44%以上面积达标。推动高质量绿色建筑规模化发展，稳步提高钢结构装配式住宅建设比例，有序推进公共建筑节能改造。

（三）巩固提升生态环境质量

强化多污染物协同控制、区域协同治理，推进大气污染联防联控，统筹水资源、水环境、水生态治理，深入推进鄱阳湖总磷污染控制与削减专项行动，加大覆盖全域的入河排污口排查整治力度，加大农业面源污染控制力度。加强土壤污染源头防控，强化固体废物、新污染物、塑料污染治理，加大$PM_{2.5}$持续改善、新污染物治理等环境管理重点领域的基础应用研究及技术攻关力度。坚持山水林田湖草沙一体化保护和系统治理，加快推进各级各类国土空间规划编制实施，强化永久基本农田、生态保护红线、城镇开发边界三条控制线管控。实施重要生态系统保护修复重大工程和生物多样性保护重大工程，加强森林资源保护，大力推进湿地保护修复，加强白鹤等珍稀濒危野生动植物物种保护，持续开展生物多样性监测工作，加强重要江河湖库生态保护治理，强化长江江豚救护专项执法检查，持续推进长江十年禁渔工作。加强城乡人居环境整治提升，深入开展城镇生活污水处理提质增效攻坚行动，加强生活垃圾分类管理，完善分类投放、收集、运输、处理设施建设。深入实施"两整治一提升"专项行动，加快推进宜居村庄整治全覆盖，有序推进乡镇建设生活垃圾分类收集和污水收集处理设施。

（四）拓宽生态产品价值转换路径

做实南昌市GEP核算工作，并提升路径研究。持续完善自然资源监测评价体系，拓展GEP核算结果应用场景。大力发展绿色有机农业，持续推进林下经济产业发展，加快推进生态产业规模化发展。不断提升生态资源市场化运营，持续推进排污权、用水权、碳排放权市场化交易，加强生态资源和权益性资产收储聚集、集中经营，发挥市场作用，充分调动各方面保护和改善生态环境的积极性。

（五）健全生态文明建设制度保障

完善生态文明法规标准体系，有序开展鄱阳湖流域管理、生态环境保护、生物多样性保护、生态保护补偿等立法工作，大力推进"江西绿色生态"区域公共品牌建设工作。完善生态环境保护体制机制，实施生态环境监管能力提升三年行动，深入开展生态环境损害赔偿行动，推进生态环境执法联防联控，健全流域上下游横向生态保护补偿机制，贯彻落实党政领导干部自然资源资产离任审计制度。强化数字赋能和政策支持，深入推进生态环境数字化建设，加快建设绿色智慧的数字生态文明。推动南昌市申报国家绿色金融改革创新试验区，鼓励金融机构创新金融产品服务，完善"银行＋担保＋保险＋政府"风险缓释机制。

（六）大力培育弘扬特色生态文化

打造生态文化体系和生态文化品牌。推出一批凸显生态文明元素的精品旅游路线，盘活挖掘废弃矿山、工业遗迹、古村落古建筑文化价值。开展生态文明示范创建工作，扎实推进南昌县、进贤县、高新区、经开区省级碳达峰试点建设。践行绿色低碳生活方式。深入开展节约型机关、绿色出行、低碳社区等创建活动，扎实推进国家公交都市建设示范城市建设，持续举办"河小青"志愿服务活动。实施粮食节约和塑料污染全链条治理等专项行动，开展"光盘行动"等反食品浪费活动。强化政府绿色采购，鼓励国有企业执行绿色采购指南，推动更多符合评价标准的生态产品纳入采购范围。积极推行碳普惠机制，力争实现公共机构碳普惠机制全市全覆盖。推进环保设施向公众开放，引导社会各方积极有序参与生态环境保护。

组长：雷桥亮

成员：钟雷英　徐　晖　张育炜　商　婷　李　敏　孙国留

南昌市县区经济发展情况报告

南昌市社会科学界联合会课题组

2023年是南昌发展稳中向好、稳中求进的一年，也是南昌人民牢记嘱托、感恩奋进的一年。全市上下始终坚持以习近平新时代中国特色社会主义思想为指导，全面贯彻落实党的二十大精神，深入学习贯彻习近平总书记考察江西重要讲话精神，聚焦"走在前、勇争先、善作为"的目标要求，完整、准确、全面贯彻新发展理念，全面实施省会引领战略，加快推动"一枢纽四中心"建设。在市委、市政府的坚强领导下，南昌各县区锚定"项目为先、实干奋进，争分夺秒拼经济"工作主线，真抓实干、担当作为，战胜各种困难挑战，经济运行呈现持续恢复、加快向好态势，推动各项工作取得了新成绩。

一、2023年南昌市县区经济发展情况回顾

（一）总体情况

经江西省统计局统一核算，2023年南昌市全年地区生产总值7212.85亿元，同比增长3.5%。其中第一产业增加值247.40亿元，同比增长3.4%；第二产业增加值3340.98亿元，同比增长3.5%；第三产业增加值3624.47亿元，同比增长3.6%。三次产业比例为3.4∶46.3∶50.3，三次产业对GDP增长的贡献率分别为3.8%、46.0%、50.1%。面对有效需求不足、部分行业

产能过剩、社会预期偏弱等问题，南昌各县区直面困难和挑战，迎难而上、敢作善为，在各个方面取得了一些亮眼的成绩。南昌县财政总收入实现159.4亿元，同比增长8.2%；地方一般公共预算收入实现85亿元，同比增长9.4%，总量连续14年稳居全省第一。小蓝经开区营业收入完成952.25亿元，同比增长5.71%；工业总产值完成865.94亿元，同比增长4.87%，走在全省开发区前列。进贤县全年净增经营主体4339户，其中企业630户，新增"五上"企业（指达到一定规模、资质或限额的法人单位）59户，其中新增规上服务业企业9家，规上服务业营业收入增速列全市第一。安义县全年有8项主要经济指标，其中地方一般公共预算收入、规模以上工业增加值、社会消费品零售总额等6项指标增速位于全市前列。东湖区实施71个重大重点项目，累计完成投资约62.8亿元，在全市排名前列；实际利用外资完成1085万美元，目标完成比全市排名第一。西湖区荣获全省开放型经济综合先进单位、全国营商环境质量十佳县区、全国县域高质量发展经典案例、全国楼宇经济十大活力城区。青云谱区荣获全省、全市综合考核一类县区"第一等次"，创历史最好成绩；荣获全省重大项目建设考核一类县区第二名和江西省全面深化改革先进县区，县域科技创新能力位居全省第一。青山湖区规上文化企业数量为56家，较2022年增长13家；规上文化企业营收额为40.1亿元，同比增长6.8%。新建区工业增加值、固定资产投资、社会消费品零售额、商品房销售面积、存贷款余额等增速均高于省、市平均水平。红谷滩区新引进金融类机构52家，总数达到1354家，新增数、总数均稳居全省第一，基金规模首次突破千亿元，达到1154亿元。高新区规上工业总产值1869.24亿元、园区工业营收3309.09亿元，占全市比重分别超30%、50%，支撑起全市工业的"半壁江山"；全年GDP总量达1002.1亿元，保持着GDP千亿级开发区的称号。经开区主导产业态势趋好，全年实现营收964.55亿元；先后赴北京、上海、广州、深圳等地开展专题招商活动共计190余批次，对接走访企业280余家，新签约项目63个，投资总额328.19亿元。

（二）亮点分析

2023年南昌市各县区坚持从本地实际出发，进一步找准自身定位，发挥比较优势，努力做大做强区域经济，呈现出不少发展亮点。

1. 南昌县：产业发展取得新突破，综合实力迈上新台阶。2023年全县地区生产总值增速逐季加快，财政总收入和地方一般公共预算收入总量连续14年稳居全省第一，500万元以上固定资产投资增速回升转正。在第二十三届全国县域经济和社会综合发展百强县名单中居第18位，继续保持全国百强县第一方阵。获评全国首批县域商业"领跑县"、第二批创新型县（市）。在2023年度全国中小城市综合实力百强县市中排名第33位，绿色发展排名第44位，投资潜力排名第6位，科技创新排名第27位，新型城镇化质量排名第25位，较2022年度排名位次全面前移。产业培育有力度，出台稳经济接续措施"31条"、制造业高质量发展"20条"等政策措施，深入抓好"五经普"工作，市场主体总数突破11.4万户，位居全市第一。为县区百家亿元以上工业企业制定"一企一策"，规上工业企业增加至456家。持续推动45个"5G+"智慧工厂、智慧车间项目建设，华为创新中心、江铃汽车等数字化改造项目加速推进，以考核排名第一的成绩获评全省第一批中小企业数字化转型试点县，小蓝经开区获评全省数字化转型优秀开发区。项目建设有速度，扎实开展"项目为先实干奋进"攻坚行动，加快推进总投资2219亿元的314个重大重点项目，江铃控股新车型启源A07顺利下线，杭电铜箔年产2万吨高性能超薄电子铜箔项目竣工投产。实行重大重点项目推进"比武赛马"机制，组建复兴大道、洪州大道等重点项目综合协调专班，仅用8天时间完成复兴大道邓埠段1.5万平方米征拆工作，在拼项目、抓落实上彰显了"昌南速度"。

2. 进贤县：经济发展稳中有进，特色产业提质增效。2023年进贤县新增"五上"企业359户，其中新增规上服务业企业9家，规上服务业营业收入增速列全市第一。制造业税收增长25.09%，纳税百万元以上企业由320家增至418家。"五经普"清查登记法人单位2.1万户、个体户3.3万户，分别是"四经普"的3.4倍和1.7倍。加快打造"2+1+N"产业体系，医疗器械产业被评为"省级中小企业特色产业集群"，并通过"国家外贸转型升级基地"复牌考核。顺利引进医药大健康行业龙头德福资本，与省国控集团共同组建30亿元基金。作为全市唯一县区，入选工业和信息化部评选的2023年消费品工业"三品"战略示范城市。李渡镇入选"2023中国中部百强镇""2023年农业产业强镇创建名单"，文港镇被评为全省小型微型企业创业创新示范基地。文旅商贸回暖向好，成功举办"金花节""农耕文化节""传统村落旅游文化节""金秋文化经贸月"等30余场文旅活动。顺利承办"环青岚湖自行车大赛""全国青少年足球俱乐部邀请赛""中国·江西路亚俱乐部LCC巡回赛"等国家级体育赛事，在8个省会城市创新设立"晏殊故里·进贤文笔"形象店，不断唱响进贤城市品牌。成功引进全县首家五星级酒店"格兰云天国际酒店"、全省首家"星巴克咖啡"县级店。李渡酒业成功上市并入选商务部第三批"中华老字号"推荐名单。

3. 安义县：强工业、兴产业，发展潜力加速释放。深入推进"工业强县、产业兴县"行动，全年共安排重大重点项目225个，完成投资额435.15亿元，同比增长56.32%，捷锐机电、金德锂等一批引领性项目落地建设。铝型材产业集群蝉联全省三星级产业集群，排位前移至全省第15位，获评2023年度省中小企业特色产业集群。新材料产业集群首次参评挺进全省40强，晶安高科获评省制造业单项冠军企业，信达航科入选潜在独角兽企业。新能源产业产值达11亿元，增长近3倍，产业实力快速提升。现代农业高质高效，高标准农田建设荣获全省二等奖，完成粮食生产面积40.45万亩、油菜播种面积18.6万亩。安义瓦灰鸡、安义枇杷成功入选2023年第二批全国名特优新农产品名录，安义县农村产业融合发展示范园入选国家级示范园创建名单。成功举办预制菜产业招商推介大会，签约项目12个，签约总额34.1亿元。第三产业活力迸发，安义古村群顺利通过"江西避暑旅游目的地"复核，蘑法小镇等12个乡村运营点投入运营，全域旅游格局基本形成。全年共接待游客1650万人次，增长15.38%，实现旅游综合收入

81亿元，增长12.5%。数字经济持续赋能，规上核心数字经济企业达15家，营收12.5亿元，增速突破50%。全年新增5G基站93个，累计建成442个，引导企业上云、应用云887家。新增"5G+智慧工厂"、数字化车间5个，新增省级两化融合示范企业6家。

4. 东湖区：产业布局持续优化，发展态势回升向好。抓好企业升规入统，"五上"企业新增87户，总数达531户。经营主体新增10651户，其中企业3647户，个体工商户7004户。聚焦"4+4"主导产业，加快传统产业转型升级和新兴产业发展壮大，三次产业结构比例为0.11∶4.76∶95.13，江西百盛购物中心荣获2023年度省级现代服务业集聚区，服务业支撑引领作用更加凸显。全面建设数字经济创新特色区，在全市率先出台《数字经济发展规划》，规上数字经济核心产业营业收入27.26亿元，同比增长15.49%；企业上云总数3287家、深度上云总数134家，两项指标连续两年均位列全省第一；豫章1号文化科技园入选第三批省级数字经济集聚区，成为数字文创融合赛道全省唯一入选园区。成功引入南昌市国资供应链金融管理有限公司等类金融机构，引导上海证券民德路营业部升级为江西分公司，金融产业体系更加完善。帮助113家经营主体获得授信超9亿元，类金融机构支持小微企业融资23.11亿元。深入推进企业上市"映山红行动"，支持天轴通讯、沃农股份等8家入库企业加快上市进程。市场活力竞相迸发，"五上"企业新增87户，总数达531户。经营主体新增10651户，其中企业3647户，个体工商户7004户。加大品牌培育和保护力度，8家首店入围全省引进和培育商贸品牌项目，占项目总数的30%，排名全省第一。全省首座奢侈品购物中心南昌武商MALL、全市首个24小时商业新地标江旅都市方舟顺利开业。

5. 西湖区：产业发展不断提档，发展潜能全面激发。西湖区坚持三产立区，促进"2+4+X"产业体系集群成势、茁壮成长。新增"五上"企业1306家，限上个体户231家，一套表调查单位总数达2575家，三项数据均为全市第一。数字经济规模扩大，数字经济产业由"一园三部"拓展成

"一园六部"，总面积达11万平方米，新增入驻企业73家，现有数字经济核心产业规上企业189家。楼宇经济实力更强，现有5000平方米以上商务楼宇103栋（含在建），千万元税收级楼宇41栋，其中亿元税收级楼宇10栋。商贸消费需求更旺，举办各类商贸促销活动100余场，发放消费券1232万元，带动综合消费超45亿元。绳金塔历史文化街区焕新开街，成为全区新增的3个示范性市级特色商业街区之一。文旅品牌名声更响，万寿宫历史文化街区入选长江都市休闲之旅线路，获评国家级旅游休闲街区、中国华侨国际文化交流基地，南昌八一起义纪念馆入选长江红色基因传承之旅线路。金融服务效能更高，成功引进上市公司国盛金控等19个金融产业项目，全年实现金融业增加值108亿元。健康养老品质更优，引进"大家的家"、江西毓舫医疗等健康服务企业14家，总投资1.83亿元，康养事业和康养产业协同发展。特色经济活力更足，新增华侨城玩美公园、元亨江滩尾箱集市等4个夜市街区，开通全市首条夜经济专线，以夜间经济点亮城市灯火。举办和承办2023年中国击剑大师赛、南昌马拉松等25场大型体育赛事，拉动消费5000万元。

6. 青云谱区：优势产业齐头并进，发展基础更加稳固。建筑产业实现新跨越，成功招引中铁建工集团江西建设有限公司、中铁十局集团（南昌）建设有限公司等"中字头"央企入驻，建筑业总产值突破900亿元。健康产业跨上新台阶，引进曼荼罗华中华南区域总部、江西省体外诊断（IVD）产业基地、江西中药饮片产业基地和阿里健康江西总部，与北京同仁堂开展战略合作，健康产业营收突破100亿元。文旅产业迈出新步伐，成功引进云林山水酒店、八大山人无动力亲子乐园等项目，文旅配套持续完善，可游玩度不断提升。现代商贸引进工作取得新进展，卡泰驰"全省首店"、世界500强中航国际旗下格兰云天酒店成功落地运营，1962文创园入选第三批省级夜间文旅消费集聚区。数字经济获得新突破，成功引进华为开发者创新中心、雷数科技等头部企业。颐高数字经济产业园入驻企业突破130家，入驻率达90%以上，"上云"企业突破1200家，数字经济核心产业企业营收同比增长10.7%，数字经济发展势头强劲。做大园区增量，大力推进高标准厂房建设，支持华巨实业、赣味产业园等工业平台提质扩容，加快推进天合光电LED（发光二极管）总部大楼、京华新经济产业园等项目，累计盘活低效用地290亩，新增空间载体超40万平方米。做优厂房存量，有效盘活改造江联、紫光药业等老旧厂房，成功引进10亿元以上先进生产性服务业项目"101汽车文化街区"，新动力青创空间项目实现当年签约、当年建设、当年运营。

7. 青山湖区：抓转型、促升级，产业支撑着力巩固。以打好"项目大会战"为重点，持续健全项目推进全周期服务机制，开通"容缺审批"绿色通道，343个项目办理备案登记，234个重大重点项目顺利推进，项目开工率、投资完成率分别达到91.5%、101.4%。主导产业加速壮大，围绕"1+2+N"产业体系，深入实施产业链链长制、企业特派员帮扶制，持续开展产业规模、创新动能、产业项目三大倍增行动，"青山湖针纺"集体商标荣获2023年中华品牌商标博览会金奖，现代针纺产值达500亿元，冶金建材产值达220亿元，电子信息产值达70亿元。数字动能加速形成，高标准承办"科创中国"2023全国纺织科技成果转化与合作大会、全省纺织服装产业数字化转型推进大会，全年累计实施技改项目55个，建设"5G+智慧工厂"项目8个，新增上云上平台企业超2500家。产业平台加速扩容，产控智造园顺利推进，科晨电力研发总部大楼、中电建南昌总部经济产业园等总部楼宇建成落地，赣江教育科技文化产业园入选2023年度省级现代服务业集聚区，全年新增标准厂房52.3万平方米、产业楼宇24.3万平方米。在全市率先开展既有工业园区提容增效试点工作，推动东方针织数字产业园等12个项目提容增效，累计将增加厂房超100万平方米。推动商圈提质扩容，建成5个"一刻钟便民生活圈"，699夜市街区入选首批省级高品质夜间经济街区，恒茂梦时代广场街区入选示范性市级特色商业街区。持续拓展直播电商、跨境电商先发优势，全年网络零售额累计完成175.99亿元，增长14.8%，位居全市前列。

8. 新建区：产业发展提质增效，产业结构持续优化。强化新质生产力培育，新增规上工业企业 12 家，认定创新型中小企业 47 户、省级专精特新企业 12 家；乾照光电有限公司和越光电缆股份有限公司获评工业和信息化部第五批专精特新"小巨人"企业。围绕新能源储能、电子信息、汽车及零部件等主导产业强链补链，核威新能源、维科钠电、科朗 PACK 储能以及旗鱼、美迩森充电桩等一批新型储能项目落地投产，新能源储能产业进入快车道。全力推进壕门电子、宝康电气、海信砷化镓生产基地等项目建设，电子信息产业链向中高端延伸。特色农业高质高效，完成粮食播种面积 108 万亩，总产超 50 万吨，蔬菜产量 9.75 万吨，油菜及其他油料作物总产 1.47 万吨，农业生产再获丰收。持续扩大葡萄、芦笋、油茶、小龙虾等种养规模，深入推进十里丰产、梦飞田园、河林果蔬等农业产业规模化、品牌化、特色化经营。现代服务业协同发展，统筹推进生产性、生活性服务业集聚发展，新增限上企业 56 家、规上服务业企业 11 家，全区服务业在三次产业占比稳步提升。引导各类商贸主体数字化转型，全区网络零售额实现 30.14 亿元，同比增长 50.4%，汪氏蜂蜜入选十大网货消费品牌，云境生态园和林恩茶业入选江西十大企业消费品牌。持续释放消费潜能，开展"乐购新建"等促销活动 10 余次，发放消费补贴 1.54 亿元；成功举办首届赣菜（新建）美食文化节、第十八届英雄联盟城市英雄争霸赛夏季总决赛等多项大型文旅活动，全年接待游客突破 3000 万人次，同比增长 129.1%；实现旅游综合收入超 85 亿元，同比增长 80.3%。

9. 红谷滩区：稳增长、提动力，产业发展迸发新活力。2023 年红谷滩区地区生产总值同比增长 4.5% 左右；一般公共预算收入同口径增长 7.4%；固定资产投资同比增长 0.5% 左右；社会消费品零售总额同比增长 6.5% 左右。发展动能蓄势聚力，未来科学城提速建设，管委会实质运行，概念规划基本完成，路网框架全面拉开，首期 416 亩工业用地加速布局，全省首个人工智能计算中心落地建设。数字经济强链建群，深入推进数字经济做优做强"一号发展工程"，新增数字经济核心产业企业 438 家，总数达到 5818 家，位居全省第一。规上信息传输、软件和信息技术服务业企业总数达到 54 家，营收突破 83 亿元，企业新增数、营收增量均位列全市第一。华为、美团、浪潮通软、华胜天成、广州视睿、上海曼恒、康之诚、合一云等 8 家链主企业区域总部相继入驻，中国电信南昌数字科技园摘地落户，科大讯飞江西区域总部、蚂蚁集团全国服务共享中心、上海交大南昌人工智能产业基地投入运营。现代金融强势扩容，区域金融中心核心承载区功能持续夯实，新引进金融类机构 52 家，总数达到 1354 家，新增数量、总数稳居全省第一。启动建设江西国控基金产业园、江西金控数字金融创新产业园，推动注册 72.6 亿元的南昌和谐安瑞股权投资基金、30 亿元的南昌红谷虚拟现实产业母基金、30 亿元的南昌国晨创新一号股权投资基金，基金规模首次突破千亿元，达到 1154 亿元。现代服务业强韧升级，积极策应烟花晚会、国际龙舟赛、千人横渡赣江、国际马拉松、跨年夜、演唱会等重大活动，重磅推出 300 余场文旅盛宴。承办第 81 届中国教育装备展示会、中国（中部）工业博览会、第三届中国米粉节、江西省首届消费品博览会等 55 场高端会展，展览面积达 133.4 万平方米，人数超 200 万人次，现场交易额超 100 亿元，带动综合消费超 800 亿元。

10. 高新区：深耕细作、量质并举，产业底座更加厚实。高新区在 2023 年度全市综合考核中，位列所有县区第一等次第一名；在全省开发区争先创优综合考评（全省开发区综合考核）中连续 6 年位列第一。在国家高新区综合排名中连续 8 年进位赶超，在 2023 年排名第 22 位。总的来说，高新区主要经济指标在全市占比持续扩大，省、市经济发展主阵地、主战场地位进一步凸显。主导产业稳中有进，电子信息产业逆势增长，全年 ODM（Original Design Manufacturer 的缩写，原始设计制造商）出货量 1.56 亿台，其中智能手机出货量占全球智能手机 ODM 总出货量的 20.4%。营收突破 1530 亿元，同比增长 6.0%。新型计算机及信息终端设备制造创新型产业集群成为全市唯一获批的国家级创新型产业集群，连续三年获评江西省五星级产业集群。航空制造产业蓄势待发，瑶湖机场向民航飞机开放，成为国内为数不多、省内唯一的民航训练基地。航空制造产业集群成功入选2023年省级产业集群。新材料产业稳中提质，投资100亿元的江铜未来科技园、江铜铜箔四期、江铜板带1万吨铜板带等项目相继落户，有色金属精深加工水平持续提升，产业产值同比增长9.5%。医药健康产业生态持续完善，国药控股智慧医药物流项目、弘益药业创新药生产基地、汇仁处方药生产基地等一批优质项目陆续签约落地、开工建设，实现平稳较快增长。数字产业加快成势。高新数谷二、三基地以全省第一名的成绩入选省级数字经济集聚区，7家企业入选省大数据示范企业，21家企业入选省级数字经济重点企业，入选数量均位居全市第一。

11. 经开区：主导产业态势趋好，发展活力持续迸发。2023年经开区五大主导产业完成产值612.37亿元，同比增长9.28%。其中，新能源汽车及动力电池产业已成为经开区的优势产业，现有江铃雷诺新能源乘用车、百路佳客车、麦格纳动力总成、恒动新能源电池等相关企业50余家，已形成了汽车整车、动力电池、动力总成、变速箱、齿轮及相关零部件为一体的新能源汽车及汽车零部件产业，2023年产值143.5亿元，同比增长70%；经开区是江西省工业和信息化厅认定的"江西省智能制造基地"，聚集形成了一批优势的智能制造产业集群，2023年产值117.6亿元，同比增长12.9%。电子信息产业是南昌经开区首位产业，着重瞄准细分的移动智能终端产业打造特色产业集聚区。目前已初步形成了以品牌手机运营、核心零部件制造、ODM为核心的产业集群，实现了由代工向品牌运营的跨越，2023年产值213.8亿元。加快培育创新主体，全区累计培育南昌凯迅光电股份有限公司、江西萨瑞微电子技术有限公司等国家级专精特新"小巨人"企业7家，省级专精特新企业88家，省级专业化"小巨人"企业6家，省级制造业单项冠军企业2家。聚焦项目建设抓进度，组建了"签约项目早开工""开工项目早投产、投产项目早纳统""重点企业帮扶"三个工作专班，分别由区管委会副主任担任组长，加快推动项目早签约、早开工、早投产。扎实推动政校企合作，先后与江西财经大学（简称"江西财大"）、江西农业大学

（简称"江西农大"）等高校签订战略合作框架协议，推动与东华理工大学、中广核有限公司共建智慧核技术应用产业园，与江西财大合作共建 VR 产业学院，推动欣旺达和江西机电职业技术学院合作建成锂电科技学院，持续激发园区创新活力。

二、2024 年南昌市各县区经济发展展望

2024 年，南昌市各县区要坚持以习近平新时代中国特色社会主义思想为指导，深入贯彻党的二十大精神及中央经济工作会议精神，全面落实习近平总书记考察江西重要讲话精神，聚焦"走在前、勇争先、善作为"的目标要求，紧紧围绕深入实施省会引领战略和"一枢纽四中心"的发展定位，结合全省"大抓落实年"活动，大力弘扬"脚上有土、心中有谱"工作作风，以"迎难而上、敢作善为，奋力推动经济社会高质量发展"为工作主线，切实增强县区经济活力，为谱写中国式现代化南昌篇章作出贡献。

（一）南昌县：夯实产业发展根基，提升产业发展核心竞争力

坚持工业强县、制造业立县，把发展经济的着力点放在实体经济上，持续提升产业发展核心竞争力。壮大主导产业，聚焦"3+3+N"产业体系，组建各主导产业发展联盟，加快打造汽车和新能源汽车、食品医药、建筑、商贸、陆港经济五大千亿级产业集群。对照省"1269"行动计划和市"8810"行动计划，深入实施县区制造业重点产业链现代化建设"6410"行动计划，全力推进嘉友食品、济瑞新药等 93 个总投资 784.9 亿元的工业项目建设，增强"制造业当家"的底气。升级传统产业，坚持将工业技改作为产业升级的重要抓手，积极鼓励企业"生产换线、机器换人、设备换芯"，全力推动广宥鞋业、百威英博等存量企业增资扩产。坚持商用车和乘用车并举、传统汽车和新能源汽车并重，支持江铃汽车引进更多乘用车车型、扩大乘用车生产规模。以入选全省首批中小企业数字化转型试点县为

契机，依托华为创新中心、联通灵境等平台，加快推动汇仁药业、百事饮料等81家企业数字化转型试点建设。深化与长安、华为等头部企业合作，推动产业数字化、智能化再上新台阶。借助复兴、洪州"两桥"贯通的有利契机，吸引更多大型国有建筑企业进驻千亿级建筑科技产业园。全力推动江西绿建杭萧等3个装配式建筑项目开工，发达智居等9个装配式建筑项目投产，持续擦亮"昌南装配"品牌。培育新兴产业，深入推进数字经济做优做强"一号发展工程"，加快启动智能网联汽车物联网建设，大力发展人工智能、物联网等有竞争力的数字产业链群。积极布局新材料、新型储能等未来产业，培育壮大金融物流、检验检测等生产性服务业，加快形成新质生产力。释放消费活力，把恢复和扩大消费摆在优先位置，大力实施推进消费扩容升级三年行动。把握和顺应年轻群体消费习惯和需求，持续办好烟花晚会、脱口秀、音乐节、艺术展等活动，加强与抖音、B站、小红书等平台合作，吸引更多年轻人来县游玩、留县消费。优化消费场景，以复兴、洪州两桥贯通为纽带，积极发展区域首店、行业首牌、品牌首秀、新品首发等"四首"经济，优化中高端消费供给，提升象湖滨江片区商圈品质。

（二）进贤县：抓产业、延链条，加速产业转型升级

加速产业转型升级，深入实施制造业重点产业链现代化建设"6210"行动计划，全力做大做强医药健康、新材料、绿色食品、轻工纺织、电子信息、新能源6条重点产业链条，打造医疗器械、绿色建筑2个标志性产业集群，力争规模以上工业营业收入年均增长10%左右。全力推进新落户的11个、总投资17.6亿元医疗器械项目早日开工投产，不断巩固扩大一次性输注器械、医用卫生材料等领域优势，重点发展高值耗材、体外诊断试剂（IVD）、医美器械等中高端医疗器械，打造国内领先的医疗器械产业集聚区和全国重要卫生材料生产基地。支持和引导本土钢结构企业增资扩产、抱团发展，重点推进14家、总投资35.5亿元钢结构企业开工投产；加快建设钢材集采配送转运中心，导入供应链金融，推动钢结构产业向装配

式钢结构及标准预制构件等高端领域攀升，力争再造一个绿色建筑产业集群。扎实推进南昌数字文化产业园、李渡酒庄（二期）等项目建设，支持李渡烟花扩产扩建，形成特色产业竞相发展的生动局面。培育壮大市场主体，深入实施"技术攻关+产业化应用"科技示范工程，推动年营收1亿元以上工业企业建立研发机构全覆盖，力争全社会研发投入增长25%以上，培育省级企业技术中心2家、市级3家。实施"映山红行动"升级工程，支持本土企业挂牌上市。健全完善中小企业梯度培育机制，力争新增"五上"企业100家、专精特新企业18家、瞪羚（潜在）企业1家、高新技术企业25家。

（三）安义县：着力完善产业体系，推动产业协调发展

加快传统产业改造升级，围绕汽车轻量化、光伏背板、铝边框等领域加速产供销对接，加快向工业型材转型，制定"安义门窗"集体商标企业使用管理规范，遴选一批企业注册使用，运用"安师傅"、新零售等方式拓宽国内外市场，唱响"中国门窗·安义智造"品牌。加快新兴产业壮大，扶持新材料企业做大做强，力争再引进1至2家龙头企业，加快推进新材料产业园、化工新材料配套仓储中心等项目建设。加快数字经济赋能，借助南昌市入选全国首批中小企业数字化转型试点城市契机，深入推动智能制造升级工程和绿色制造工程，建设一批"5G+智慧工厂"、数字化车间，推动工业数字化转型、绿色化提升。推动农业提档升级，强化企业引育，立足稻米、米粉、水果、瓦灰鸡等优势产业，支持云厨、绿能等本土企业改造升级，着力招引米糊米糕、机制米粉、果汁果酒、预制菜等精深加工企业和冷链物流、电子商务等服务类企业，促进绿色农产品就地加工转化。推动服务业提质增效，加快发展生产性服务业，引导制造业企业主辅分离和外包非核心业务，力争引进现代物流园等更多实体项目，不断丰富研发设计、检测认证、现代物流等产业业态。强化龙头培育，健全梯次培育体系，持续推动"个转企""小升规""规改股""股上市"，梳理一批龙头培

育企业清单，分类优化完善政策支持措施，推动企业更多设备更新和技术改造，提高产品档次和附加值，提升企业综合实力。

（四）东湖区：推动主导产业升级提质，增强经济发展活力

聚焦"4+4"主导产业，全力延链补链强链，着力构建具有东湖特色的现代化产业体系。加快文创旅游、健康颐养、教育培训、现代商贸等传统主导产业转型升级，促进产业循环畅通、全面绿色转型。培育壮大战略性新兴产业，聚焦数字经济"1+2+4"七条主攻赛道，大力打造一批投资规模大、科技含量高、带动能力强的数字经济企业。加快楼宇（总部）经济发展，有序推进"腾笼换鸟"，完善基础设施和服务配套，集中打造一批高产出优质楼宇、高能级园区平台。积极融入区域金融中心建设，实行错位式政策倾斜，引导大型企业新设地方金融组织或金融服务企业落户，打造类金融服务聚集地。大力实施商贸消费提质扩容三年行动，激发有潜能的消费，全力谋划抓好节庆消费，积极协助全市办好八一广场升旗仪式、春节烟花晚会、南昌国际马拉松等系列节庆、赛事活动，筹备办好春节、五一劳动节、暑期、十一国庆节等系列兴文旅促消费活动，擦亮"胜利归来"主题消费活动品牌，不断提振汽车、家电、住房等大宗消费。挖掘辖区人文历史资源，推进滕王阁景区北延扩容，串联大士院、八一桥、胜利路步行街等重要景观节点和"网红"打卡点，做好中山路、榕门路商贸街区景观提升工程，打造东湖特色旅游步行精品线路，延长和丰富"吃住行购"链条，支持网红经济、夜间经济等新兴消费业态发展。挖掘南昌武商MALL、江旅都市方舟等大型商业综合体市场潜力，大力发展区域首店、行业首牌、品牌首秀、新品首发等"四首"经济，促进满铺开业，有力带动周边街区繁荣。

（五）西湖区：锻长板、补短板，全面提升产业能级

继续巩固全省"商贸大区"优势地位，加快社区经济培育，推动五大

商圈提质升级,着力形成社区、街区、商圈三级联动、全域覆盖的商贸产业格局。实施现代生产性服务业龙头企业引培计划,导入科技研发、金融保险、设计咨询、法务财务、知识产权等业态,引进宝武集团旗下欧冶链金江西公司等区域性、功能性总部企业5家以上,组织江西城科咨询监理公司等3家企业申报省、市服务业龙头企业。因地制宜形成优势产业集聚,加快推动区域错位发展,打造一批融合商贸综合体、文化休闲街区、旅游景区为一体的服务业集聚区。加快战略性新兴产业发展壮大,大力推进省交投数智科技平台落户,加快形成以软件信息、网络安全为代表的数字经济创新产业体系,力争数字经济核心产业营业收入突破130亿元;大力推进保险、期货等20家金融机构落户西湖,重点发展普惠金融、供应链金融、绿色金融等新型金融业态,力争金融业增加值突破120亿元;依托嘉佑健康产业城、南华医药等产业资源,推动健康产业向数字医疗、数字康养等前沿领域延伸,力争康养产业营业收入突破40亿元。积极部署未来产业,探索未来社区、智慧商业、数字餐饮等跨界应用场景建设,打造未来产业孵化基地。坚持创新引领支撑,以企业创新为先导,进一步完善科创企业落地奖补政策,大力培育国家高新技术企业20家,推动科技型中小企业突破190家,培育专精特新"小巨人"企业171家。大力做强创新载体,加快新钢集团研发中心建设,积极申报一批研发平台、孵化器和众创空间。

(六)青云谱区:坚持产业兴区,不断夯实经济基础

加快构建现代化产业体系,以平台空间为基础,以重点项目为引擎,激发有潜能的消费,扩大有效益的投资,形成消费和投资相互促进的良性循环。激发产业活力,壮大都市工业,深挖现有企业潜能,支持引导阳光乳业、江铃华翔等重点工业企业扩能改造。积极招引都市工业项目,推动索为工业互联网基地、医药云平台等重点项目签约落地,围绕生物医药、现代物流、工业设计等领域强链补链延链,从点发力、串点成链、聚链成势,招引更多都市工业链主企业、龙头企业和平台型企业,力争规上工业

企业数量突破40家，总产值突破60亿元。强化数字赋能，以颐高数字经济产业园、云观数字文化港等为依托，招引更多科技含量高、附加值高的数字经济企业落户，着力打造省级数字经济集聚区。利用深农等专业市场，招引一批直播电商、直播供应链企业，壮大数字经济规模，力争数字经济核心产业企业营收突破15亿元。科学优化商业布局，持续推动商业地块出让，填补南部商圈空白。不断繁荣夜间经济，提升王府井、洪都夜巷等特色商业街区品位，努力打造一批夜间经济打卡地，充分点燃城市"烟火气"。充分发挥八大山人、洪都航空两大核心文化IP作用，深度发掘、串联文旅资源。围绕八大山人梅湖景区既有"生态"又有"人文"的特色，整合融合、做活做旺八大山人文化IP。充分发挥"江西工业摇篮"优势，放大洪都航空品牌效应，全力配合洪都老厂区开发利用，早日将洪都老厂区打造成铭记航空历史、展示工业文化的"打卡地"。

（七）青山湖区：聚焦量质并举，推进产业转型升级

做强制造业支撑，深入贯彻落实"1269""8810"行动计划，着力培育现代针纺千亿级产业集群，电子信息、冶金建材、食品加工三个百亿级制造业集群。着力延伸产业链条，以成衣制造、芯片封装、钢材冶炼等生产端优势为基础，突出方大特钢、兆驰光电、华兴针织、赣菜集团等"链主"企业的引领作用，加快心励方3D打印（三维打印）、小才子"中央厨房"等延链补链项目建设，推动产业链持续向上游研发设计、检验检测、原料采购，以及下游智能应用、产品营销等领域拓展，打通产业链堵点、形成产业链闭环。着力提升品牌价值，聚焦"微笑曲线"两端，支持企业开发新产品、自创新品牌，大步进军母婴、时装等新领域，大力发展"定制经济""体验经济"等新模式，不断打响"青山湖针纺"区域品牌。聚焦青山湖高新技术产业园区主战场，加快科创城等"园中园"建设，推动针织服装创意产业园起势成势，形成"一区多园"的产业格局。着力升级传统商贸，合理布局商业业态，升级餐饮、零售、住宿等传统业态，培育大健康、

宠物经济等新兴业态，不断延长和丰富"吃住行购"链条。加快数字化转型步伐，持续推进"万企上云上平台"，开展"机器换人""设备换芯""生产换线"活动。夯实数字化应用基础，加快5G数智市场、云计算、物联网等数字基础设施布局建设，催生新产品、新模式和新业态。支持百度飞桨（江西）人工智能产业赋能中心功能提升、应用拓展，形成不少于5个人工智能创新应用场景，赋能超100家本地企业，全力打造全省人工智能产业先行区。

（八）新建区：聚焦链群协同发展，推动产业集聚优化

以产业链为抓手，着力构建以汽车及零部件产业为主导，主攻发展新型储能产业和电子信息产业的"1+2+N"现代产业体系。持续完善整车制造、零部件生产、技术研发、综合服务为一体的汽车及零部件产业链条，打造以特斯拉、比亚迪、"蔚小理"为引领的全省最大、品类最全的新能源汽车销售交付基地。抢抓新型储能产业发展机遇，围绕储能材料、核心设备、电池回收、储能系统集成和电源管理系统等重点领域和关键环节，持续补链延链，全力构建新型储能产业集群。依托华讯方舟、中至数据、海信乾照光电等骨干企业，全力聚焦移动智能终端、LED等优势细分领域，着力打造南昌电子信息制造业重要生产基地。全面启动江西乾元机械等中小企业新一轮数字化改造，积极推进"5G+智慧工厂"建设，引领企业实现转型升级，加快形成新质生产力。加快先进制造业集群化发展，着力打造3条重点产业链，力争利用3年时间规上工业企业达到300家以上，规上工业营收突破500亿元。推动现代服务业繁荣活跃，着力提升商贸服务业品质，加快发展总部楼宇、商贸物流、生产服务、金融文旅等业态，力争打造望城、西山、长堎3个税收亿元镇（街道），引进五星级酒店2家。全力推进西部物流园建设，打造新建城智慧化规范化农贸市场，新增2个高品质"15分钟便民生活圈"。引导城区大型商业综合体提档升级，延长"吃住行购"等居民基本生活服务产业链条。以汪山土库整体提升、西山文旅小镇特色

打造为契机，围绕西二环沿线，整合海昏侯、上天岭、溪霞怪石岭、象山森林公园、联圩万亩花海等周边文旅资源，推进联动成片全域发展，力争创建5A级景区1个、4A级景区1个，工业旅游示范项目1个，全力唱响"新建·新见"旅游品牌。

（九）红谷滩区：壮大主导产业、培育未来产业，推进现代产业升级

全面推进重点产业链现代化建设"7510"行动计划，着力促进产业链、创新链、人才链、政策链、资金链深度融合，加快形成新质生产力。提优现代金融业，加快建设江西国控基金产业园、江西金控数字金融创新产业园、平安金融中心等重大项目，积极引进毕马威南昌分所等知名机构，推动注册备案VR子基金等各类股权投资基金，力争金融类机构总数超1400家、产业基金规模超1400亿元，着力培育产业基金集群，全力打造科技金融创新示范区，做大做强区域金融中心核心承载区。提速软件和信息技术服务业，加快推进江西北斗城市示范应用、浪潮信息人工智能产业园、省创投数字经济产业园等项目落地，力促全产业链营收突破100亿元。用好世界VR产业大会成果，力争引进3家以上VR50强企业，着力培育VR产业集群。提效会展业，高标准承办国际国内重大会展，全面拓展"会展+"链条，持续放大会展经济溢出效应，力争会展总销售额超1000亿元，着力打造中部会展名城。提能高端智能制造业，加快推进省人工超智算中心建设，力促第三代半导体生产基地、三诺电子智能制造基地、紫光信创产业制造基地、联东U谷智能制造产业园等一批示范性智能制造项目率先落地，着力培育智能装备集群。强化规划布局，全力推动编制未来科学城概念规划，围绕"六大片区"功能，及时修编VR科创城、高教组团控制性详规，启动编制南部组团控制性详规。围绕数字产业、智能制造"2+N"产业方向，推动编制未来科学城产业发展规划，开辟优势赛道，瞄准链主企业，抢位发展，错位发展，全力打造新的重要增长极。聚焦未来产业策源地，研究出台培育发展未来产业行动计划，积极布局元宇宙、泛VR、人工智能、新一代汽车电子等前沿产业，全力争设全省首个未来产业研究院、首批先导试验区。聚焦科技创新示范地，加快推进教育、科技、人才"三位一体"融合发展，建立健全大院大所大企常态化交流合作机制，积极引进大装置大平台，大力引育高端人才、研发机构、创新中心、孵化中心，突破关键技术，促进成果转化，打造场景应用。

（十）高新区：挖掘存量、培育增量，助力产业集群快速发展

坚持"固本兴新"，全面策应省"1269"行动计划和市"8810"行动计划，研究制定高新区落实方案，挖潜存量、培育增量，推动先进制造业集群加速壮大。移动智能终端产业要深化龙头企业倍增计划，以三个"千亿级产业基地"为抓手，大力支持华勤、龙旗、天珑等终端龙头企业扎根高新、重仓高新，向千亿、五百亿标志性领军企业迈进，积极引进更多品牌企业。依托ODM整机企业及其供应链资源，办好供应商大会，紧盯行业前端、高端、上游企业，瞄准电容、电阻、电感、马达、天线、电池、连接器、设备等产业链缺链环节，争取一批延链补链项目落地。光电产业要以打造"南昌光谷"为目标，加快布局新型显示、新能源赛道，推动产业能级跃升。加快推进兆驰晶显1700条COB（Chip on Board的缩写，板上芯片封装）显示面板项目建设，支持晶能光电加快发展，推动LED无粉照明技术尽快实现产业化，加大洲明科技、京东方等品牌龙头企业引进力度，全面丰富LED户外显示、车载显示屏、AR/VR显示等下游应用产品。围绕LED产业装备制造，重点引进固晶机、测试分选设备、石墨托盘等基础配套项目，不断完善产业链条。航空制造产业要聚焦三大航空央企，主动靠前、顺势而为，抢抓国产大飞机提速扩产和国产航发替代战略深入实施的契机，与中航工业洪都、中国商飞、中国航发加大对接力度，打造从零部件到整机、生产配套到通航服务为一体的现代航空产业体系，谋划申报国家级先进制造业集群。医药健康产业要聚焦生态建设，持续拓展高端医疗器械、创新药研发、细胞产业及再生医学、疫苗研发及生产、合成生物、医疗芯片等未来健康产业赛道。积极对接江西省药监局、知识产权保护中心等职能部门，打通审评认证和知识产权保护绿色通道，布局培育一批生物医药领域高价值发明专利。深化与南昌大学、华医再生等高校及企业合作，推动类器官及新药研发江西实验室尽快形成筹建方案。

（十一）经开区："链式"推动产业集群发展，加快建设制造业强区

贯彻落实全省"1269"行动计划、全市"8810"行动计划、新区"6510"行动计划要求，坚持以"链式"思维推动产业集群发展。积极培育壮大战略性新兴产业，按照全省"五链"深度融合要求，围绕产业链部署创新链，以产业链招商为主抓手，以科技创新赋能发展，强化服务意识、提高服务效率，大力支持新能源汽车和动力电池、数字经济、现代物流、医药健康等新兴产业有序建链、抢先布局，加快推动战略性新兴产业集聚发展。着重做好创新平台建设、创新主体培育、创新成果转化等方面的工作，持续推动年营收 3 亿元以上工业研发机构研发活动正常化，年营收 1 亿元以上企业研发机构全覆盖。加强对重点培育企业的帮扶、指导和服务，新增一批专精特新"小巨人"企业。积极推动传统产业改造升级，促进数字经济和实体经济深度融合发展，加大设备更新和技术改造力度，扎实推进"机器换人""设备换芯""生产换线"和"5G+ 智慧工厂"，重点加快实施 17 个总计划投资 24.27 亿元的工业技改项目，推动百度无人驾驶汽车项目产线改造早完成、产品早下线，推动晨鸣纸业生态环保综合提升改造项目、杭萧钢构二期项目等技改项目建设进度。重点推进海立全球研发中心项目、滕王阁药业强力枇杷膏扩产项目等项目落地建设。积极谋划未来产业，积极布局新型储能赛道，重点以"源网荷储一体化"项目为牵引，充分利用产业园周边闲置土地、建筑屋顶、道路边坡等资源，开发建设好分布式光伏、集中式光伏、风力发电、储能电站等，运用"互联网＋"新模式，充分发挥发电侧、负荷侧的调节能力，构建新型电力系统，努力推动"光伏＋储能"产业集群发展，着力实现"零碳园区""零碳工业""零碳出

行"。抢抓江西内陆开放型经济试验区建设机遇，积极主动对接广州南沙经开区、广州空港经济区、佛山高新区，以聚链主、补链点、强链条为重点狠抓招商引资工作，主动承接长三角、珠三角、粤港澳大湾区的产业外溢。

组　　长：陈　曙
副组长：谢蔚如
成　　员：戴庆锋　张晓波　罗思越（执笔）

部门编

南昌市固定资产投资形势分析与展望

南昌市统计局课题组

2023年,全市上下坚持以习近平新时代中国特色社会主义思想为指导,深入学习贯彻习近平总书记考察江西重要讲话精神,坚持稳中求进工作总基调,完整、准确、全面贯彻新发展理念,紧扣"项目为先、实干奋进,争分夺秒拼经济"的工作主线,深入推进"一枢纽四中心"建设,聚焦关键领域和薄弱环节,持续加大项目组织推动力度,全市固定资产投资增速稳步回升,结构持续优化。

一、2023年固定资产投资总体情况

(一)基本情况

2023年,在一系列稳增长政策推动下,全市固定资产投资增速整体呈现"前低后高、逐季回升"的走势,并以全年最高增速收官。全年投资比上年下降7.8%。

从产业结构来看,第一产业投资比上年增长15.7%,第二产业投资下降9.0%,第三产业投资下降7.6%。三次产业投资比重由上年的0.5∶22.3∶77.2调整为0.6∶22.0∶77.4,三次产业投资结构相对稳定。

从重点领域来看,工业技改投资比上年增长35.4%,拉动全部投资增速1.9个百分点;基础设施投资增长26.9%,拉动全部投资增速5.2个百分点;

房地产开发投资下降1.9%。

从经济类型来看，国有投资比上年增长5.1%，占全部投资的比重为26.7%；非国有投资下降11.7%，占全部投资的比重为73.3%，其中民间投资下降27.1%，占全部投资的比重为44.1%。

从县区情况看，经开区、新建区、湾里管理局增速排位靠前；青山湖区、西湖区、高新区、东湖区增速低于全市平均水平。

（二）主要特点

一是基础设施投资快速增长，城市建设全面提升。全市基础设施建设在扩大有效投资、助力稳住经济大盘、推动经济高质量发展方面发挥了积极作用。尤其是随着洪州大桥、复兴大桥、昌南大桥、隆兴大桥等重点跨江桥梁与干线道路建设统筹同步推进，洪州大道、复兴大道，北二环、西二环快速路建设持续构建两岸路网新格局，贯穿城市东西的"十纵十横"骨干路网体系加速形成，有力地提升了城市建设质量。2023年全年基础设施投资比上年增长26.9%，高于全部投资增速34.7个百分点，拉动全部投资增长5.2个百分点，其中交通运输、仓储和邮政业投资增长140.6%，拉动全市基础设施投资增长29.8个百分点。

二是工业技改投资态势良好，支撑经济提质转型。2023年，全市按照"抢位发展、错位发展"的要求，加快传统产业改造升级，加速战略性新兴产业发展壮大，加力推进新型工业化，大力实施制造业重点产业链现代化建设"8810"行动计划，努力构建体现南昌特色和优势的现代化产业体系。全年工业技改投资比上年增长35.4%，拉动全市工业投资8.5个百分点，占全部工业投资的比重由上年的24.1%提升至35.9%。其中，储能充电桩热管理机组生产线改扩建项目、兆驰半导体新型显示Mini-LED（次毫米发光二极管）芯片研发扩产项目、江铃新车型开发及智能制造技术升级改造项目本年投资合计拉动全市投资1.1个百分点。

三是房地产开发投资降幅趋稳，稳定市场提振信心。在延续购房契税补贴、住房公积金新政等一系列政策支持下，全市始终坚持"房住不炒"的原则，稳地价、稳房价、稳预期，积极推进"保交楼"，推动落实首套房"认房不认贷"政策，着力恢复市场信心，房地产开发投资降幅趋于平缓，且呈收窄态势。全年房地产开发投资比上年下降1.9%，较上年收窄17.4个百分点，占全部投资比重为25.0%，较上年提高1.5个百分点。

四是社会领域投资平稳增长，增进福祉惠及民生。2023年，全市聚焦事关群众福祉的社会事业，充分挖掘社会领域投资潜力，补短板、强弱项，增加社会领域产品和服务供给，不断提高人民的幸福感获得感。全年社会领域投资比上年增长4.6%，其中，教育投资增长38.3%，南昌健康职业技术学院、南昌技师学院等项目推进较快；卫生和社会工作投资增长9.0%，江西省中西医结合医院瑶湖分院、新建区人民医院二部及疾控中心开工建设。

（三）需要关注的问题

总体上看，2023年全市固定资产投资呈现"态势恢复、质量提升"的特征，积极因素在不断增加，但由于受到国内外有效需求不足等因素影响，新开工项目支撑不足，高技术产业投资放缓，工业投资、民间投资下降明显等问题需引起高度关注。

一是新开工项目支撑不足。2023年，全市新开工项目1036个，较上年大幅减少；计划总投资比上年下降68.7%，完成投资额下降52.8%，下拉全部投资增速17.0个百分点。其中，亿元以上新开工项目投资支撑明显减弱，亿元以上新开工项目计划总投资较上年下降44.0%，完成投资较上年下降55.5%，下拉全部投资增长10.7个百分点。

二是工业投资持续低迷。2023年，全市工业投资比上年下降9.2%，下拉全市投资增速2.0个百分点。其中，制造业投资下降14.9%，影响工业投资增速14.3个百分点。从行业来看，专用设备制造业投资比上年下降71.7%、医药制造业投资下降43.7%。

三是高技术产业投资放缓。2023年，全市高技术产业投资比上年下降

34.8%，下拉全市投资增速6.7个百分点，占全市投资比重的13.7%，比上年下降5.6个百分点。其中，高技术制造业投资比上年下降30.8%，高技术服务业投资下降45.6%。从行业来看，光电子器件制造，医疗诊断、监护及治疗设备制造，基础软件开发等高技术产业投资均呈现不同程度下降趋势。

四是民间投资活力不强。2023年，全市民营企业投融资意愿有所回落，民间投资持较为谨慎态度。全年民间投资比上年下降27.1%，占全部投资比重持续下降至44.1%，较上年降低11.7个百分点。民间投资参与重大项目建设的力度较弱，2023年民间投资新开工项目中亿元以上项目仅占全部民间投资新开工项目个数的13.9%；亿元以上民间新开工项目完成投资额占全部民间投资新开工项目投资的47.9%，所占比例较全部亿元以上新开工项目占全部新开工投资项目的比重低了8.6个百分点。

二、2024年固定资产投资形势展望

展望2024年，从有利因素来看，全国经济长期向好基本面没有改变。2024年以来，随着全国各地区、各部门认真贯彻落实党中央、国务院的决策部署，加大宏观调控力度，狠抓政策落实，全国经济延续回升向好态势，开局良好。第一季度GDP增长5.3%，比上年第四季度增长了0.1个百分点，主要生产指标持续回升，投资、消费、进出口等需求指标稳中有进，企业效益和预期好转，消费者信心回升，国民经济回升向好态势不断巩固增强。5月份，经济合作与发展组织（OECD，简称"经合组织"）将全国经济增长由前期的4.8%上调至5.2%；国际货币基金组织（IMF）将2024年全国经济增长预期由4.6%上调至5%。全国经济韧性足、活力足、发展空间广、潜力大的特点明显，为全市经济持续回升向好创造了良好环境。

从省内来看，面对复杂严峻的国际环境和国内经济恢复进程中的困难挑战，全省各地区、各部门靠前发力实施宏观政策，固本培元增强内生动能，全省经济总体呈现回升向好态势。第一季度，全省经济平稳开局，持

续向好，积极因素积聚增多，向好态势持续增强。从全市来看，2024年随着自上而下稳预期、稳增长、稳就业的各项政策的进一步落实推进，财政、金融相关政策的不断加力，市场主体信心将逐步增强。第一季度，全市经济实现平稳开局。从投资领域来看，2024年初全市共遴选全年市重大重点项目1016个，总投资达8855.14亿元，年度投资计划2575.19亿元。随着一系列稳投资促发展政策持续发力，投资带动战略持续深入实施，必将为全市经济社会高质量发展提供坚实支撑。从投资重点领域和重点行业来看，基础设施投资增长较快，第一季度全市基础设施投资同比增长6.8%，电力、热力、燃气及水的生产和供应业投资增长56.4%，交通运输、仓储和邮政业投资增长12.6%。从项目规模来看，亿元以上大项目支撑作用增强。第一季度，全市亿元以上项目完成投资占全部投资的比重较上年同期提高5.4个百分点。

从不利因素来看，全球环境变乱交织，更趋复杂严峻。西方国家竭力遏制我国发展，地缘政治冲突频发带来新的风险，使得我国发展面临的外部形势更趋复杂严峻。一方面外部需求恢复的压力依然存在。虽然1—3月份全国出口数据表现不错，但以更深层次、更长远的眼光来看，外需恢复的不确定性依然很大。另一方面，西方国家对我国打压阻遏持续升级，对我国在全球产业链供应链上的地位造成冲击。从国内来看，全国仍处于经济恢复和转型升级关键期，国内周期性、结构性矛盾交织叠加，发展内生动能不足，经济持续回升向好基础还不稳固。全市工业投资持续下滑，民间投资活力不足，房地产市场延续调整态势，消费需求仍显不足等问题仍然存在，需要着力加以克服，夯实经济长期向好基础。

综合研判，2024年全市经济发展的积极因素不断累积，全市经济回升向好的基础将进一步巩固和延续，全年固定资产投资增速仍将呈现前低后高回升走势。下一步，全市上下要坚定不移实施项目带动战略，扬长补短、固本兴新，全力以赴实现投资运行平稳。

（一）加大项目引进力度，进一步优化投资结构

坚持"项目为王"不动摇，进一步加大新项目的引进力度。突出重大项目建设，充分发挥重大项目牵引和政府投资撬动作用，精准补短板、强弱项，为投资增长注入新动能。进一步优化产业结构，加大对新型服务业的投入力度，把发展新型服务业作为产业结构调整的重点和新的经济增长点。聚焦高新产业抓重点项目，聚焦高耗能企业抓技改升级，切实推动产业转型升级。用足用好设备更新改造专项再贷款政策，通过财政补助、贴息、奖励等方式，支持企业推行技术改造，提升传统行业产出效率。继续做强做优主导产业，充分发挥重大工业项目建设对稳增长的关键作用，增强工业发展后劲。持续扩大新基建投资规模，继续推进制造业技改投资和基础设施投资的重点领域项目。

（二）强化要素保障，推进项目建设形成有效投资

充分发挥重大项目综合协调推进工作机制，梳理推送重点项目"问题清单"，着力解决审批、用地、用工、融资等要素保障问题，进一步做实项目前期工作，围绕资金、土地、环保、能评等关键要素，落实税收、房租、社保、金融、营商环境等纾困扶持措施，统筹协调解决项目推进中存在的困难和问题。做好项目入库、项目报数的服务指导工作，做到颗粒归仓、举证有效、数出有据，以项目之"质"促发展之"效"。

（三）加强政策引导，促进房地产投资企稳回升

加强政策引导，提高刚需和刚改人群购房信心，根据地方实际，针对当地特色，制定有吸引力的买房政策，提高购房者的兴趣和信心。做好房地产企业资金支持工作，对信用良好、资产优质的房地产企业、金融机构可以根据当前政策，在风险可控的范围内，提高企业贷款额度，保障企业资金缺口，确保商品房能够顺利交付，为房地产企业纾困解难，助力房地产企业消化库存缓解资金压力，提振房地产企业开发投资信心，促进房地

产市场平稳健康发展。

（四）拓宽融资渠道，激发民间投资积极性

民间投资持续下滑已成为制约全市固定资产投资增长的重要因素，须引起高度重视。要进一步贯彻落实好国家、省、市各项鼓励民间投资发展的政策措施，围绕谁能投、投什么、怎么投，做好政策解读、业务对接，让民间投资愿意投；要加大金融支持力度，优化投资环境，提振民间投资信心，千方百计激活民间资本，让民间投资真正活跃起来。同时，积极发挥政府投资的引导和杠杆作用，采取资本金注入、投资补助、贷款贴息等方式，落实国家鼓励政府和社会资本合作的政策措施，努力运用市场手段和开放引进的办法来解决融资难题。

组长：钟晓强

成员：熊泽荣　樊　钰

南昌市财政形势分析与展望

南昌市财政局课题组

2023 年，是全面贯彻党的二十大精神的开局之年，是新冠疫情防控转段后经济恢复发展的一年。面对错综复杂的经济社会发展形势，在市委、市政府的坚强领导下，全市各级财政部门紧紧围绕"项目为先、实干奋进，争分夺秒拼经济"工作主线，积极推进"一枢纽四中心"建设，全面落实省会引领战略，深入实施财政管理改革，奋力实现财政平稳运行，为全市经济社会高质量发展提供有力支撑。

一、2023 年全市财政收支完成情况

2023 年，全市一般公共预算收入完成 500.2 亿元，同比增长 9.3%。其中，地方税收收入完成 330.1 亿元，同比增长 19.7%；非税收入完成 170.1 亿元，同比下降 6.5%。全市一般公共预算支出完成 925.6 亿元，同比下降 1.4%。

全年财政运行主要呈现以下特点：收入增幅与税源增长相适应。2024 年以来，主要是受去年同期大规模增值税留抵退税的低基数因素影响，全市财政收入开局增势向好，从 1 月的 7.3% 逐步增长至 4 月的 13.2%。但随着去年下半年留抵退税逐步恢复常态化，收入在 4 月拐点后逐步与经济税源增长相适应。收入质量不断向好。全市税收占比 66.0%，较上年同期提升

5.7个百分点，显示了全市经济强大韧性。县域经济活力激发。全市县区级一般公共预算收入完成331.1亿元，同比增长10.1%。收入完成30亿元的县区有南昌县、红谷滩区、新建区和高新区，其中南昌县已突破80亿元。切实落实党政机关过紧日子要求，加强财政资源统筹，保持必要支出强度，持续加大对经济社会发展薄弱环节和关键领域的投入。重点领域支出保障有力，其中，教育支出159.0亿元，同比增长9.6%；节能环保支出35.2亿元，同比增长10.1%；农林水支出72.0亿元，同比增长11.3%；社会保障和就业支出96.9亿元，同比增长12.2%。

二、2023年财政主要工作情况

全市各级财政部门积极发挥财政职能作用，加力提效实施积极财政政策，扎实做好稳增长、促改革、调结构、惠民生、防风险、保稳定等各项工作，着力推动经济实现质的有效提升和量的合理增长。

（一）强化财政资源统筹

持续强化财政资源统筹，增强服务保障能力，为推动经济社会高质量发展提供有力支撑。在"开源"上做文章。加强财政运行监测分析，构建财税精诚共治格局，不断提升对市场主体的服务能力和水平，着力培植优质财源，以实体经济高质量发展推动财政收入稳步增长。在"挖潜"上找思路。加大国有资源资产和存量资金等盘活力度，推动出台特许经营权管理办法；制定市级行政事业单位房产、土地处置工作方案及所属经营性国有企业划转实施方案，探索变"闲置存量"为"优质增量"新路子。在"争资"上出实效。抢抓政策机遇，积极争取上级支持。争取各类上级转移支付资金234.3亿元，同比增长27.8%。争取新增地方政府债券159.7亿元，全力支持高铁东站新区一期、南昌技师学院等重大重点项目建设。

（二）激发财政政策效能

围绕南昌市委、市政府重大决策部署，加力提效实施积极财政政策。强力推进项目建设。筹集重大重点项目建设资金100.0亿元，强力推进"六坝共筑、十桥同架"等一批功在当代、利在千秋的基建项目，加快成型"二环十二射"高速路网新格局，为高质量发展夯实"稳"的基础、凝聚"进"的势能。严格执行财政投资评审制度，完成评审项目218个，送审金额300.4亿元，核减金额44.9亿元，综合审减率约15.0%，提升政府投资项目资金使用效率。加大产业引导扶持力度。聚焦完善"4+4+X"产业体系，拨付扶持产业发展相关资金60.6亿元，用"真金白银"支持市场主体研发创新、技改升级、增资扩产，加快构建现代化产业体系。激发创新创造活力。把握创新这个产业进化的关键变量和最大增量，拨付37.2亿元助力创新平台能级提升、科技企业培育壮大、科技成果转化攻坚。加强人才"引育留用"，兑现"人才10条"等政策资金13.1亿元，惠及约8.5万人次，真心实意、真抓实干支持各类人才来昌留昌、创业就业。提振信心促进消费。发挥财政金融效能，全市"财园信贷通"放贷总额61.7亿元，惠及中小微企业1247户次，促进中小微企业融资增量、扩面、降本。积极落实促消费政策举措，拨付4.0亿元用于商贸消费提质扩容、繁荣会展经济、激活文旅消费等。

（三）持续增进民生福祉

坚持以人民为中心的发展思想，量力而行、尽力而为，持续加强基础性、普惠性、兜底性民生建设，全市财政民生类支出占一般公共预算支出比重稳定在八成左右。扎实推进民生实事。牵头实施民生实事工程和健全完善民生保障制度改革攻坚行动等民生工作，制定2023年南昌市民生实事安排方案，筹集资金约60亿元，科学调度、压茬推进，圆满完成20件民生实事。落实就业优先战略。支持实施减负稳岗扩就业政策，下达相关就业补助资金4.1亿元，统筹用于就业创业补贴、高技能人才培养补助等项目。支持教育事业发展。加大对公办幼儿园及普惠性民办园生均补助力度，惠及学前幼儿超18万名。优化教育网点布局，强化基础设施建设，统筹5.4亿元重点保障南昌中学、行知中学等学校建设。推进健康南昌建设。筹集资金13.3亿元保障市级医疗卫生机构重点学科发展、大型设备购置等，助力构建"4+2+2"医疗卫生服务体系新格局。抓好"一老一幼"服务。健全养老服务体系，支持"15分钟养老服务圈"建设。加大婴幼儿入托补贴补助力度，将普惠托育机构补助标准提高到300元/（人·月）。织密社会保障网络。持续提升社保水平，拨付困难群众救助补助资金6.1亿元，惠及困难群众11.3万人，筑牢民生保障底线。提升城乡建设品质。强化住房安居保障，下达相关补助资金21.4亿元，助力实现"住有所居、居有所安"幸福愿景。拨付8.4亿元持续开展"两整治一提升"行动，推动乡村从"一时美"向"持久美""局部美"向"整体美"转变。

（四）纵深推进财政改革

坚持把改革创新作为关键一招，着力推动财政治理体系和治理能力现代化。深化财政专项资金管理。实现专项资金管理科学化、精准化、规范化，相关改革工作作为财政改革典型案例在全省推广。推进支出标准体系建设。出台支出标准体系建设工作方案和三年行动计划，制定办公用房物业管理、教育督导评估、档案保护等多项支出标准，不断健全完善现代预算制度。明确事权和支出责任划分。出台市级以下财政事权和支出责任划分改革实施意见，制定基本公共服务、铁路建设运营、自然资源等领域改革方案，推动建立权责配置合理、财力分布均衡的财政体制。坚持"过紧日子"思想不动摇。制定切实厉行节约的措施，通过硬化预算刚性约束、降低行政运行成本等举措，将有限的财政资金用在关键点、紧要处，切实保障党委政府各项决策部署落实落地。持续优化政府采购营商环境。将"不见面"方式拓展运用于非公开招标领域，流程控制从"人为跑"转为"数据跑"，推动政府采购全流程电子化，实现交易服务"不打烊"。

（五）防范化解财政风险

统筹发展和安全，建立健全风险防范体制机制，认真抓好重点领域风险防范。防范化解债务风险。全面压实债务管控主体责任，通过统筹各类资金、依法依规清算核销等方式化解隐性债务，把全市全口径债务风险等级控制在安全区域，牢牢守住不发生地方政府债务风险的底线。强化基层"三保"能力。加强对地方"三保"预算安排和执行情况、国库库款等动态监控，精准监测、精准帮扶，确保县区财政平稳运行。专门成立工作领导小组，出台"三保"风险应急预案、县区财政平稳运行实施方案等政策措施。加大财力下沉力度，下达县区转移支付资金215.2亿元，增长26.1%。完善内部控制制度体系。出台预算编制、预算执行、信息系统管理、非税收入管理等专项风险内部控制办法，明确和细化重要环节、关键风险点和相关控制措施，提升抵御风险的能力水平。

三、2024年财政工作展望

2024年是实现"十四五"规划目标任务的关键一年，做好财政工作意义重大、责任重大。南昌市财政系统将认真贯彻落实中央和省、市对财政经济工作的各项决策部署，继续实施积极的财政政策，适度加力、提质增效。加强财政资源统筹，硬化预算约束；优化财政支出结构，强化重点领域财力保障；扎实推进财政管理改革，健全现代预算制度；加强政府债务风险防控，增强基层"三保"能力，切实防范化解财政运行风险，推动经济实现质的有效提升和量的合理增长，为加快全面建设社会主义现代化南昌提供坚实的财政保障。

（一）在巩固经济向好态势上稳住大局

多措并举增强财政保障能力，巩固和增强经济回升向好态势。科学高效组织收入。加强对财政经济形势的研判分析和前瞻谋划，依法依规、实事求是组织财政收入。加强对重要行业、重点企业调研服务，不断优化收入结构。积极"开源""挖潜"增收，加快培育拓展新税源。强化财政资源统筹。加强"四本预算"（一般公共预算、政府性基金预算、国有资本经营预算、社会保险基金预算）协调衔接，加大国有资产资源等盘活力度，强化结余结转资金管理，规范完善特许经营权出让。深化综合预算和零基预算管理，严格做到"收入一个笼子、支出一个口子、预算一个盘子"。提高政策实施成效。用好财政政策空间，通过高质量落实结构性减税降费、推动金融创新、优化营商环境，发挥财税政策调控优势和对产业扶持、提振消费、拉动投资等方面的引导和撬动作用，提高资金效益和政策效果。全力争取上级资金。推动主管部门结合职能特色和优势，找准向上争资突破口。尤其是要抢抓中央增发国债等政策机遇，科学谋划项目储备，争取更多上级资金向全市倾斜，为全市经济发展增势赋能。

（二）在增强经济发展活力上精准施策

强化重点领域财力保障，全面激发财政政策效能，以"财政之进"服务全市经济发展大局。建设产业强市。积极发挥财政资金引导作用，支持深入实施"8810"行动计划，推动制造业重点产业链现代化建设，战略性新兴产业扬优成势，传统优势产业转型升级，服务业上规模、提质量、增效益。着力扩大内需。持续扩大有效投资，强化重大重点项目建设财力保障，奋力实现工作量、投资量、实物量"三量齐增"。不断完善政策措施，积极培育新增长点，全力激发有潜力的消费。强化科技引领。聚焦建设区域科创中心和人才强市战略，优化财政科研投入机制，增强支撑科技创新能力。打造人民城市。深入实施"东进、南延、西拓、北融、中兴"城市发展战略，全力保障洪州大桥、洪腾高架、北二绕城、姚湾综合码头二期、昌北机场三期等重点项目建设，拉大城市框架，畅通城市路网。推进乡村振兴。持续推进"两整治一提升"行动，坚定不移做强农业、做美农村、做富农民，全力打造乡村振兴"南昌样板"。增进民生福祉。坚持尽力而为、量力而行，健全民生领域投入保障机制，认真实施2024年民生实事，补齐医疗、养老、教育等民生短板，兜住、兜准、兜牢民生底线。

（三）在稳步推进财政改革上续写新篇

推动财政改革向更深层次挺进，促进财政改革与发展深度融合、高效联动，把制度优势转化为财政治理效能。厉行勤俭节约办事业。坚持习惯过紧日子，严格执行人大批准预算制度，把牢预算管理、资产配置、政府采购等关口，从严控制一般性支出，严格做好"三公"经费管理。持续推进支出标准体系建设。全力推进关键领域支出标准建设，加强支出标准运用，发挥支出标准体系在预算管理中的长期性、稳定性和基础性作用。深化市以下财政体制改革。建立健全权责配置更为合理、收入划分更加规范、财力分布相对均衡、基层保障更加有力的市以下财政体制。理顺政府间事权和支出责任划分。围绕"兜底线、促均衡、保重点"目标，建立权责清晰、财力协调、区域均衡的市县两级财政事权和支出责任划分体系。持续推进"1+N"市以下财政事权和支出责任划分改革，推动事权与支出责任相匹配。强化预算绩效管理改革。实施成本绩效管理改革，引入成本理念融入预算管理全过程，构建"预算安排核成本、预算执行控成本、预算完成评成本"管理闭环。

（四）在防范化解财政风险上严守底线

坚持底线思维，统筹好"促发展"和"防风险"的关系，推动财政可持续发展。守住基层"三保"底线。完善"三保"预算审核机制，加强对"三保"预算安排和执行情况、地方政府债务还本付息、暂付性款项等情况动态监测，强化"三保"风险应对处置，促进基层财政平稳运行。守住债务风险底线。开好"前门"，将还本付息资金足额列入年初预算；严堵"后门"，绝不允许新增隐性债务上新项目、铺新摊子。严格落实债务风险检查、隐债化解核查、债务管理督查等机制，确保隐性债务增量有效遏制、存量有序出清。守住财经纪律底线。建立健全严肃财经纪律长效机制，推动财经法律法规、财政管理制度等有效落实，从源头上有效遏制财政资金管理使用违纪违规违法行为，防止财政资金"跑冒滴漏"。

组　　长：邓　峰
副组长：毛志东
成　　员：曾振宇　郭吕成　陈　婕　程锦媛

南昌市制造业形势分析与展望

南昌市工业和信息化局课题组

一、2023年南昌市制造业发展情况回顾

2023年，南昌市认真落实省"1269"行动计划，积极推进"一枢纽四中心"建设，深入实施制造业立市战略，稳运行、强产业、攻项目、优服务，全力推动工业经济持续向好。

（一）总体成效

1. 主要指标持续向好。2023年，全市规模以上工业实现营业收入6682.3亿元，同比增长4.0%，增速列全省第4位。实现利润总额199.4亿元，同比增长60.2%，增速列全省第1位。亿元以上项目数量376个，工业投资增速列全省第3位。工业技改投资同比增长35.4%，500万元及以上技改项目403个，均列全省第1位。工业增值税同比增长60.8%，列全省第2位。

2. 主导产业持续向好。2023年，全市电子信息全产业链营收突破2400亿元，汽车及装备全产业链营收突破2100亿元，新材料、医药健康产业链营收均超千亿元，航空产业链实现营收869亿元。

3. 发展态势持续向好。推进产业数字化成效明显，小蓝经开区入选2023年度绿色工业园区，国泰集团工业互联网平台成为江西首个国家级跨

行业跨领域工业互联网平台，江西联创电子有限公司被认定为国家技术创新示范企业，煌上煌"酱卤食品工业设计中心"被认定为第六批国家级工业设计中心。

（二）重点工作

1. 抓产业谋划明路径。一是完善产业发展体系。对照江西省12条制造业重点产业链，谋划南昌市产业链现代化建设路径思路，针对全市8条制造业重点产业链，分链条系统分析基本情况、重点企业、在建项目、产业人才、数字化水平等，制定出台了《南昌市制造业重点产业链现代化建设"8810"行动计划（2023—2026年）》，加快构建体现南昌特色和优势的现代化产业体系。二是紧跟产业变革趋势。加强产业研究，为抢抓产业发展新赛道提供决策参考。同时，加强对传统产业的调研分析，南昌市传统产业数字化转型情况报告，获江西省委主要领导肯定性批示；南昌市再生资源产业发展情况的调研报告，获南昌市委主要领导肯定性批示。

2. 抓监测研判稳运行。一是密切监测经济走势。主动协同"3+4"工业主力平台，每月开展运行监测全方位摸底工作，收集全市百户重点企业监测表，做好每月工业经济研判分析，建立工业经济运行周例会制度，全市规上工业增加值增速由年初（-9.4%）的艰难起步，到上半年（0.9%）的由负转正，再到1—12月份（4.2%）的稳步提升，全市工业经济加速恢复、逐月向好。二是加快重大项目建设。坚定实施项目带动战略，2023年，全市推进重大工业项目共376个，总投资3789.6亿元。定期梳理"三个清单"，实时做好项目进度管理，华勤千亿级产业基地已搭建完成并投产27条SMT（Surface Mounted Technology的缩写，表面贴装技术）生产线、34条组装线，龙旗南昌VR项目产线已经搭设完毕，欣旺达动力电池项目已建成产线15条，华创新材一期5万吨锂电铜箔项目和中微半导体MOCVD设备生产基地建成投产，江西杭电铜箔年产2万吨高性能超薄电子铜箔项目进入试生产阶段。三是积极推进企业培育。深入推进培育领航标杆企业三年行动计划，共有3家企业获评省级制造业领航企业，12户企业纳入省级领航培育企业。截至2023年底，全市省级领航企业有20户，占全省26%，排名全省第一；省级领航培育企业49户，占全省18%，排名全省第一。积极引导企业充分发挥自主创新的示范引领作用，南昌矿机、三鑫医疗等10家企业被评为2023年江西省管理创新示范企业。

3. 抓产业培育提能级。一是不断壮大产业规模。电子信息产业链营收达2174.7亿元，移动智能终端产量超1.5亿台，VR及相关产业营收突破800亿元；汽车及装备产业全年实现整车生产39.8万辆，产业链营收达2097.8亿元；全力打造航空产业集群，全产业链营收达869亿元；医药健康产业链营收超1000亿元，新材料产业链营收达1300亿元。二是加速壮大产业集群。大力推进产业集聚集群发展，2023年高新航空制造产业集群新增为省级重点产业集群，安义铝型材产业集群、进贤医疗器械产业集群获2023年度江西省中小企业特色产业集群，高新区荣获2023年产业集群高质量跨越式发展示范园区称号。截至2023年底，全市已有16个省级（含2个培育型）产业集群。三是深入推进产业链"链长制"。积极开展调研座谈、技术对接、市场拓展、金融保链强链等综合活动，累计开展各类活动329次（场），产销对接、产业链招商合计66次（场），签约项目159个，签约金额429.6亿元；产融对接活动授信企业245户，授信额度562.38亿元。同时，对全市11条重点产业链"链长制"进行优化，市级层面由市主要领导担任总链长，两个开发区党工委书记以及市政府其他市级领导担任各重点产业链链长，进一步推动产业链链长制工作巩固提升。

4. 抓数字赋能促融合。一是加快信息基础设施建设。出台了《南昌市工程建设项目移动通信基础设施建设管理办法（试行）》。2023年全市建成5G基站数20011个，在全省排名第一；5G移动用户占比为48.8%，在全省排名第二；工业互联网标识解析二级节点数2个，工业互联网融合应用数38个，在全省排名第一。全市标准机架数达44654个，在全省所占比重达到53.7%，获评全国建设信息基础设施和推进产业数字化成效明显市。二是推进企业上云用数赋智。全年累计开展"万企上云上平台"专项活动57场，新增上云上平台企业16124家，新增深度上云企业594家，全市累计上云上平台企业总数共53187家。菱形信息VR+工业仿真系统等3个项目获评工业和信息化部虚拟现实先锋应用案例，江西五十铃等12家企业被评为2023年"5G+工业互联网"应用示范企业，国网江西省电力、方大特钢入选2023年"5G+工业互联网"应用示范场景名单。三是完善工业互联网平台。制定出台了《南昌市推动工业互联网创新发展三年行动计划（2023—2025年）》，国泰集团工业互联网平台成为江西首个国家级跨行业跨领域工业互联网平台，江西融合科技数字化管理服务平台、江西联通工业互联网平台、电信维盈工业互联网平台获国家特色专业型工业互联网平台，全市共有8家互联网平台入选江西省双跨型、行业型、区域型以及企业级工业互联网平台。四是赋能传统制造业发展。江铃汽车等3家企业获评国家级智能制造示范工厂，欣旺达等4家企业获评国家级智能制造优秀场景，方大特钢等10家企业获评2023年江西省智能制造标杆企业，南昌思创企管策划等4家企业入选江西省智能制造系统解决方案供应商名单（第二批）。

5. 抓产业转型蓄动能。一是积极推进工业技改。制定了《关于加快先进制造业项目建设 推进数字化转型升级的若干措施》，进一步修订完善技改政策实施细则，全市共27个项目获得2022年度"稳投资、小升规"技改补助政策扶持资金3761.68万元。二是持续推动技术创新。2023年，江西联创电子有限公司被认定为国家技术创新示范企业，全市共有26家企业被评为省级企业技术中心、34家企业被评为市级企业技术中心，共有16项产品入选"赣出精品"名单、46个新产品获2022年度"省优秀新产品"称号，共有12家企业13个产品入选2023年江西省首台（套）重大技术装备推广应用指导目录，泰豪科技、江铃汽车集团改装车股份有限公司等7家企业入选2023年江西省应急产业重点联系企业。三是深入推进服务型制造。坚持以服务型制造助推工业高质量发展，进一步培育壮大全市工业设计主体，南昌三瑞智能、江西百胜智能、泰豪电源、江西荣和特种消防设备制造等4

家企业被评为省级工业设计中心，全市共有14款入选省级工业设计优秀产品。着力培育服务型制造示范企业，金达莱获评2022年国家级服务型制造示范企业，江西佳时特、江西贝斯特节能环保等2家企业获评2023年省级服务型制造示范企业。四是加快推进绿色创建。2023年，全市有1家绿色园区、5家绿色工厂入选国家级绿色制造名单；小蓝经开区、进贤经开区等2家园区入选省级绿色园区，江联重工等11家企业入选省级绿色工厂。截至2023年底，全市共有绿色工厂30家，其中国家级绿色工厂21家；绿色园区4家，其中国家级绿色园区2家。

6. 抓企业服务优环境。一是做好企业走访帮扶。持续开展全市工业企业"大走访、大帮扶"活动，着重帮助企业协调解决用工、融资、物流、要素保障、市场开拓等影响企业生产经营的痛点、堵点和难点问题及政策诉求，助力企业稳定生产、增产增效。2023年共完成4期市工业企业"大走访、大帮扶"活动，市级层面共收集企业问题诉求99个，均已协调解决，办结率100%。二是做实产业政策兑现。制定《关于支持工业企业稳生产拓市场提质效的若干措施》，统筹1亿元资金，以"真金白银"助力企业平稳发展；加快电子信息、绿色食品等支柱产业"一产一策"政策兑现流程，推动企业发展提质、产业发展升级。三是搭建交流合作平台。成功举办2023世界VR产业大会、中国航空产业大会暨南昌飞行大会、中国（江西）工业互联网创新发展大会、南昌电子信息产业发展大会、南昌市新型储能产业发展研究与合作对接恳谈会等大型产业活动，会上共签约项目158个、总投资超1000亿元。筹备并成立南昌市汽车制造产业联合会、航空装备产业联合会、电子信息行业商会、生物医药行业商会、绿色食品行业商会等5个主导产业商协会，促进企业、政府和社会加强交流合作、实现互利共赢。

7. 抓行业管理促提升。一是抓实节能减排降耗。积极推进全市工业领域碳达峰行动，制定出台全市工业领域碳达峰、工业污染防治等工作要点，编制印发南昌市建材、化工、有色金属三个行业碳达峰实施方案，严格落实能耗"双控""碳达峰碳中和"，以及水资源保护利用要求，遏制"两高"

项目盲目发展。二是加强安全生产检查。强化工业制造领域安全生产统领指导，积极开展工信系统安全生产重大事故隐患专项排查整治行动，全面推进行业管理责任制落地生效，全年共开展行业安全生产检查56次，检查企业126家，排查整改安全隐患92个。同时，认真做好民爆、军工、民机、民船的安全监管工作，开展全市民爆行业安全生产大检查4次，完成应急管理部检查发现船舶行业整改问题4个，确保民爆、军工、民机、民船安全生产零事故。三是扎牢工业信息安全。制定出台《关于开展南昌市工业互联网安全保障能力提升活动的通知》《南昌市工业互联网安全保障能力提升活动实施方案》，扎实推进联网企业网络安全分类分级管理，统筹抓好南昌市工业互联网安全态势感知平台和民用爆炸品行业工业互联网安全态势感知平台建设，组织全市45家企业开展工业信息安全自评估工作，全面提升工业互联网安全保障能力。

二、2024年南昌市制造业发展形势展望

（一）工作思路

坚持以习近平新时代中国特色社会主义思想为指导，全面学习贯彻党的二十大精神和习近平总书记考察江西重要讲话精神，深入落实全国、全省新型工业化推进大会精神和省、市全会精神，加快实施省会引领战略，围绕"迎难而上、敢作善为、奋力推动经济社会高质量发展"的工作主线，坚定制造业立市不动摇，全面推进产业链现代化建设"8810"行动计划，坚持夯实基础、固本兴新、布局未来一体推进，加快培育新质生产力，努力构建体现南昌特色和优势的现代化产业体系。

（二）工作目标

2024年，力争全市规模以上工业增加值同比增长6.5%左右；全市规模以上工业营业收入实现7300亿元。

（三）工作举措

1. 实施强链条、壮集群专项行动。加强产业谋划，编制完善《南昌市制造业高质量发展中长期规划》，加快制定未来产业发展三年行动计划，加强政策预研及储备，常态化做好产业研究和《工信动态》编撰工作。攻坚千亿级产业链条，创新实施产业链链长制，推行"链长+""链主+"工作模式，全力抓好"一产一策"落地实施，聚焦8条重点产业链精准发力，力争电子信息全产业链营收突破2700亿元、汽车及装备全产业链营收突破2300亿元、航空产业全产业链营收突破1000亿元。壮大集群规模，实施产业集群提能升级计划，加快产业集群上档进位、提升星级；牵头打造电子信息、航空等一批跨区域的国家先进制造业集群；充分发挥商协会作用，推动电子信息、汽车及装备等产业链本地配套能力转化为本地配套率，持续提升集群内横向协作能力。

2. 实施强赋能、提质效专项行动。强化数字赋能，启动新一轮数字化改造，全面实施数字化诊断服务，积极参与产业大脑建设，充分发挥南昌数字化转型促进中心作用，系统化开展链式、集群式数字化转型，加快推动制造业企业"智改数转网联"，力争全年推进500万元以上技术改造项目500个，新增上云企业10000家。强化绿色赋能，全面推进南昌市绿色制造体系建设三年行动计划，深化节能监察和节能诊断服务，大力促进工业资源综合利用，力争全市新创建绿色园区1家以上、绿色工厂20家以上、新增节水标杆企业15家以上，确保2024年全市规模以上工业企业单位工业增加值能耗累计下降13%以上。强化科技赋能，加快培育企业技术中心、制造业创新中心，协同推进年营收1亿元以上工业企业建立独立法人的研发机构全覆盖；积极帮助先进制造业企业争取增值税加计抵减政策。

3. 实施强基础、增后劲专项行动。紧抓项目，动态梳理全市新开工项目清单、新竣工项目清单、在建重大工业项目清单，跟紧大项目、跟进小项目，全力推动欣旺达"源网荷储一体化"项目、海信砷化镓基地项目、西林科项目开工建设，传铄科技、志博信、鑫矿智维等一批重大重点项目早投产、早见效，力争全年工业投资增速6%左右。筑牢支撑，协同推进未来科学城建设，加快推动国家级开发区扩量提质、省级开发区争先进位，加强与赣江新区协同联动，持续夯实"4+4+1"产业发展平台基础。强化保障，加快推进新型基础设施建设，提升5G基站共建共享水平，切实运行好、管理好、利用好国家级互联网骨干直联点，积极参与推进超算中心建设，加快推动智算中心建成使用。

4. 实施强企业、优服务专项行动。加强企业培育，实施企业梯次培育行动，深入挖掘企业增资扩产需求，加大纾困解难力度，力争全年新增产值百亿元级企业2家、50亿元级企业4家、10亿元级企业10家；培育壮大工业设计主体，力争2024年新增省级工业设计中心5家；加快推进制造业和现代服务业融合发展，力争培育省级服务型制造示范企业5家。搭建对接平台，高质量办好中国航空产业大会暨南昌飞行大会，高频次开展供应商、合作伙伴大会，积极争取中国产业转移发展对接活动，不断促进产业链供应链深度融合。优化企业服务，持续推进全市工业企业"大走访、大帮扶"活动，设立市工业和信息化局"企业接待日"，面对面倾听企业诉求，协调解决企业困难。探索开展优秀企业家表彰活动，营造尊商重企浓厚氛围。

组长：伍秋平

成员：张　露　向佳威

南昌市农业和农村形势分析和展望

南昌市农业农村局课题组

  2023年，在南昌市委、市政府的坚强领导下，全市农业农村工作坚持以农业农村"两整治一提升"三年行动为主抓手，全面实施乡村振兴战略，加快推动年度各项任务落地落实，全市农业农村保持稳中向好、加速发展的良好态势。2023年全市农林牧渔业总产值达到427亿元，同比增长3.7%；全市农村居民人均可支配收入25803元，同比增长6%，高于城镇居民2个百分点。农业农村多项工作在省委农村工作会议、全省"厕所革命"现场会、全省粮食生产及农业农村重点工作推进会上作为典型得到肯定。先后承办了中部（江西）农业机械展览会、全国"放鱼日"江西分会场活动、全省"厕所革命"现场推进会、第三届现代种业蔬菜新品种展示会、全省稻油轮作全程机械化现场展示会等全省性重要会议活动。2023年中央电视台（简称"央视"）集中报道全市农业农村工作50次，其中《新闻联播》报道7次。在2022年度全省乡村振兴实绩考核中获得"优秀"等次，全省排位第1名，安义县、南昌县分列全省第3名、第5名。国家"菜篮子"市长负责制考核成绩在全国36个大中型城市中列第5名，得到国家考核组的高度肯定。

一、2023年全市"三农"工作成效

（一）稳粮保供实现提效

坚持将保障粮食和重要农产品稳定安全供给作为"头等大事"抓牢抓实，全面落实粮食安全党政同责和"菜篮子"市长负责制责任。一是全面完成粮油生产任务。紧盯年度粮食播种面积516.81万亩、总产42.94亿斤和85.2万亩油菜的粮油生产任务，一茬接着一茬抓好粮油种植工作。2023年全市完成粮食播种面积516.81万亩，产量42.962亿斤，油菜播种面积89.3万亩。"人努力、天帮忙"，年度粮油生产任务全面完成，实现丰产丰收，获得省农业农村厅通报表扬。二是有效保障重要农产品供给。全市蔬菜、生猪、水产、禽蛋等重要农产品供给充足，全年完成蔬菜播种面积67.5万亩，产量139万吨；生猪出栏230.6万头，牛羊出栏12万头；水产养殖面积76万亩，产量45万吨；家禽7300万羽，禽蛋14万吨，有效保障南昌市民消费需求，2家企业被首次认定大湾区"菜篮子"基地，提升了南昌农产品的影响力。三是大力提升高标准农田建设水平。围绕逐步将永久基本农田全部建成高标准农田目标，2022年度8.05万亩高标准农田建设全面完成，全市累计建成高标准农田255.75万亩，占基本农田面积的79.2%。2023年度14.6万亩建设任务前期准备工作有序推进，确保在2024年春耕前完成田间主体工程，交付农民使用。四是全力提升农业机械化水平。坚持将农业机械化育秧中心建设作为提升粮食产能的重要抓手，全市累计建成育秧中心99个，实现涉农乡镇全覆盖，单季育秧能力达56.9万亩。

（二）"两整治一提升"全面提速

坚持将"两整治一提升"行动作为全局工作重中之重来抓，实行"每周调度、每月督导、每月通报、每月巡看"推进机制，确保"两年大变化"目标顺利实现。一是加快推进年度重点村整治建设。出台了《落实"六步法""六禁止"工作通知》等文件,严格按照方案和工作导则要求,督促指导县区推进年度340个重点村整治建设,全年召开了5次全市行动现场推进会,全市340个重点村全面完成,涌现了南昌县塔城乡湖陂村、进贤县白圩乡麻山梅家、安义县长均乡水田埠村、新建区松湖镇汪家村等一批典型示范村。二是全面开展"夏季攻坚"行动。重点突出新建区、红谷滩区和经开区的10个重点乡镇,开展以"三清、三拆、三整、三管"为主要内容的"夏季攻坚"整治行动,采取每个自然村逐一"过一遍"的整治方式,全市累计拆除有碍观瞻建筑25万平方米,清理沟渠39.4万米,清运垃圾17.8万吨,整治空中飞线12.7万米,重点区域10个乡镇村庄环境实现大变化。三是扎实推进重要通道沿线环境整治。扎实开展昌景黄铁路和西二环高速沿线环境整治工作,昌景黄铁路沿线15个重点村和西二环高速沿线213个村庄的环境整治提升全面完成。四是深入推进农村"厕所革命"。出台《南昌市"十四五"农村厕所革命实施方案》《南昌市农村厕所革命工作导则》等文件,打好"摸清底数、整村示范、重点覆盖"组合拳,严格实行"首厕过关",全市累计改造卫生厕所34.8万个。

(三)农业产业加快提优

坚持以工业化理念推进农业特色产业提升行动,围绕全省"头雁引航、雏鹰振飞"行动部署要求,全力推动农业产业化高质量发展。一是积极抢占预制菜新赛道。南昌县、进贤县、新建区、安义县、青云谱区、青山湖区等先后召开预制菜产业招商推介会,共签约项目33个,意向投资超200亿元,煌上煌预制菜产业园、益海嘉里"丰厨"中央厨房等项目签约开工,煌上煌集团、康捷实业、小才子食品、阿灰食品4家企业入选省级预制菜重点联系企业名单。二是大力开展农业招商引资活动。加大农业招商引资力度,全年招商签约项目51个,签约金额102亿元,实际成交金额80亿元,超额完成年度任务。三是加快推进优质农产品进商超。加大对优质农产品进商超的支持力度,强化与盒马、山姆、京东等主流商超和电商平台的沟通合作，推动更多优质农产品进入商超和电商平台。全市共落地京东农场2个，获评黑珍珠一钻餐厅2个，71款优质农产品入驻高端商超电商平台，全市农产品累计网络零售额56亿元，占全省28%。四是加快推进年度农业特色产业提升行动。422家市级以上农业产业化企业年销售总额占全省60%，中国农企500强达10家，正味食品和李渡酒业成功上市，全省6家农业上市企业中南昌市占5家。新建区联圩镇等10个市级农业产业强镇项目全面开工建设，李渡镇、幽兰镇入选2023年国家农业产业强镇，全市国家级农业产业强镇达到5家。4个农产品入选中国农业品牌目录2023年农产品品牌名单，35个农产品被评为"赣鄱正品"。

（四）乡村振兴不断提档

围绕全省全面推进乡村振兴实绩考核重点任务，按照年初制定的目标，对标考核要求，全力推动各项工作高标准完成，确保在全省乡村振兴考核中取得好成绩。一是顺利完成农垦企业改革。坚决贯彻落实中央关于深化农垦改革要求和市委巡视整改要求，深入推进农垦企业改革，进一步完善了恒湖垦殖场、将军洲农场管理体制。二是持续壮大村级集体经济。全市1153个行政村集体经营性收入15.46亿元、村均收入134.09万元，全市行政村集体经营性收入均超30万元。三是加快培育新型经营主体。全市新登记注册的农民合作社6205家，比2022年底增长6.6%，增幅列全省第一位。5家农民合作社被评为国家级农民合作社示范社。四是稳慎推进农村宅基地改革。在安义县召开了全市农业农村"两整治一提升"行动暨农村宅基地改革现场会，督促指导安义县完成了宅基地改革第三方评估整改。五是持续巩固禁捕退捕成果。扎实推进"五河"流域禁捕退捕工作，加大禁捕退捕执法打击力度，深入开展"夜鹰"等行动，2023年以来查办涉渔案件367件，清理"三无"船舶87艘，非法钓具网具1575个。六是全面加强农业农村生态保护。中央、省环保督察及"回头看"等42个反馈问题整改基本完成，农药化肥使用持续负增长，受污染耕地安全利用率达到93%以上，秸秆综合利用率达到 93%，废旧农膜回收率达 88%，畜禽粪污处理设施配套率达 100%。七是大力实施万名"绿领农民"培训。完成农业农村各类专题培训 129 期，累计培训"绿领农民"8300 多人次。

二、2024 年全市"三农"工作展望

2024 年，深入贯彻落实中央关于农业农村工作的决策部署，学习运用"千万工程"蕴含的发展理念、工作方法和推进机制，以农业农村"两整治一提升"三年行动为抓手，全力推动乡村振兴各项工作任务高质量完成。

（一）提升粮食安全水平

全面落实粮食安全党政同责，坚持"稳面积、增单产"两手发力，集成推广良种、良田、良机、良法、良制"五良"配套技术模式，扎实开展年度 14.6 万亩高标准农田建设工作，有序推进 10 个水稻机械化育秧中心建设。大力提升农业机械化和防灾减灾救灾能力，全力做好 85.5 万亩冬种油菜管护和收获工作，确保全年粮食播种面积在 513 万亩以上，粮食产量稳定在 42 亿斤以上。

（二）提升重要农产品保供水平

全面扛牢"菜篮子"市长负责制，不断增强"菜篮子"应急保供能力。积极发展肉蛋奶、蔬菜、水产品等产业，持续强化水果、菌菇、中药材、芦笋等高效经济作物的种植技术，全面提升重要农产品供给数量质量。

（三）提升农业产业发展水平

做深做实"土特产"文章，把农业建成大产业。加快 5 个国家级、1 个省级和 10 个市级产业强镇建设，形成国家、省、市农业产业强镇梯次培育格局。推进"优质平台＋基地＋农户"直供带动模式，建立更加紧密的联农

带农机制，重点建设一批盒马村、京东农场、天猫基地，不断拓展农民增收新渠道。因地制宜开发都市农业、数字农业、休闲农业、乡村民宿、森林康养、科普研学等新业态，抢占预制菜产业新风口，大力实施农业品牌战略，促进农村一、二、三产融合发展。

（四）提升农村人居环境整治水平

以农业农村"两整治一提升"专项行动为主抓手，围绕"三年树标杆"目标，集中力量抓好办成一批群众可感可及的实事，持续推进农村人居环境整治工作，统筹推进好农村"厕所革命"、农村环境长效管护等重点任务，确保如期完成三年1000个以上重点村庄整治目标，让农民就地过上现代文明生活。大力推广乡村运营模式，建设一批乡村运营示范典型，推动"美丽乡村"向"美丽经济"转变。

（五）提升农业对外开放水平

以"粮头食尾""农头工尾"为抓手，围绕农副产品加工、食品制造、饮料制造、预制菜等产业，提高招商精准度，力争引进10个3000万元以上农业产业化项目。加大组织农产品外出参加展示展销活动力度，提升南昌农产品的知名度和影响力。

（六）提升农业绿色发展水平

全面推进农业农村生态环境保护"6+4"行动，坚决完成中央、省环保督察问题整改，全力抓好农药化肥减量、畜禽养殖污染、水产养殖污染、农村生活污染、受污染耕地安全利用、秸秆综合利用和重点水域禁捕退捕等专项行动，优化全市农业农村生态环境。

（七）提升农业改革创新水平

深入推进农村宅基地改革、农村村级集体经济发展、农业新型经营主体培育和乡村治理体系建设等农业农村改革工作。平稳有序做好乡村振兴局与农业农村局合并和农业综合执法队伍机构改革工作，做到思想不乱、工作不断、队伍不散和干劲不减。大力实施万名"绿领农民"培育工程，让懂农业、爱农村、爱农民的实用人才在乡村振兴中挑大梁。

组长：龚林涛

成员：勒外光　熊韶恒

南昌市商务经济形势分析与展望

南昌市商务局课题组

一、2023年商务工作回顾

2023年全市商务系统在市委、市政府坚强领导下，知难而进、迎难而上、担当作为、敢作善为，全市商务经济态势向好、结构向优。

（一）指标完成情况

1. 商贸消费。全市实现社会消费品零售总额3202.41亿元，同比增长6.3%，增速与全省持平。

2. 对外贸易。全市外贸进出口总值1112.9亿元，其中，生产型企业出口422.6亿元，同比增长7.7%，占全市出口总值的53.7%，较上年提升10.7个百分点。

3. 利用内外资。全市实际使用外资2.51亿美元，利用省外项目资金1471亿元。

4. 招商引资。全市参与或举办各类招商活动219场，新签约重大项目957个，协议投资总额3094.78亿元。

（二）2023年商务工作发展成效

1. 商贸消费筑牢了"稳"的基础，"进"的动能更加强劲。一是活动出彩。围绕"乐购洪城"活动主题，市县区两级发放消费券超亿元，统筹开展系列应季促消费活动500余场。举办各类汽车展览展销活动12场，带动销售额近20亿元。深挖餐饮夜间消费潜力，举办第二届"美食洪城"厨艺大赛，联合美团发布七类餐饮主题榜单，创新发布南昌市"夜生活"50个打卡点。激活电商消费潜力，举办各类线上促销活动和数商兴农培训55场，全年网络零售额达673.29亿元，同比增长18.06%。二是场景出新。武商MALL、江旅都市方舟等大型商业综合体相继开业，一江两岸核心商圈网点布局持续完善。商业街区蓬勃发展，699夜市街区入选省级高品质夜间经济街区，赣江新天地入选省级高品质美食街区，万寿宫商业街区入选省级示范商业街区。打造首批6条市级夜间经济街区、首批20条市级特色商业街区。社区商业体系日趋完善，新增打造18个、累计推进建设45个城市一刻钟便民生活圈，城区三星级以上农贸市场达30家。三是品牌出效。大力发展区域首店、行业首牌、品牌首秀、新品首发"四首"经济，全年100家首店进驻南昌。唱响本土商贸品牌，新增李渡酒业、阳光乳业、东南饼庄等3家"中华老字号"品牌。加速培育电商示范项目，11个电商品牌先后入选"江西省十大网货品牌"。四是会展出圈。全年共举办规模以上展会83场，展览面积达200万平方米，较2019年的场数增长63%，展览面积增长54%。以展引流、以展促消费成效凸显，全年观展人数200多万人次，带动吃住行游购娱等综合消费超200亿元，荣膺"2023年度中国会展之星·最具创新活力会展城市和最佳会展目的地城市"等多项殊荣。

2. 招商引资加大了"招"的力度，"引"的成效不断显现。一是借助平台强招商。组织参加或承办江西省对接粤港澳大湾区经贸合作活动、绿发会等省级经贸活动。围绕"4+4+X"主导产业，依托龙头企业举办系列供应商大会，组织召开南昌市商文旅融合发展招商推介会，与国盛证券等知名企业机构合作举办一系列专业性论坛。建立南昌市会展招商促产业发展联动机制，让参展商变成投资商，全年通过展会平台达成招商合作意向项目74个，协议金额449.13亿元。二是紧盯产业巧招商。做大链群配，围绕新能源、汽车、电子信息等产业强化上下游配套，推动挪宝能源热泵生产基地、经纬恒润汽车智能电动平台等一批优质项目成功落户南昌。做好已落户企业帮扶培育，推动一批有实力的企业增资扩产、新上项目。强化对中央驻赣企业、省属企业、高等院校的走访调研，在"省企入昌"签约仪式上签约项目65个，签约总额935.04亿元。三是强化机制促招商。全年编印招商动态45期，印发开放型经济情况通报11期。完成对实干奋进拼经济——招大引强成效突出单位的评定奖励。指导县区招商部门在招商引资过程中科学制定奖补政策，积极争取上级对重大招商引资项目的资金扶持。

3. 外贸发展彰显了"实"的底色，"优"的结构加快形成。一是外拓。下拨商务发展专项资金377.8万元，支持企业参加境内外展和通过线上模式开拓国际市场，帮助企业多渠道抢订单拓市场。组织企业参加进博会、广交会等重要展会，助力企业深耕"一带一路"新兴市场，引导外经企业拓展国际产能合作。全年南昌市对"一带一路"共建国家进出口454.4亿元，占全市外贸总值的40.8%。二是内育。修改完善支持跨境电商高质量发展的政策文件，支持跨境电商经营主体、通关场所、物流企业、产业园区等建设运营；全年跨境电商通过本地口岸出口1.6亿美元，同比增长近6倍。大力发展加工贸易，2023年南昌市成功入选全国加工贸易承接转移示范地。三是惠企。加大政策宣传解读和培训力度，组织企业参加各类政策培训，帮助企业熟悉掌握各类优惠政策。依法依规组织企业申报省、市外经贸扶持政策，及时协调足额兑现。帮助企业降低贸易风险，对于企业投保出口信用保险的，给予政策补贴。

4. 口岸通道提升了"通"的质效，"运"的潜能加速释放。一是运能提速。南昌昌北国际机场完成运输起降8.7万架次，同比增长80.4%；旅客吞吐量1020.58万人次，同比增长116%；货邮吞吐量6万吨，同比增长49.4%。国际快递业务量累计完成1569.05万件，同比增长14.55%。拼多多、菜鸟等电商平台通过南昌航空口岸实现了2日抵达欧洲仓。多式联运快速增长，国际物流通道持续拓宽。铁海联运完成外贸重箱运量10.8万标箱，同比增长 49.41%；江海联运完成进出口货物 45.22 万吨，到发集装箱 3.28 万标箱；首条中亚班列开行，中欧（亚）班列累计开行 17 列。二是功能提质。南昌至布鲁塞尔货运航线开通，由业载最大商业全货机波音 B747-8F 执飞，标志着南昌昌北国际机场正式迈入 4E 机场运行 F 类飞机时代。南昌昌北国际机场进境水果、进境冰鲜水产品指定监管场地正式投入运营，航空口岸功能深化拓展。开行南昌至温州、广州铁海联运新线路，开辟江西经闽进出口货物绿色通道，推动广州港在昌设立"内陆港"，外贸物流出海通道不断拓宽。三是效能提升。南昌综合保税区高新片区规划范围调整获批，全市电子信息、航空装备企业生产经营成本有望全面降低。常态化实施南昌港、国际陆港"离港确认""铁路快通"监管模式，货物通关时间大幅缩减，水运通关时间整体压缩近 40 小时，中欧班列到港时间缩短 2 天左右。电子口岸建设加快，铁路数据与中国（江西）国际贸易单一窗口、国际陆港场站实现三方实时对接，南昌龙头岗码头 5G 物流信息平台更加完善，场站作业效率和口岸信息化智能化水平显著提升。口岸区域合作进一步加强，南昌海关与福州、厦门海关签订推进全业务领域一体化工作协议。

二、2024 年全市商务工作展望

2024 年，全市商务工作将聚焦"走在前、勇争先、善作为"的目标要求，围绕"迎难而上、敢作善为，奋力推动经济社会高质量发展"工作主线，坚持稳中求进工作总基调，扎实开展"大抓落实年"活动，坚定不移推动商务经济高质量发展。预期发展目标：社会消费品零售总额增长 7% 左右，海关出口值、实际使用外资实现促稳提质。2024 年，全市商务工作主要任务是重点实施"四大行动"：

（一）实施消费提质扩容行动

1. 提振消费市场。扩大大宗消费，积极组织开展汽车下乡及汽车展览展销活动，促进绿色节能家电、家具消费，支持加油站点规范开展非油品销售业务。加快发展数字消费、绿色消费、健康消费等新型消费。繁荣餐饮消费，持续打造"恰噶（南昌方言，指真棒）南昌　不夜洪城"夜间经济品牌，继续开展夜间美食地图打卡、夜市美食节等品味夜洪城活动。

2. 完善消费场景。大力发展"四首"经济，持续提升高端商业综合体能级，加快建设重大商贸项目。着力打造一批满足消费需求、带动区域发展、展示城市形象的高品质特色商业街区。进一步推动县域商业体系建设，积极开展县域领跑县申报工作。稳步推进城市一刻钟便民生活圈试点建设，全年计划新增推进建设25个一刻钟便民生活圈。

3. 壮大会展经济。计划举办规模以上展会120场，展览面积240万平方米以上。充分运用好第十九届中国会展经济国际合作论坛（CEFCO）活动成果，提升南昌会展影响力。

（二）实施招商引优引强行动

1. 创新招商模式。增强链式思维和产业生态思维，深入研究掌握主攻产业的缺项、弱项和各节点的本地配套缺口，把产业分析做深做透，精准锁定一批够得着、接得下的目标。用好基金招商，大力争取省级产业引导基金对南昌市重大招商项目的支持。抓好存量招商，用好"一产一策"，做好对已落户龙头企业的扶持和培育，推动其增资扩产、新上项目。

2. 办好招商活动。围绕"8810"行动计划强化精准招商、产业链招商，创新开展科技和人才招商工作，精心组织一系列招商活动。在市内，重点依托主导产业龙头企业，组织开展一系列高层次供应商大会、经销商大会等活动，提升接洽客商、项目的精准性和成功率。在粤港澳大湾区、长三角、京津冀等重点区域组织举办系列专题招商推介活动，着力开展走进跨国公司中国总部和产业龙头企业活动，力求在龙头型、引领型项目招引上实现新突破。拟参加香港国际创科展，赴欧美、日韩等地开展经贸活动，推动南昌市进一步融入国际产业链供应链合作。

3. 加强招商队伍建设。围绕"市场化＋专业化＋精准化"的要求，加大对招商引资工作的指导培训力度，提高招商人员在信息捕捉、项目谈判、问题协调等方面的专业能力。聘请一批具有社会影响力、行业号召力的企业家或专业人士为南昌投资环境"代言"，发挥其行业熟、资源多、人脉广的优势，拓宽招商信息渠道，推动更多企业来昌考察，更多项目落户南昌。

4. 完善工作机制。坚持市开放办一周一动态、一月一通报，市政府分管领导半月一调度、常务会一月一研究的通报调度机制，常态化召开全市重大招商引资项目专题会商会，及时传导压力，压实责任，了解招商工作开展情况并协调解决相关问题，推动项目落地。以数据赋能招商引资，建设南昌招商一网通平台，集成产业链分析、企业画像、项目管理等要素。全面展示南昌市投资环境，制作南昌扩大开放专题宣传片，吸引海内外企业和投资者关注南昌。

（三）实施外贸促稳提质行动

1. 盘活项目扩增量。着力引进一批产业链龙头企业、上下游配套企业，招商引资中注重项目潜力与外贸业绩挂钩，培育壮大外贸产业集群。进一步加大"两转"（供货给贸易公司的生产企业转为自营出口，在外省外市报关出口的企业转回南昌市出口）工作力度，争取把在外省外市进出口的业绩转回南昌。

2. 优化服务强保障。进一步修改完善外贸政策，提升政策精准度。加大外经贸扶持政策宣传力度，确保政策及时足额兑现。继续拓展"一带一路"共建国家（地区）等新兴市场，一方面"走出去"，鼓励企业出国参展；另一方面"请进来"，对接邀请有资源有能力的商协会和机构来昌访问，促进贸易及投资。

3. 培育外贸新动能。引进培育一批外贸综合服务企业，让传统外贸企业把更多精力集中在抓研发、抢订单、促生产上。充分发挥跨境电商综试区和综合保税区的政策叠加优势，大力发展口岸经济，加快发展跨境电商、海外仓、离岸贸易、数字贸易等新业态新模式。充分发挥向塘国际陆港、南昌综合保税区优势，支持设立集货仓，力争形成中部地区跨境电商出口货源集散中心；协调海关部门推动跨境电商通关场所建设，扩大出口货物卡车运输及陆路转关范围。

4. 联动发展拓市场。推动外贸外经融合发展。组织企业参加国际性重大对外投资合作活动，拓宽"走出去"交流合作平台。引导企业优势互补、抱团出海，在"一带一路"共建国家（地区）进行产业链合作，共同建设项目。建立、利用境外经贸合作区，获取资源技术，带动产品出口。引导南昌市对外承包工程企业升级业务模式，开拓"融资+总承包""投资+总承包""投建营一体化"等业务，争取一批国际产能合作项目和重大基础设施互联互通项目。

（四）实施口岸提能增效行动

1. 强化设施"硬支撑"。指导南昌国际陆港申报跨境电商海关特殊监管场所，推动跨境电商监管仓项目建设；优化完善跨境电商物流服务生态体系；推动南昌昌北国际机场指定监管场地实现常态化运营；推进电子口岸建设，开发"口岸+物流"板块，为企业提供物流状态和出口数据查询服务；加快推进综保区高新片区的建设、项目引进、封关验收等各项工作。

2. 拓展外联"大通道"。加密南昌与北京、上海、广州等地航空班次；打造南昌国际陆港全省唯一JSQ（商品车铁路运输）发运中心和中部地区最重要的汽车中欧班列集散地；稳定运营南昌至宁波、厦门铁海联运"天天班"；优化龙头岗综合码头外贸物资进出口水运发展布局，拓宽出海通道；推动南昌与深圳蛇口等其他海港共建"内陆港"。

3. 提升通关"软环境"。推动航空、铁路带电带磁及铁海联运冷链、异型集装箱铁路运输，精准服务南昌市电子信息、食品加工、铝型材料等产业发展。以全程联运为基础，推行在途监管"智慧转关"模式，实现跨关区快速通关。推广中欧班列"铁路快通"监管模式,扩大铁海联运"一单制"监管模式应用场景,进一步提升口岸通关效率。

组　长:戴　琼
成　员:金　伟　黄伟华　张佳佳

南昌市金融业发展情况报告

中共南昌市委金融委员会办公室课题组

2023年,全市金融业在南昌市委、市政府的正确领导下,紧紧围绕省会引领战略和打造"一枢纽四中心"的目标要求,奋力推进区域金融中心建设,推动金融业高质量发展。全市金融运行态势蓬勃有力,资本市场改革红利持续释放,金融服务实体经济效能提升,金融领域各类风险平稳可控。

一、2023年南昌市金融业发展情况回顾

(一)全市金融运行态势蓬勃有力

1. 金融业主要指标全省领跑。截至2023年12月末,全市本外币存款余额17266.14亿元,同比增长7.17%,较年初增长1155.84亿元;本外币贷款余额19894.37亿元,同比增长4.99%,较年初增长945.24亿元。本外币存贷款余额总金额占全省的比重为32.01%,全年新增金额占全省的比重为20.7%,均位列全省第一。

2. 金融机构队伍持续壮大。德邦证券、东兴证券、国贸期货、佛山金控期货、民生期货、国盛金控、瑞众人寿等机构先后落户南昌。截至12月末,全市现有银行、保险、证券、期货等各类金融机构共计192家,地方金融组织95家,各类金融资源要素进一步聚集。

3. 金融业贡献水平显著提高。截至 2023 年 12 月末，全市实现直接融资 2005.79 亿元，实现金融业税收 130.89 亿元，直接融资规模占全省的比重为 45.7%，金融业税收占全省的比重为 43.68%，均位列全省第一。

（二）资本市场改革红利持续释放

1. 企业上市一马当先。2023 年，全市新增 5 家上市公司，占全省的比重为 42%，现有境内外上市公司 43 家，其中，A 股上市公司 35 家，占全省的比重为 38.89%。其中，正味集团是全省今年首家上市发行的港交所上市公司，南昌矿机和江盐集团是全面注册制改革以来沪深主板首批上市的公司，国盛金控迁址填补了江西省公募基金牌照的空白。

2. 政策激励敢为人先。实施企业上市相关奖励政策，对股改、辅导备案、首发申请、上市和上市后再融资的分别给予相应奖励。2023 年为 51 家企业兑现迁入、上市和直接融资等 51 项奖励共计 4186 万元。

3. 梯队培育遥遥领先。截至 2023 年末，全市拥有在审企业 1 家，在辅导企业 7 家，省重点拟上市后备企业 151 家，省级专精特新中小企业、省级专业化"小巨人"企业、省级制造业单项冠军企业共计 678 家，在省联合股权交易中心挂牌展示企业 2031 家。

（三）金融服务实体经济能效提升

1. 在打造区域金融中心上谋实策。出台了《关于打造区域金融中心 加快金融业高质量发展的实施意见》，构建"一中心四园区"发展格局。召开全省金融机构支持南昌市经济高质量发展座谈会，鼓励支持和引导驻昌金融机构积极融入、深度参与全市经济社会发展。对北京银行等 34 家金融机构、地方金融组织给予综合发展贡献奖励 1930 万元，对中国进出口银行江西省分行等 13 家机构给予了单项奖。

2. 在发挥产融对接优势上出实招。举办金融支持"一枢纽四中心"建设暨重大重点项目产融对接会等"3+1"产融对接活动，累计签约金额

962.27亿元。向驻昌金融机构推送226家有融资需求的企业和8833户首贷户名单，共授信69.21亿元、放款28.27亿元。

3. 在推进金融改革创新上见实效。大力推动普惠金融建设，截至2023年12月，南昌市普惠金融贷款余额1827.03亿元，普惠型小微企业平均利率4.51%，低于全省平均水平36个BP（Basis Point的缩写，基点）。深入推进绿色金融改革，鼓励银行机构创新绿色信贷产品，如工商银行推出"碳排放配额质押贷款"等，截至12月，全市绿色贷款余额2617亿元，同比增长22.01%。

（四）金融领域各类风险平稳可控

持续协调推动非法集资重点案件稳妥处置，守住了不发生大规模涉稳涉访和网络舆情事件底线。常态化推动非法集资陈案化解工作，全市共化解陈案20件，化解率125%，提前4个月完成年度任务。

二、2024年南昌市金融业发展工作展望

2024年是贯彻落实党的二十大精神的关键之年，也是学习贯彻习近平总书记考察江西重要讲话精神、中央金融工作会议和省委金融工作会议精神的开局之年，还是江西省委十五届五次全会、南昌市委十二届七次全会精神的落实之年。2024年在做好常态化金融工作的基础上，全市金融系统将进一步遵照习近平总书记对江西提出的"走在前、勇争先、善作为"的殷切嘱托，对标中央金融工作会议和省委金融工作会议关于金融改革、发展、稳定等方面的决策部署，坚决贯彻省委关于"打造三大高地，实施五大战略"和市委关于"全面落实省会引领战略，深入推进'一枢纽四中心'建设"的目标任务，高标准谋划和实施好南昌市现代金融高质量发展"12345工程"，即锚定一个目标，力争实现两个突破，打好三场硬仗，开展四大行动，做好五篇大文章。

（一）锚定一个目标

紧紧锚定加快建设区域金融中心的目标，探索推进现代金融机构和金融市场体系建设，着力构建以红谷滩全省金融商务区为核心承载区的"一中心四园区"发展布局，推动形成"产融结合、错位发展、协同互补"的良好态势，奋力打造"立足江西、对标广杭、辐射中部"的区域金融中心。

（二）力争实现两个突破

通过支持各类企业发行企业债券、公司债、债务融资工具等方式，进一步拓宽融资渠道、降低融资成本，在直接融资和间接融资两个方面实现再突破，不断提升全市金融整体实力。

（三）打好三场硬仗

1. 打好金融业高质量发展主动战。一是全力推动"一中心四园区"功能平台建设。深入推进《关于打造区域金融中心　加快金融业高质量发展的实施意见》，练好孵化内核的"内功"和招大引强的"外功"，打造红谷滩全省金融商务区2.0版本，更好发挥产业金融、科技金融、绿色金融、普惠金融4个创新示范园区作用。二是探索推进现代金融机构和金融市场体系建设。进一步加强金融功能区建设，做大做强金融总部企业，推动地方金融机构改革发展。支持国盛金控进一步优化集团业务布局、治理结构、经营机制，推动国有资本保值增值和做大做强。加强与长三角资本市场服务基地合作对接，建立城市联盟，推动南昌市与长三角的深度对接。三是全力构建和发展多层次资本市场。进一步疏通资金进入实体经济的渠道，扎实推进企业上市"映山红行动"，构建"私募股权市场—新四板—新三板—创业板—科创板—沪深北主板"逐层递进和统筹发展的良好格局。不断扩大直接融资规模，鼓励上市公司再融资，支持各类企业通过发行绿色债、科技创新债等方式融资。

2. 打好金融服务实体经济持久战。一是鼓励驻昌金融机构向总部争取更多信贷资源。通过金融赋能全市重大重点项目建设，助力未来科学城、瑶湖科学岛、南昌实验室等战略性新兴产业发展以及西外二环、G320境内改道、"三座大桥""胡子工程"等基础设施建设。二是唱响金融助力省会引领战略产融对接"南昌品牌"。持续跟踪全市重大重点项目融资需求，高规格举办各类产融对接活动，强化重点项目推广对接的时度效，形成线上线下协同的对接服务模式。三是打造股权投资机构发展高地。充分发挥南昌市现代服务业引导基金和企业上市"映山红行动"引导基金作用，深化与重点产业和重点企业战略合作。开展"资本面对面"系列活动，鼓励和吸引股权投资机构来昌发展投资。

3. 打好防范化解金融风险攻坚战。一是关口前移控增量。高度关注全市地方法人金融机构风险情况，加大与中央驻赣金融监管部门沟通协调力度，积极推动有关金融机构健康发展。二是协调处置防变量。积极配合做好非法集资重点案件协调处置工作，力争推动非法集资重点案件取得阶段性进展，督促各县区做好重点人员信访稳定工作。

（四）开展四大行动

1. 开展金融支持"8810"行动专项行动。大力推动南昌市金融专家服务团为全市产业发展开展精准金融服务工作，围绕制造业重点产业链现代化建设"8810"行动计划，鼓励支持引导驻昌金融机构围绕江铃汽车、江铜、华勤等"链主"企业做好集群金融服务。充分发挥市现代产业引导基金功能，推进航空产业链基金等储备子基金的设立，加速沐邦高科专项投资基金和光控南昌数字经济投资基地落地，引导社会资本参与南昌市制造业重点产业链现代化建设。

2. 开展企业上市"映山红行动"升级工程专项行动。紧盯中国瑞林、中赣通信等在审企业和晶能光电、凯迅光电等在辅导企业审核进展，推进北交所上市三年行动方案，引导瑞济生物等优质拟上市企业申报北交所，支持瑞能半导体等专精特新企业利用"北交所直联通道"争取上市机遇。

加大新三板和新四板企业挂牌支持力度，围绕"8810"行动计划挖掘优质企业纳入全省重点拟上市企业后备库进行重点培育。

3. 开展严监管防风险专项行动。按照中央金融工作会议精神，依法将所有金融活动全部纳入监管，严厉打击非法集资、"伪金交所""伪私募"等非法金融活动。高度关注地方法人金融机构资金流动性情况，配合相关部门稳妥处置大型实体企业债务风险。

4. 开展强党建促发展专项行动。坚持党对金融工作的全面领导，自觉维护党中央集中统一领导。深入贯彻"八个坚持"，坚定不移走中国特色金融发展之路。积极对接跟进省级层面机构改革动向，提前谋划全市金融委员会和金融工委职能工作。加强金融系统党的建设，谋划打造"红色金融"南昌样板。组织开展全市领导干部金融培训工作，不断提升各级领导干部金融素养；推动党政部门与金融机构间双向挂职交流，吸引更多高素质专业化金融业人才来昌留昌，锻造忠诚干净担当的高素质专业化"金融昌军"。

（五）做好五篇大文章

1. 全力推动科技金融升级。鼓励各驻昌金融机构用好股权、债权、信贷、保险等金融工具服务未来科学城、中医药科创城、航空科创城、VR科创城等科技创新设施建设，切实提升科技型企业服务质效。推动各类引导基金优化整合，充分发挥科技引导基金作用。做大洪城科贷通风险池规模和放大倍数，实现银行全覆盖，放贷企业数实现翻番。

2. 全力打造绿色金融新样板。持续跟进国家级绿色金融改革创新试验区申报进展，支持银行业金融机构环境信息披露及碳核算试点工作，畅通金融资源绿色化配置通道，满足绿色项目融资需求。

3. 全力畅通普惠金融新通道。进一步推动普惠金融社区服务站建设，推动普惠金融的触角更接地气。联合相关行业主管部门、人行江西省分行等收集汇总企业融资需求清单、"首贷户"清单，向全市金融机构进行推送，畅通中小微企业融资渠道。引导政府性融资担保机构扩大业务覆盖面，提高支农支小业务占比。

4. 全力培育养老金融新业态。以南昌市入选全国个人养老金先行城市为契机，大力发展养老金金融，引导有个人养老金业务资质的银行增加多样化养老金融产品供给。鼓励养老保险机构上线养老金保险产品，力争实现储蓄、保险、理财、基金等四类产品全覆盖。同时，大力发展养老产业金融，支持金融机构参与养老、医疗服务体系建设，鼓励金融机构以"泰康养老社区"为例探索以房养老等业务模式。

5. 深度融入数字金融新场景。鼓励金融机构加强对金融科技的深度应用，在对现有平台数字化升级的基础上，结合人工智能等新一代技术，探索数字化金融业务模式和渠道的全面创新。依托数字技术、数字渠道和数字基础设施推动金融产品服务、业务流程、商业模式等的数字化转型升级，有力提升金融科技化数字化水平，降低服务成本，提高服务效率，强化金融服务的政治性、人民性，全面提升金融服务实体经济的质效。

组　　长：葛　苗

副组长：李志超

成　　员：李　琳

南昌市人力资源和社会保障事业分析与展望

南昌市人力资源和社会保障局课题组

一、2023年南昌市人力资源和社会保障工作回顾

2023年，南昌市人力资源和社会保障局坚持以习近平新时代中国特色社会主义思想为指导，全面准确把握党的二十大对人社工作的新部署新要求，将"项目为先、实干奋进，争分夺秒拼经济"作为贯穿全年工作的主线，打造"服务百姓 暖心人社"品牌，扎实做好各项人社工作，全力以赴推动高质量跨越式发展，取得了较好成效。

（一）就业局势总体稳定

南昌市各项就业工作民生任务指标稳步推进，多项主要指标实现较大幅度增长，就业形势稳中向好。全年城镇新增就业68924人，完成全年任务的116.82%；新增就业困难人员就业7950人，完成全年任务的115.22%；失业人员再就业20841人，完成全年任务的107.98%。扎实开展2023年期间"春暖农民工"服务行动、"2023年春风行动暨就业春节援助月""2023年大中城市联合招聘高校毕业生（江西）春季专场活动"等专项招聘活动，利用摸排走访、送岗上门、网络宣传、直播带岗、就业政策宣讲等多种渠道促进用工企业和求职者供需对接。积极承办江西省"振兴杯"职业技能

大赛和第八届"洪城杯"职业技能大赛两大赛事,"以赛促学、以赛促教、以赛促训"。顺利举办"洪漂"群英创享汇暨第四届"洪城创业故事汇"选手海选、南昌市第三届"洪城创业培训十佳讲师"大赛暨第四届"马兰花"全国创业培训讲师大赛南昌选拔赛活动。成功获批全国公共就业服务能力提升示范项目。

(二)社保体系更加完善

深入推进全民参保计划,全市企业职工基本养老保险参保企业新增6.27万户,同比增长19%;参保人员新增16.63万人,同比增长6.48%。全市基本养老保险参保人数为427.84万人,工伤保险参保人数为135.49万人,同比增长3.25%,完成全年任务数的102.78%。全面落实降低社会保险费率惠企政策,为企业累计减负19.18亿元。为全市87951名符合条件的困难人员代缴城乡居民养老保险费,代缴率100%,为53593名困难人员按月发放了城乡居保养老金。落实"异地通办",社会保险45项公共服务事项实现"全市通办、一次办结",深化政务服务事项"网上可办",73项社保业务实现线上可办,基本做到政务服务零差评。推出"退休不见面"服务,推动建立无档人员网上审核及有档人员网上预审机制,实现无档人员退休业务企业网厅经办功能。

(三)人才引擎更有活力

认真落实"每年吸引10万名大学生和技能人才来南昌市创业就业"(简称"10万人才")的目标要求,2022—2023年度"10万人才"招引成效有新突破,共举办"百场校招"2058场,吸纳14.7万名大学生和技能人才来昌留昌创业就业,并新建"赣才归巢"工作站79个。开展高层次高技能(简称"双高")创新人才选拔工作,紧密衔接省高层次高技能领导人才培养工程(简称"双高工程"),重点围绕南昌市"4+4+X"产业发展格局和经济社会发展重点领域展开选拔,新认定南昌市"双高创新人才"20名,并推荐12名人选参评省"双高工程"。变"人找政策"为"政策找人",主动筛查出3000余家符合"供岗补贴"申领条件的企业名单向社会公示。优化"供岗补贴"认证方式,简化申领流程,主动协调依托社保"CA系统"(证书认证系统),实现了申领"一秒认证"。举办"双高人才"季联谊交流活动,充分营造了服务人才的良好氛围。在全省率先以市两办名义出台《关于加强新时代南昌市高技能人才队伍建设的实施意见》,拿出真金白银支持高技能队伍建设,在全国范围内产生较大影响,被人力资源社会保障部职建司、福建省人力资源社会保障厅分别转发全国、全省推广。

(四)劳动关系和谐稳定

精心做好"金牌协调员"等"三金"培育和选树工作,全市共培育出省级金牌协调员16名、金牌协调劳动关系社会组织2家,金牌劳动人事争议调解组织6家,红谷滩区劳动人事争议调解中心本年度被人力资源社会保障部列入全国第三批工作突出基层劳动人事争议调解组织表扬名单,南昌市培育和选树数量居省内第一。人力资源社会保障部调解仲裁司来南昌市调研调解仲裁工作,对南昌市基层调解组织工作给予了肯定和高度评价。制定出台《关于开展特殊工时告知承诺制试点工作的通知》,梳理了特殊工时告知承诺制审批全套指导文件。打通仲裁与企业内部预防协商机制衔接的"最后一公里",常态化开展"三送一检"服务企业在行动的活动,即送劳动法律、送人社政策、送典型案例和开展劳动用工法律风险体检活动。引入公共法律援助中心进驻仲裁院设立法律援助工作站,轮流安排公益律师坐班窗口提供专业化法律服务。关口前移根治欠薪顽疾,从事后"清欠"向事前"防欠"转变,从阶段性攻坚向常态化日常监管转变,基本实现欠薪案件动态清零。南昌市根治欠薪做法经验受到省领导肯定,省信访联席办《信访汇要》将南昌市经验做法向全省推广。

二、人力资源和社会保障工作形势分析

(一)挑战依然艰巨,要正视压力、勇于攻坚

1. 宏观经济存在下行压力。总体上,经济回升向好、长期向好的基本趋势没有改变。但经济社会发展面临的不确定、不稳定、难预料因素仍然较多,比如有效需求不足、部分行业产能过剩、社会预期偏弱、风险隐患仍然较多等。从全市看,也面临实体经济运行困难,主导产业规模不大,房地产等领域风险隐患等困难和问题,一定程度导致企业用工更加谨慎,作为省会城市,承接高校毕业生、农村转移劳动力等群体就业压力巨大,就业结构性矛盾依然严峻。同时,受经济形势、人口老龄化、社保待遇刚性支出等因素影响,基金支付压力呈刚性增长,"保发放"任务日益艰巨。在这个大势面前,人社部门必须做好风险防控、攻坚克难的准备。

2. 各大城市存在竞跑压力。从更高的层面来看,目前的工作成效与南昌市委、市政府的要求相比,与沿海发达城市和中部其他兄弟城市相比还存在较大差距,和省内的兄弟城市相比,在部分工作推进上也存在差距。比如第一唯一、创新示范还不够多,在工作节奏、质量把握上还有不足,就拿南昌市公共就业服务能力提升示范项目来说,项目成功申报以来,省市领导高度重视,多次亲自调度落实。但从目前各县区情况看,项目推进仍然比较缓慢,建设成果和特色亮点工作仍不明显。必须清醒认识到,在"标兵更强、追兵更多"的格局中,南昌在进步,其他城市也在同样努力,不进则退,慢进也是退步。

3. 自身依然存在短板压力。比如就业创业方面,存在就业服务手段和方式过于传统、服务水平和质量有待提高等问题;社会保障方面,养老保险"两率"离国家双90%目标差距还很大,基金安全形势依然严峻;人事人才方面,人才结构不够合理,高精尖人才相对不足。部分事业单位高级职称存在评聘矛盾。技工院校"小散弱"问题仍未完全解决;劳动关系方面,用

工不规范等问题依然存在，治欠工作任务繁重，信访维稳压力增大。治欠保支"属地管理、分级负责"还未完全落实到位等。公共服务方面，人社公共服务在基层抓手偏弱，在人员稳定性、业务水平方面都存在不足，一定程度上会影响国家和省市的好政策、好服务在基层的高效落实。此外，与民生息息相关的公平就业、社会保障、考录招聘等工作，社会关注高，引发舆情的风险较大。必须学会与自身短板较量，聚焦着力点，消除风险点。

（二）当前利好叠加，要乘势而上、借梯登高

困难压力固然很多，但机遇和利好同样不少。从国家层面来看，中央经济工作会释放了积极政策信号，提出了加大对养老等方面的投资力度，注重就业等政策统筹，确保同向发力、形成合力。将有效提振市场信心，稳定发展预期。从全省范围来看，南昌作为长江中游中心城市的区位优势及省会引领的战略优势，对于稳就业、保民生、引人才、促和谐都是利好。从自身基础看，去年南昌成功申报的全国公共就业服务能力提升示范项目，正在全力推进的"5+2就业之家"建设以及出台的一系列体系上的政策，这些都奠定了坚实的经济和工作基础。所以要保持定力、坚定信心，抓住一切有利时机，利用一切有利条件，看准了就抓紧干，能多干就要多干，结合正在干和将要干的事，主动谋划出击，真正把政策项目机遇变为事业发展的助力。

三、2024年南昌市人力资源和社会保障事业展望

2024年全市人力资源和社会保障工作的总体要求：以习近平新时代中国特色社会主义思想为指导，深入学习贯彻党的二十大精神及中央经济工作会议精神，全面落实习近平总书记考察江西重要讲话精神，认真落实省委十五届五次全会、市委十二届七次全会部署要求，聚焦"走在前、勇争先、善作为"的目标要求，坚持稳中求进的工作总基调，迎难而上、敢作

善为，扛牢就业责任，完善社保体系，做大人力资源，做实人才支撑，做优权益保障，提升数字在发展水平，提质公共服务，培树人社品牌，加快推动经济社会高质量发展，为全面落实省会引领战略贡献力量。

（一）锚定"务实、高效、提质"工作要求，全力提升就业创业的整体质量

1. 抓项目要务实。全面加快全国公共就业服务示范项目推进，建立项目调度、督查考核、项目清单、资金管理等制度，落实落细项目责任，确保项目年底高质量通过人力资源社会保障部验收。高质量铺开全市"5+2就业之家"建设，坚持务实化推进、低成本建设、可持续运营、精准化服务，把准进度节奏。到2024年6月，全面完成市本级、县区级、驻昌本科院校、工业园区及街道（乡镇）、社区（村）两级的近500个就业之家的建设，10月底前顺利通过省人力资源社会保障厅评估验收。构建以县区、街道（乡镇）为骨干，社区（村）为基本单元的就业之家体系，夯实就业创业服务工作基础。全面提高覆盖全民、贯穿全程、辐射全域、便捷高效的全方位公共就业服务质量和水平，打造出一批有特色、可复制、易推广的典型经验。

2. 抓帮扶要高效。聚焦高校毕业生为重点的青年群体，持续开展"百场校招""洪漂人才荟"等专项服务活动，广泛征集企事业单位青年见习岗位，做好高校就业季就业缓冲准备。聚焦脱贫劳动力为重点的农民工群体，深化"1+N"劳务品牌矩阵促进农民工就业。统筹做好困难群体帮扶，扎实用好公益性岗位兜底安置，确保零就业家庭动态清零。将就业资金用准、用活、用足、用好，力争今年11月中旬前完成80%的资金拨付，切实发挥好作用。

3. 抓服务要提质。以市本级就业之家建设为契机，推进就业综合窗口改造。全面提升创业扶持水平。建设创业培训师资动态考核平台。打造创业培训"十佳"示范机构。组建"洪城创业导师"团队，形成创业培训——创业者选拔——创业政策帮扶闭环。创建"创业者之家"品牌，创新

举办各类创业服务活动。探索"网创"培训新方式。

（二）锚定"精准、暖心、可持续"工作导向，稳步扩大社会保障覆盖面

1. 精准扩面兜住底线。积极开展"新时代全面参保精准扩面专项行动"。充分发挥征管机制改革后的优势，全面摸清参保企业底数。健全参保扩面协作机制，加强对县区工作针对性指导和调度，全面提升基层社保经办机构经办能力。抓好外省务工人员返乡等时机，积极开展参保扩面、补充工伤保险等政策宣传工作，不断推进重点群体参保缴费。2024年3月1日，补充工伤保险办法正式施行，务必要高效做好全方位工作，确保补充工伤保险政策落地见效。

2. 暖心服务护牢民生。按照尽力而为、量力而行的原则，稳步提高城乡居民养老保险待遇，探索集体补助、个人资助等模式，畅通城乡居民养老保险多元化筹资渠道。以《社会保险经办条例》为指引，推动经办服务标准化，谁来办、找谁办都一样。个人养老金政策宣传，提高认知度和参与度。

3. 强化监管夯实基础。开展社保基金管理巩固提升行动，全力防范和化解基金运行风险。规范人力资源公司参保登记行为。建立健全与公安、民政、监狱等部门联动工作机制，开展疑点数据核查、基金风险排查、打击欺诈骗保专项治理等行动。

（三）锚定"引才、育才、留才"工作重点，持续培育人口集聚优势

1. 持续擦亮引才品牌。聚焦产业需求，建立政企对接渠道，广泛挖掘优质岗位，进一步提升引才精准性。加快出台《关于加强新时代南昌市高技能人才队伍建设的实施意见》各项配套细则，落实好高技能领军人才奖励、校企联合引才补助等政策，支持引导优秀高技能人才来昌、留昌。努

力把"10万人才"来昌留昌创业就业打造为全国知名的引才品牌。

2. 持续建强育才平台。扎实开展好"顶尖领军人才领航计划""双高创新人才""洪城青年技师"等选拔选树工作，强化绩效评估和选树跟踪，促进成果转化和人才引领作用发挥。重点围绕"8810"行动计划，针对性培养产业、行业急需的技能人才。积极搭建研修平台，分层分类开展好企业经营管理人才培养工作。对接新业态和"一老一小"民生领域，开发职业培训包。全力打造技能竞赛"洪"字品牌，推动以赛促学、以赛促训。建立健全市管技工学校管理制度，实现全流程管理。加快南昌技师学院建设，培养更多适应产业发展和企业需求的高技能人才。

3. 持续营造留才氛围。做好南昌新"人才10条"实施细则制定出台等工作。升级搭建新"人才10条"政策兑现平台，全面优化服务体验。持续开展好高层次人才医疗保健体检相关服务工作。在市属国有企业探索构建"新八级工"评价制度，推动驻昌企业申报技能人才自主评价备案，进一步畅通高技能人才上升通道。

（四）锚定"规范、用心、稳妥"工作原则，充分激发人事管理内生动力

1. 坚持规范原则，有序开展工作。有序组织好各类事业单位招聘工作。从严规范人事考试管理。规范开展好全市专业技术人员职称申报、聘任工作。进一步完成好绩效工资总量核定、年度考核奖清算，保障好工资福利待遇，贯彻好艰边津贴制度。

2. 坚持用心原则，优化服务经办流程。采取网络学习与集中培训相结合的模式，逐步推进全市专业技术人员继续教育工作。优化博士后服务管理，加强科研平台建设指导服务。加强业务指导及沟通，优化事业单位岗位设置服务。

3. 坚持稳妥原则，解决突出矛盾。人事管理要坚持原则、讲究方法、把握政策，要善于既积极又稳妥地对一些矛盾问题予以推动解决。比如，

探索艰边教师职称评聘改革,提高评审通过率,缓解矛盾。比如,针对人员总量管理医院编内人员高级岗位超岗严重,编外人员高级岗位大量闲置的现状,科学统筹使用好人员总量管理单位编内编外高级专技岗位数。

(五)锚定"专业、公平、和谐"工作标准,积极构建和谐劳动关系

1. 持续推进和谐劳动关系创建。积极参加全省模范和谐劳动关系单位评选表彰活动,力争表彰数量居省内第一。开展选树金牌劳动关系协调员活动,参加全省劳动关系协调员职业技能竞赛。持续推动"三送一检"服企活动走深走实。加强劳务派遣机构管理,出台南昌市劳务派遣合规用工指引。进一步推广电子劳动合同使用。持续做好劳动关系领域风险排查。

2. 切实强化劳动者权益保障。加强新业态劳动者权益保障。以"仲裁庭审观摩评析活动"为牵引,全力提升仲裁办案效能。开展人力资源市场清理整顿、根治欠薪等专项执法行动,健全完善基层基础台账管理,升级改造投诉举报受理窗口,持续推进拖欠农民工工资治理常态化。

3. 落实企业工资收入分配制度改革。做好最低工资标准政策及工资指导线宣传。完成2023年企业薪酬调查。加强国有企业工资管理工作,对部分市属国有企业开展工资监督检查工作。

组　　长:巫　滨

副组长:刘晓锋

成　　员:石笑宇　何婧雅

南昌市生态环境发展情况报告

南昌市生态环境局课题组

一、2023年生态环境发展回顾

2023年是贯彻落实党的二十大精神的开局之年，也是生态环境发展具有重要里程碑意义的一年。党中央时隔五年再次召开全国生态环境保护大会，习近平总书记出席会议并发表重要讲话，为新征程上加强生态环境保护、全面推进美丽中国建设提供了根本遵循和行动指南。江西省和南昌市也相继召开生态环境保护大会，为做好生态环境工作进一步明确了方向、细化了要求。2023年全市生态环境系统认真贯彻落实习近平生态文明思想和党的二十大精神，坚决落实上级工作部署，持续巩固生态环境质量，助推经济社会高质量发展，较好完成年度目标任务。

（一）生态环境工作合力持续凝聚

一是加强工作调度。依托南昌市生态环境保护委员会、中央生态环境保护督察问题整改工作领导小组等市级议事协调机构，常态化统筹调度全市生态环境保护工作。建立生物多样性保护联席会议制度，完善生态安全工作协调机制，打出生态环境领域专项工作"组合拳"。

二是强化制度建设。印发生态环境保护工作督办、约谈、问题线索移交规定，以规范程序推动问题整改。修订辐射事故应急预案，持续优化应急程序。制定生态文明示范创建、应对气候变化等领域以奖代补实施方案，明确奖补形式，激发工作动力。

三是广泛开展宣传工作。开展生态环境保护工作改革创新先进典型选树活动，刊登典型案例20个。召开新闻发布会4次，举办世界环境保护日主题展览，利用微博、微信等政务新媒体，全方位多层次展现工作动态、普及环保知识、讲好环保故事。

（二）污染防治攻坚成果不断巩固

一是深入推进大气污染防治。强化工业污染源减排。制定本地化绩效分级指南，推动58家重点企业开展"一企一策"治理提升工作，谋划实施重点工程减排项目34个。强化移动源污染防治。建立机动车排放检验机构记分及分级管理机制，常态化开展在用柴油车、非道路移动机械抽测和黑烟车抓拍工作，开发非道路移动机械信息登记小程序。强化面源综合整治。完善大气"一站一图"管控平台，实施扬尘污染联合惩戒闭环管理；更新完善覆盖全市2120个村（社区）的三级禁烧监管网格，建成高空瞭望视频监控113套，快速处置火点793个；实施150家餐饮油烟在线监控，建立监管治服一体化处理程序。东湖区实现加油站"雾化增湿系统"全覆盖，臭氧污染防控效果显著。积极应对污染天气。构建南昌市臭氧污染案例库，按照轻、中、重度污染预警构建"属地—部门—企业"三方应急预案，实施应急管控102天，累计保良79天。2023年，空气质量连续6年达到国家二级标准，全市优良天数比率为92.3%，为历史最好水平。

二是深入推进水污染防治。突出饮用水源地保护。完成《南昌市饮用水水源保护条例》的立法工作，开展中心城区饮用水源保护区整合优化工作，对全市县级及以上集中式饮用水水源实施动态管理。推进湖区水环境治理。以鄱阳湖南昌湖区水质总磷达标为突破点，坚持标本兼治强化源头治理，推进鄱阳湖南昌湖区总磷控制与削减，谋划和推进治理工程项目20

项，总投资5.49亿元，已完成项目7个。推进城区水环境治理。系统治理前湖水系，城区24条主要河湖达到一般景观用水标准21条，较2021年增加3条，达到Ⅲ类及以上水质7条，较2021年增加5条。2023年，全市地表水断面水质优良率为84.85%，同比上升3.03个百分点；鄱阳湖南昌湖区总磷浓度为0.071mg/L，同比改善14.46%。

三是深入推进土壤污染防治。加强土壤污染风险管控。规范建设用地准入管理，市本级建设用地土壤污染状况调查实现全覆盖，完成6个优先监管地块污染管控，开展重点建设用地基础信息核查和整改工作，实现90个重点建设用地安全利用。加强农村环境整治。累计完成508个行政村环境整治，农村生活污水治理率达到45%以上，对稳定运行的514套农村生活污水处理设施建立编码，实现闭环管理。加强地下水污染防治。确定地下水污染防治重点区，明确保护区和管控区管理要求。推动问题点位、区域和重点行业地下水环境状况调查与风险评估，针对风险点位开展污染溯源调查。加强危险废物监管。选取西湖区试点推行医疗废物"电子联单无纸化"收运模式，采取"小箱进大箱"方式转运，打通诊所医疗废物收运处置的"最后一公里"。有效防控废铅蓄电池环境风险，成功举办2023年全国废铅蓄电池收集试点现场学习观摩活动。

（三）服务绿色低碳发展更加有力

一是提高政务服务质量。实施"一次不跑"备案登记项目853个；以告知承诺制方式审批项目97个。对省市重大重点项目、专项债储备项目等先期提出环评意见625家次。稳步推进722张排污许可证质量再审核，为建立以排污许可制为核心的固定污染源监管制度体系奠定坚实基础。

二是提升执法监管效能。常态化开展执法检查工作，全市检查企业3396家次，出动执法人员7482人次，作出行政处罚50件，罚款810.7万元；办理免罚案件10起，免罚313.5万元。纵深推进"散乱污"企业排查及分类整治，排查出"散乱污"企业387家，整治到位305家，暗访发现4

起问题均已整改完成。

三是积极应对气候变化。印发实施《南昌市减污降碳协同增效实施方案》，常态化开展温室气体清单编制、温室气体排放数据填报及核查等工作，连续两个全国碳市场履约周期按时履约率达100%，开展碳数据质量管理监督帮扶工作5次。完成低碳试点城市进展评估，获得优良等级。全市12个社区获评江西省低碳试点社区。

（四）生态环境安全保障得到强化

一是突出生态环境问题整改提质增效。历次中央、省生态环保督察及长江经济带、省生态环境警示片反馈（披露）问题有整改时限的227个问题已完成整改213个，其余14个问题正按时限要求有序推进；2981件交办信访件已全部解决，销号2980件。深入开展第二轮省生态环境保护督察交办348件信访件的边督边改工作。

二是深入推进生态保护与修复。连续七年开展"绿盾"自然保护地强化监督专项行动，46个历年发现问题全部完成整改销号，累计拆除面积5.8万平方米，复绿面积18万平方米，清理网箱近4800个。健全生态环境损害赔偿制度，推进案件线索筛查和赔偿工作，筛查发现线索156件，启动索赔153件，办结151件。

三是防范化解生态环境安全风险。常态化开展隐患排查工作，推动生态环境安全治理模式向事前预防转型，排查企业863家次，发现隐患问题78个，完成整改76个。开展突发环境事件应急演练活动12次，妥善处置一般突发环境事件3起。深化联防联控，与抚州临川、九江永修签订突发环境事件联防联控合作框架协议，与抚州开展抚河流域上下游交叉检查工作。持续加强辐射环境监管，开展伴生矿企业摸底调查工作，实地检查和监测待收贮放射源，完成废旧放射源收贮备案4个。

二、2024年生态环境工作展望

2024年是实现"十四五"规划目标任务的关键一年，也是全面推进美丽中国建设的重要一年。全市生态环境系统要坚持以习近平新时代中国特色社会主义思想为指导，坚持稳中求进、以进促稳、先立后破，以建设美丽中国江西样板为引领，锚定目标、真抓实干，推动生态环境质量持续稳定改善。

（一）深入打好污染防治攻坚战

一是深入打好碧水提升攻坚战。推进鄱阳湖南昌湖区水质提升，加快实施"一断面一策"重点项目，持续开展总磷污染控制与削减专项行动。加强饮用水水源地保护，加快完成牛行/长垅水厂保护区调整和进贤县军山湖水源地保护区划分工作，有序推进乡镇级（含村级"千吨万人"）集中式饮用水水源地规范化建设。稳步提升城区水环境，强化城区污水管网建设工作监督与成效评估，督促实现雨污分流目标。强化推进入河排污口监管，基本完成抚河干流南昌段及鄱阳湖南昌湖区排污口溯源，完成70%排污口整治任务，持续推进赣江干流南昌段入河排污口整治，截污治污取得阶段性成效。

二是深入打好蓝天提升攻坚战。制订空气质量持续改善行动计划。推动建立污染排放总量核算体系，实施锅炉、炉窑、涂装等重点领域深度治理，实施重点企业"一企一策"管理和工业企业绩效分级管理。加强面源污染综合整治，建立健全工程建设领域生态环境、住建、城管执法联合执法，建成区内道路积尘通报、餐饮油烟联动治理等工作机制。加强移动源排气污染防治，加强非道路移动机械编码登记和检查，试点开展黑烟船抓拍工作。提高污染天气应对能力，制定重污染天气应急减排清单及豁免清单，完善污染应急管控机制。强化治气能力建设，在中心城区推动筹建

VOCS（挥发性有机物）或颗粒物组分站网，出台大气驻场服务团队建设规范指导意见，提升硬件设施及技术能力水平。

三是深入打好净土提升攻坚战。深化土壤污染防治，严格建设用地准入管理，持续开展土壤污染状况调查评审工作，推进土壤污染风险管控和修复。强化农村生态环境保护，在110个建制村开展环境整治工作，对农村生活污水处理设施进行暗访抽查。持续开展国家地下水环境质量考核点位地下水环境质量状况分析，对地下水有害物质超标的污染地块协同开展风险评估、风险管控和治理修复，推动安义县化工园区地下水详细调查和风险评估工作。加强重点行业重点区域重金属污染防控，巩固小微企业危险废物收集试点成果，持续开展新化学物质环境信息统计调查工作，推广19床以下医疗机构实行医废收运闭环管理模式。

（二）积极助推高质量发展

一是严格建设项目准入。依法依规开展规划环评审查、项目环评审批工作，严格做好涉"两高"项目审查、生态敏感项目审查、社会关注度高项目审查工作。强化环评事中事后监管，加强在昌从业环境影响评估（简称"环评"）单位和人员监管，每季度开展环评文件技术复核工作，每半年开展一次环评单位现场检查活动，严厉打击违法行为，对环评失信行为进行通报计分。健全固定污染源监管制度体系，加强环评、监测、执法联动，提升排污许可核发质量并强化动态管理，构建以排污许可制为核心的固定污染源监管制度体系。

二是持续优化营商环境。提升环评管理与服务效能，组织申报试点园区，加强"三线一单"（生态保护红线、环境质量底线、资源利用上线和生态环境准入清单）与规划环评、项目环评有效衔接。全覆盖梳理生态环境涉企清单，明确纳入清单企业管理要求，及时将信息推送至企业端。包容审慎开展执法监管工作，落实生态环境行政执法领域违法行为免罚清单，推广说理式执法和非现场执法。持续优化行政处罚案件办理程序，严格法制审核的案件范围和审核范围。强化生态环境信用信息管理，依法开展信用惩戒和信用修复工作，探索信用分级分类监管。提高信访举报办理质效，及时化解社会矛盾，鼓励市民参与信访有奖举报。

三是积极应对气候变化。编制温室气体排放清单，做好温室气体排放重点企业年度温室气体排放报告填报。深入开展应对气候变化试点创建工作，普及低碳社区创建，支持高新区申报减污降碳协同增效试点园区。落实碳市场有关要求，定期督促发电行业重点排放单位按时填报月度信息化存证，并对数据质量进行初审。积极探索区域、城市、产业园区和企业减污降碳协同增效有效模式。分解落实碳排放强度下降目标，统筹推进适应气候变化工作。

（三）持续巩固生态环境安全

一是加快推进督察问题整改。强化中央生态环保督察典型案例曝光问题整改督导，对典型案例三年整治行动落实情况开展评估工作，力争 2024 年底前完成中央生态环保督察典型案例曝光问题整改。制定第二轮省生态环境保护督察反馈问题整改方案并积极推进整改。全面加快推进存量督察问题整改销号，适时开展督察问题整改"回头看"工作。

二是强化环境执法与应急处置。加大执法力度，确定 2024 年环境监管重点单位名录，持续开展各类执法专项行动，加强联防联控。深入开展生态环境损害赔偿工作，依法追究损害人的赔偿责任，探索丰富生态环境损害修复路径。编制《南昌市突发环境事件应急预案》，修订《南昌市饮用水源突发环境事件应急预案（修订）》等文件，加强环境风险隐患排查，全面提升环境应急响应和处置能力，落实辐射安全隐患年度执法检查计划，开展辐射事故等各类应急演练活动。

三是加大生态保护和修复力度。加大生态文明示范建设力度，助推红谷滩区创建国家生态文明建设示范区，推动安义县创建国家级"两山"基地。持续加大自然保护地监管力度，持续开展"绿盾"自然保护地强化监督行动,做好疑似线索现场核查和问题整改工作,开展省级自然保护区生态环境保护成效评估工作。积极探索生物多样性保护"新路子",组织召开生物多样性保护市级联席会议。

组　　长:陈宏文
副组长:李　杰
成　　员:梁　爽　王欣琪

南昌市科学技术事业发展报告

南昌市科学技术局课题组

2023年，全市科技工作在南昌市委、市政府的领导下，在江西省科技厅的关心支持下，紧紧围绕"一枢纽四中心"发展定位，坚定不移实施省会引领战略，全面推进区域科创中心建设，赋能全市经济社会发展。

一、2023年南昌市科技发展回顾

2023年，全市研发投入总量达到139.71亿元，研发投入强度达到1.94%。科技型中小企业入库3444家，高新技术企业总数达1719家。全市技术合同成交额391.15亿元，23项科技成果获得2022年度江西省科学技术奖，南昌市科技局被科技部火炬中心评为全国技术合同认定登记优秀单位。

（一）科技创新部署持续完善

一是全面推进区域科创中心建设。牵头起草并以市委、市政府名义印发了《关于建设区域科创中心推动经济高质量发展的实施方案》，推进"创新六大工程"，强化南昌在全省科技创新中的核心地位，打造中部地区有影响力的区域科创中心。

二是积极推动建立省市会商机制。强化省市联动，与江西省科技厅共同起草了《江西省科技厅　南昌市人民政府工作会商制度议定书（2024—2028年）》（征求意见稿）和《江西省科技厅　南昌市人民政府厅市合作工作要点（2024—2025年）》，通过资金倾斜、政策倾斜、项目倾斜等方式支持南昌发展，落实省会引领战略。

三是启动江西创新馆筹建工作。学习借鉴外省市经验，起草《江西创新馆建设工作方案》，提出江西创新馆建设思路、初步设计。

四是区域创新布局稳固有力。以南昌高新区为核心，辐射带动全域协同创新，打造"一核引领、东西驱动、南北升级、多点发力"的多层次全方位区域创新格局。在全省县域创新能力评价中，全市3个县区（青云谱区、青山湖区、南昌县）创新能力均跻身全省前10位，进一步巩固了南昌市创新能力在全省的龙头地位。南昌县跃居"全国科技创新百强县市"第27位，较2022年前移4位。高新区在全省开发区争先创优综合考评中5年蝉联第一，在全国国家级高新区综合排名中连续8年进位赶超，位列第22名。

（二）研发投入力度持续增强

一是大力实施研发投入攻坚行动。出台《南昌市贯彻落实〈全社会研发投入强攻行动工作方案〉实施方案》，修订《南昌市企业研发费用后补助实施办法》，给予307家企业研发费用后补助资金1.07亿元。全市2023年度研发投入总量达到139.71亿元，同比增长9%；研发投入强度达到1.94%，同比上年度提升0.01个百分点。

二是加大电子信息产业研发政策支持力度。认真落实全市关于进一步推动电子信息产业高质量发展的实施意见，2023年拟兑现电子信息企业研发费用后补助5926.43万元。引导电子信息骨干企业设立研发机构，对华勤、兆驰半导体、欧迈斯3家电子信息企业给予研发费用后补助4791.27万元。

三是重点实施重大科技项目。下达南昌市2023年科技重大项目30项，支持资金4580万元。发布《关于征集南昌市"揭榜挂帅"项目企业重大技术需求的通知》，征集33项企业重大技术需求，最终立项4项，首笔财政资金支持400万元。

（三）企业创新主体地位加强

一是科技型企业培育"量质"双提升。持续构建"科技型中小企业—高新技术企业—高成长性科技型企业—科技领军企业"梯次培育机制。全年兑现高新技术企业"量质"双提升政策605项，下达奖励资金8810万元；积极开展税收优惠、认定奖励、研发补助等政策宣讲工作。全年科技型中小企业入库3444家，同比增长27.2%，超额完成江西省科技厅下达的工作任务；推荐1173家企业申报高新技术企业，公示691家，比去年增长23.61%；引导科技型中小企业、高新技术企业向独角兽、瞪羚企业升级，全年申报科技领军企业和高成长性科技型企业111家，认定57家，全市科技领军企业和高成长性企业累计数达到213家。

二是持续推进大众创业、万众创新（"双创"）载体建设。新增市级众创空间4家，市级孵化器1家；组织南昌南吉星科技企业孵化器申报省级科技企业孵化器、南昌590创意园众创空间申报省级众创空间备案。

三是科技金融服务稳中向好。2023年，"洪城科贷通"放贷企业101家，放贷资金3.33亿元，暂未发生不良贷款补偿风险。

（四）创新平台建设成效显著

一是推动创新平台能力提升。2023年新批复组建市级工程技术研究中心40个，市级重点实验室35个。推动重点实验室重组，2023年3月获批的"现代中药全国重点实验室"，是央企和全省在中医药领域唯一的全国重点实验室。南昌实验室启动建设并召开第一届理事会，市级建设经费已落实到位，实验室各项工作稳步推进。

二是强化新型研发机构建设管理。组织召开了全市新型研发机构转型升级座谈部署会，探索新型研发机构转型升级、提高产业支撑能力、提升"造血"功能新路径。新批复省级新型研发机构1个。成立了南昌市新型研发机构联盟并召开了第一届理事会。

三是推进企业研发机构建设。全市年营收3亿元以上工业企业研发机构实现应建尽建全覆盖。出台《南昌市初级研发机构建设指导意见》《南昌市企业研发机构备案工作指引》，持续推动年营收1亿元以上工业企业研发机构建设，逐步提升规上工业企业研发机构覆盖率。

（五）成果转移转化不断深化

一是优化成果转移转化体系。出台《驻昌高校院所产学研合作项目实施暂行办法》《南昌市科技创新"研发飞地"实施办法（暂行）》等政策文件，成果转移转化政策体系更加完善。落实《南昌市促进科技成果转移转化补助暂行办法》政策兑现，全年兑现补助资金1295.27万元，较上一年度增长94.1%。

二是畅通成果转移转化渠道。科技部火炬科技成果直通车（南昌）站活动圆满收官，结合重点产业需求挖掘有效科研成果494项，推荐优质科技成果110项纳入火炬科技成果库。深入粤港澳大湾区及长三角地区开展5场专场对接会企业，电子信息、生物医药、汽车及新能源等领域的25个优质项目现场签约活动。举办了两期"赣拍"江西省科技成果拍卖会，共计20项科技成果拍卖成功，成交金额达3625.8万元。

三是深化校企产学研合作。挖掘科研院所可供转化的科技成果702项、企业有效技术需求195项，有针对性地开展校企对接会，促成企业与高校科研院所有效对接120次，达成校企合作项目现场签约44项，签约金额1.448亿元。

四是技术合同成交额创下历史新高。截至2023年底，全市完成认定登记技术合同6217项，技术合同成交额达到391.15亿元，较去年同期增幅190.2%，约占全省总量的24.6%。组织开展了两期技术经纪人的培训活动，培育技术经纪人 200 名。2023 年 7 月，南昌市科技局被科技部火炬中心评为全国技术合同认定登记优秀单位。

五是组织好江西省科学技术奖励申报工作。举办 2022 年度江西省科学技术奖答辩辅导培训会议，指导 23 项科技成果获得 2022 年度江西省科学技术奖，占设区市提名获奖总数的 37.1%；2023 年组织 139 家企业申报省科学技术奖励，全市提名 84 项江西省科学技术奖项目，同比增长 127%。

（六）科技人才引育有序推进

一是着力强化科技人才引育。稳步推进高层次科技创新人才"双百计划"，引育高层次科技创新人才 16 名、创新团队 38 个，下达市级科技专项经费 1040 万元。在昌两院院士数量达 10 人，创历史新高。重视高端科技人才引育，新增自主培育国家级人才 4 名（全省唯一有新增数量的设区市），入选科技部高端外国专家引进计划 1 项，江西省"赣鄱俊才支持计划"15 项，认定 2023 年南昌市"十大青年科技英才"。

二是全力推进招才引智工作。组织实施 4 场人才专场招聘。积极贯彻落实"10 万人才"来昌留昌创业就业的政策。组织全市各类创新主体开发科研助理岗位，吸纳 389 名高校应届毕业生入职。组织全市重点企业参加第二十一届中国国际人才交流大会，为全市有海外人才引进需求的企业拓宽交流合作渠道。

三是完善外国专家管理服务。截至 2023 年底，市科技局派驻市民中心窗口共办理外国人来华工作许可审批事项 376 件。定期举办外国专家联谊活动，参与科技部举办的"魅力中国——外籍人才眼中最具吸引力的中国城市"主题活动，组织 155 名在昌外国专家填写问卷参与评选宣传推荐南昌。

（七）科技创新氛围日益浓厚

一是做好科技特派员工作。截至 2023 年底，全市共认定市级科技特派员 176 人。经推荐，全市 30 名专业技术人员被认定为 2023 年省级科技特派员。积极推进工业科技特派员入园入企，全市新增工业科技特派员109名，工业企业入驻平台总数达到118家。

二是开展科技活动周活动。成功举办以"热爱科学 崇尚科学"为主题的科技活动周活动，共组织开展群众性科普活动110余项，开放重点实验室、工程（技术）研究中心及各类科普基地53个，公众参与人数达150万人次。开展"洪科杯"南昌市科普讲解大赛、"科技进万家"活动，打造2023年南昌科技活动周活动IP形象"小科同学"。

三是承办中国智能产业高峰论坛。成功举办2023第十二届中国智能产业高峰论坛，知名院士、专家学者、企业家等嘉宾200余人汇聚南昌，为南昌市智能产业发展赋能。

（八）党建引领释放科创潜能

一是坚持把政治建设放在首位。深入学习贯彻习近平新时代中国特色社会主义思想和党的二十大精神，以及习近平总书记考察江西重要讲话精神，全年开展党组理论学习中心组学习活动12次，组织"科技大讲堂"28期，开展主题党日活动36次。

二是扎实开展学习贯彻习近平新时代中国特色社会主义思想主题教育。制定《关于在全局开展学习贯彻习近平新时代中国特色社会主义思想主题教育的工作方案》，组织10位县处级党员领导干部讲好专题党课，各基层党支部共开展专题党课3次，主题党日活动12次。组织局领导班子结合各自牵头的调研课题前往相关企业调研，结合"四下基层、三访三促"，推动主题教育持续走深走实，并落实整改整治。

三是强化党风廉政建设。召开2023年度党风廉政建设会议，落细落实廉政建设。印发《关于开展"项目为先、实干奋进，争分夺秒拼经济"作风提升年活动的实施方案》。聚焦项目监督，全年安排纪检员参与项目监督110余人次。

二、2024 年南昌市科技发展展望

总体思路：以习近平新时代中国特色社会主义思想为指导，深入贯彻落实习近平总书记考察江西重要讲话精神，按照"走在前、勇争先、善作为"的目标要求，以"迎难而上、善作善为，奋力推动经济社会高质量发展"为工作主线，全力建设区域科创中心，坚定落实省会引领战略，为南昌打造现代化产业体系提供科技支撑。

（一）推动创新平台能级提升

一是实施重大创新平台升级行动。推动省实验室等重大创新平台建设，发挥省实验室和国家级创新平台的引领作用。推进复合半导体江西省实验室建设，做好资金保障及后续服务工作。继续推进国家级、省级重点实验室重组，持续推动在昌创新主体牵头建设科技创新联合体。

二是加快新型研发机构转型升级。支持全市龙头企业研发中心转型市场化新型研发机构，引导新型研发机构与重点产业、企业结合，发挥社会和经济效益，提升对产业的支撑作用。加强新型研发机构监督管理，切实落实管理责任。发挥新型研发机构联盟作用，加强"政产学研用"合作交流，助推科研成果转化。

三是推动企业研发机构提质增效。进一步提升年营收 1 亿元以上工业企业、专精特新企业、规上工业企业研发机构覆盖率。力争 2024 年新组建 45 家市级研发平台，择优推荐申报省级研发平台。

（二）推进科技企业培育壮大

一是实施科技企业培育壮大工程。深入实施"科技型中小企业—高新技术企业—高成长性科技型企业—科技领军企业"梯次培育计划，加强培训、宣传，力争 2024 年培育发展科技型中小企业 3500 家以上。积极开展

"线上+线下"高企培训工作，组织符合科技型中小企业条件的高新技术企业全部申请入库。实施科技领军企业、高成长性科技型企业培育行动，力争2024年科技领军企业和高成长性科技型企业累计数突破240家。

二是持续培育科技创新载体。深度挖掘潜在创新资源，建设一批众创空间、孵化器等创新创业载体，构建"众创空间—孵化器—科技园区"全链条孵化体系，通过"投资+孵化"的模式，孵化一批有成长潜力的科技型中小企业。

（三）加快创新人才引育集聚

一是实施创新人才引育集聚工程。升级更具吸引力的科技人才政策，面向南昌市重点产业认定支持一批成果显著、贡献突出，对产业发展具有重大引领带动作用的科技型领军人才，对认定的科技领军人才予以表彰激励，并优先支持其承担市级科技计划项目及牵头组建创新平台。开展南昌市"十大青年科技英才"典型宣传活动，营造尊重人才、尊重创新的浓厚氛围。

二是积极对接省级以上科技人才项目。积极做好国家重点人才计划、省主要学科学术和技术带头人培养计划、"科技副总"专项计划等项目的申报推荐工作。

三是加大海外人才引进力度。引导用人单位发挥主体作用，积极引进海外人才。组织企业参加中国国际人才交流大会等招才引智活动，为全市有海外人才引进需求的企业拓宽合作交流渠道。

（四）实现关键核心技术突破

一是加大研发投入引导力度。继续落实研发费用投入后补助工作，鼓励引导企业加大研发投入，力争2024年全社会研发投入强度达到2.1%。

二是加强关键核心技术攻关。持续推动落实全市重大科技专项计划，助力攻克全市经济社会发展重大战略需求。实施好"揭榜挂帅"项目，继续面向全市企业进行重大技术项目需求征集，加快攻克"卡脖子"的关键核心技术。

三是加大重点产业支持力度。按照《关于进一步推动电子信息产业高质量发展的实施意见》，给予电子信息研发机构重点扶持，对2023年通过审核，拟补助的兆驰半导体、欧迈斯微电子、华勤电子等3家电子信息龙头企业研发机构落实绩效管理，确保专项资金专款专用。

（五）推动科技成果转化落地

一是强化科技成果转化政策引导。落实《南昌市促进科技成果转移转化补助暂行办法》《驻昌高校院所产学研合作项目实施暂行办法》等政策，通过政策引导，激发技术市场活力。推进"研发飞地"建设，开展"研发飞地"的认定工作，培育一批"研发飞地"。

二是推进科技成果转化服务体系建设。探索推进科技成果转化示范区建设，鼓励县区（开发区）开展科技成果示范区建设工作，建设特色科技成果转化样板区。积极引导技术转移服务机构发展，完善科技成果转移转化服务体系建设。

三是持续深化市校合作工作。以企业技术需求为主导，办好校（院）企对接会，促成更多校（院）企合作，拟达成签约意向不少于50项。

四是搭建科技成果转移转化平台。继续承办好科技部"火炬科技成果直通车"活动，促进更多科技创新成果在昌转移转化。组织3场以上校企科技成果对接会，让高校的科技成果落地南昌转化。发挥南昌科技广场作用，吸引各类技术市场要素进场交易，促进各类区域技术要素资源涌入南昌。组织企业参加大院大所进江西系列活动，推进大院大所科技成果在昌转化。

五是加强科技成果转移转化人才队伍建设。举办技术经纪人培训，持续壮大技术转移人才队伍，力争2024年全市初级技术经纪人达到1200人以上。争取2024年，全市技术合同交易额突破500亿元。

（六）助推创新环境优化升级

一是做好科技特派员工作。加强科技特派员管理服务，优化管理服务手段，培育工业特派员，进一步壮大科技特派员队伍。

二是推动科普工作持续发展。制定南昌市科普三年攻坚计划，推动在全市中小学设立科技示范学校和示范班。深入开展"科技进万家"活动，细分开展"科普进万家之机关行""科技进万家之社区行""科技进万家之校园行""科技进万家之企业行"等活动。以"科技活动周"为载体，开展"下县区、走园区、进厂区"科技政策宣讲活动，组织科技服务小分队送科技下乡。

三是加大金融服务支撑力度。修订完善"洪城科贷通"管理办法，完善政策和实施细则；优化政银合作机制，拓宽政银合作范围，丰富贷款合作模式，改革创新担保机制，出台贷款贴息贴保政策。

组　　长：凌敏杰

副组长：曹绍炜

成　　员：罗　翔　钟思平

南昌市教育事业发展报告

南昌市教育局课题组

一、2023年南昌教育发展回顾

2023年，全市教育系统以习近平新时代中国特色社会主义思想为指导，深入学习宣传贯彻党的二十大精神和习近平总书记考察江西时重要讲话精神，深入开展学习贯彻习近平新时代中国特色社会主义思想主题教育，紧扣基础教育高质量发展方向，持续深化教育领域综合改革，以"走在前、勇争先、善作为"的目标要求，积极推动各项工作取得新成效。

（一）把牢办学方向，党的全面领导全面加强

推动市领导联系学校、党政主要领导为师生讲思政课，"领导干部上讲台"形成制度。推动以南昌市委、市政府名义出台《南昌市教育基本公共服务体系建设高质量发展三年行动计划（2023—2025年）》。落实党组织领导的校长负责制，制定《南昌市关于建立中小学校党组织书记和校长定期沟通机制的暂行办法》。加强中小学校党建工作，出台《关于进一步规范集团化办学党组织设置和领导体制的指导意见》；制定《关于加强校外培训机构党建工作的指导意见》，以党建引领深入推进减轻义务教育阶段学生作业负担、减轻校外培训负担（简称"双减"）政策落地见效。将意识形态工作纳入领导干部管理考核评价范围及理论学习中心组和党员干部重要学习内

容，制定《关于进一步加强中小学校意识形态工作的实施办法》，深入开展问题教材教辅读物专项排查整治工作，全力防范化解风险。召开全市教育系统全面从严治党工作会暨作风提升年活动动员会，营造清朗教育生态环境。

（二）优化资源配置，教育发展基础日益夯实

将县域义务教育优质均衡发展督导评估和县域学前教育普及普惠督导评估（简称"两项评估"）作为推动高质量发展的重要抓手，探索制定县域义务教育优质均衡内涵建设实施标准和评价标准，东湖区作为全省首批申报县域义务教育优质均衡发展县区获得国家认定。实施全市中小学校网点建设补短板攻坚行动，完成校建项目21个、新增学位3.9万个。新开工校建项目30个，其中南昌中学、南昌行知中学等重点项目推进速度与质量双提升。2023年全市财政教育支出155.21亿元，同期增加12.93亿元，增幅达9.09%。生均公用经费标准达到并超过省定标准，义务教育阶段教师工资福利全部纳入财政预算，切实保障不低于当地公务员平均工资收入水平。

（三）统筹质量公平，教育服务体系显著优化

持续扩增普惠性资源，新增公办幼儿园40所、公办园位1.07万个，普惠性覆盖率95.99%。全市义务教育集团增加至67个、覆盖中小学267所，在全省率先全域推进优化县域义务教育资源配置工作，共优化撤并小规模学校130所。用好义务教育智慧招生平台，扎实做好义务教育免试就近入学工作。落实《南昌市城区高中阶段学校考试招生改革实施意见》，稳步推进普通高中"公民同招"改革。出台《南昌市深化普通高考综合改革推进工作实施方案》《南昌市深化普通高考综合改革工作联席会议制度》，开展普通高中新课程新教材实施示范校中期交流及督导评估工作。持续优化普通高中特色发展格局，制定《南昌市普通高中特色学校认定评分细则（试行）》，4所学校获评江西省第三批普通高中特色学校。出台《南昌市中等职业教育产教融合"8623"行动计划（2023—2025年）》，制定《南昌市职

业学校办学条件达标工作实施方案》，有序推动职业学校标准化建设。指导南昌艺术职业学校、南昌市交通航空职业学校办好职普融通实验班、做好"学籍互转"改革试点，深化职普融通，产教融合，加快构建南昌现代职业教育体系。制定《南昌市"十四五"特殊教育发展提升行动方案》《南昌市特殊教育质量提升年实施方案》，全市各类特殊儿童入学率达到96.9%。指导督促青云谱区、青山湖区、红谷滩区启动特殊教育学校项目建设。推动专门学校"由民转公"建设，优化提升专门学校办学水平。

（四）立足六育同构，立德树人根本任务有力落实

与在昌高校合作，构建大中小学思政课一体化联盟，提升学校思政育人工作水平。做优"教—学—评"一体化教学教研体系，推动"双减"背景下课堂提质增效。深入推进智慧阅读平台建设，实现资源共享、营造书香氛围。举办2023年全市教育科研学术论坛活动，有序开展省、市级教育科学课题研究工作，形成全市教育科研良好工作氛围。落实《南昌市普通高中推进"强基实验项目"试点工作实施方案》，探索新时代拔尖创新人才和特殊禀赋学生的培育途径。召开全市劳动教育现场会、游泳教育现场会，完善体教融合运行机制，遴选21所第一批体教联盟校，打造"一条龙"贯通式人才培养模式。常态化开展新生群体心理适应帮扶和特殊节点危机排查工作，及时跟进极端言行学生监测预警和安抚疏导，通过加强专兼职教师配备、心理辅导室建设达标，切实强化心理健康教育工作，提升校家社协同育人水平。

（五）坚持师德为先，教育人才支撑不断强化

加大师德典型选树宣传力度，32人荣获全省"最美教师""最美班主任""最美书记校长"称号，选树一批全市教育系统优秀教师、优秀教育工作者、优秀德育工作者，引导广大教育工作者不忘初心、牢记使命。率先在全省创新教育专技人才引进政策，市本级面向全国知名师范院校一次性

招引优秀应届硕士研究生462人。全力抓好"招培管评"各环节，制定《南昌市教育局局属学校新入职教师培养三年行动指导意见》《南昌市教育局局属学校新入职教师三年培养工作管理办法》《南昌市中小学幼儿园青年教师教学基本功大练兵大比武活动三年行动指导意见》和新入职教师教育教学能力水平考核方案。

（六）着力守正创新，教育治理能力稳步提升

深入推进"双减"工作，制定科技、体育类校外培训机构管理实施细则，积极落实校外培训机构分类管理，持续开展校外培训机构违规办学整治工作，46项治理经验被教育部《"双减"改革每日快报》刊载，74项经验上榜江西省"双减"改革半月报，15个案例被省教育厅推广。全面下调41所非营利性民办中小学收费标准，切实降低群众教育成本。顺利通过国家智慧教育示范区年度绩效评估，发布全国首个学业水平合格性考试（机考）地方标准，9个案例获评教育部智慧教育优秀案例，局主要领导受邀在2023全球智慧教育论坛作主旨发言，在全省第六届"绽放杯"5G+智慧教育行业赛获奖数量居全省设区市首位。优化提升义务教育智慧招生"一网通办"功能，被国务院办公厅《电子政务工作简报》肯定推介。在全市推广使用"南昌市素质教育平台"，积极参与教育部信息技术支撑学生综合素质评价试点工作，探索初中学业水平考试体育与健康评价改革，助力教育综合评价改革。深入推进"县管校聘"管理体制改革和义务教育校长教师交流轮岗常态化机制落地落实，义务教育学校实际交流轮岗校长和骨干教师占比均突破新高。全面抓牢校园安全教育，持续开展专题安全教育活动。修订《南昌市中小学校（幼儿园）配送餐管理办法》《南昌市中小学校（幼儿园）食堂管理办法》等文件，落实校领导、企业负责人陪餐制度，切实保障校园食品安全。深入推进忠诚型、创新型、担当型、服务型、过硬型政府（简称"五型政府"）建设，开展领导干部"坐窗口、走流程"专项活动和"群策群力、同向同行，办人民满意教育"政府开放周活动。践行

"一线工作法"，持续开展机关干部"蹲校一日"活动。持续推进勤廉机关建设、省级文明单位创建和"4+X"专项整治，机关作风和政务环境不断优化。开展"党员先锋岗""模范干部""模范科室"和"模范支部"评选活动，激发机关干部干事创业热情动力。印发《南昌市教育局党政储备人才管理办法》，促进年轻干部快速成长。

二、2024年南昌教育发展展望

2024年，全市教育系统将认真贯彻落实习近平总书记考察江西重要讲话精神，聚焦"走在前、勇争先、善作为"的目标要求，落实省委"科教强省""省会引领"战略部署，围绕"迎难而上、敢作善为，奋力推动经济社会高质量发展"全年工作主线，以强化党对教育事业的全面领导为根本遵循，以素质提升工程、质量兴校工程、师德建设工程、文化校园工程、平安校园工程（简称"五项工程"）为抓手，努力提供公平而有质量的基础教育，为南昌经济社会高质量发展贡献教育力量。

（一）强化政治引领，加强党对教育事业的全面领导

按照党中央和省委的决策部署，深入开展学习贯彻习近平新时代中国特色社会主义思想主题教育、党的二十大精神。落实"第一议题"和理论学习中心组学习制度。深入推进学习党的二十大精神进教材、进课堂、进头脑，有机融入中小学相关课程方案、课程标准、教材体系，坚持不懈用习近平新时代中国特色社会主义思想武装干部师生头脑、指导教育强市建设实践。围绕立德树人根本任务，坚持和加强党对教育工作的全面领导，深入推进党组织领导的校长负责制，实现党建与业务工作的深度融合和互相促进。坚定不移推进全面从严治党，严格落实各项规定，推动各级党组织把全面从严治党主体责任扛稳、抓牢、做实。坚持强化党风廉政建设，加强干部作风和师德师风建设，加大师德师风失范行为和"三违"（违

规补课、违规收费、违规推销教辅材料）问题治理力度。加强党员干部和教师队伍的日常管理，推进校外培训机构党建基本全覆盖。持续深化模范机关建设和"四强"党支部创评，全面提高机关党建质量。督促全市教育系统落实《中共南昌市委教育工委关于进一步加强中小学校意识形态工作的实施意见》，强化校园意识形态工作监管。按照《南昌市教育局处置突发事件、舆情"三个一"工作机制》要求，实现网络舆情监测、报送、研判、处置闭环管理，及时防范化解网络舆情风险隐患。制定《南昌市中小学教材教辅读物管理办法》，常态化开展全市中小学校落实意识形态工作责任制专项检查和教材教辅排查工作，确保教育系统意识形态领域安全稳定。

（二）聚焦三全育人，实施全员全过程全方位育人工程

制定《关于进一步加强新时代中小学思政课建设的实施意见》。深化作业设计与实施，完善学生学业水平评价体系。实施实践活动和以青少年读书行动为载体的深度阅读工程。深化课堂教学改革，推进基于课程标准的"教学评一体化"改进行动。持续做好新课程新教材国家级示范区建设及普通高中学科教学研究基地校建设，统筹协调全市新高考备考工作。进一步落实心理健康教育"八个一"要求，全面完成学生心理普查，建立学生心理健康档案，实行红、橙、黄三级预警管理。探索建立"高关怀"学生闭环管理对策，畅通"高关怀"学生"绿色转介通道"。健全心理健康教育教师和相关管理岗位负责人的长效系统成长机制，建成南昌市学生心理健康管理系统并跟进推广应用及规范管理，试点"洪城陪伴"心理关爱志愿服务行动。制定并下发《南昌市中小学体育、美育及劳动教育工作的实施意见》，推动体育美育劳动教育政策落地。制定《南昌市科学教育工作实施方案》，探索推进科学教育的科学评价机制和实施路径。统筹运用校内外资源，为中小学科学普及、科技创新教育等提供专业支持和保障，大力提升青少年科学素养和创新能力。

（三）聚焦教育保障，实施资源配置优化工程

全面落实教育投入责任，确保教育经费"两个只增不减"，聚焦教育高质量发展短板和薄弱环节，健全预算绩效管理体系，提高预算管理水平和政策实施效果，突出工作推进与资金使用同步"跟踪问效"。制定《南昌市基础教育扩优提质行动实施方案》，努力办好更加公平、更高质量的教育。持续落实《南昌市教育高质量基本公共服务体系建设三年行动（2023—2025年）》，确保2024年15个中小学新建扩建项目开工建设。立足国家智慧教育示范区的阶段性成果，推动智慧教学、智慧作业、智慧阅读等应用常态化使用，营造良好教育数字生态。启动南昌市素质教育平台二期建设，有序接入心理健康、体质监测等数据，以动态监测赋能学生综合素养优化提升。有序推进信息技术支撑学生综合素质评价试点工作，提质升级"南昌市义务教育智慧入学数字平台"，持续提高群众便捷度和满意度。

（四）聚焦内涵提升，实施扩优提质发展工程

优化学前教育网点布局，力争公办园在园幼儿占比达到61%以上，普惠性幼儿园覆盖率进一步提升。深入推进集团化办学，继续开展片区学校优质均衡发展共同体建设试点工作。制定《南昌市义务教育集团化办学绩效评估指标体系与实施方案》，引入第三方机构对市属教育集团进行办学质量评价，推动集团化办学可持续、高质量发展。制定《南昌市新优质学校成长发展计划》，深化教育教学改革、加强教师队伍建设、推动学校内涵发展等方面显著提升。制定《南昌市义务教育学生综合素质评价方案》，建立综合素质评价电子档案，研究制定引导学生全面发展的过程性评价办法，促进学校转变育人模式。深入推进城区"公民同招"改革，制定城区高中阶段学校招生工作实施方案。全面落实《南昌市中等职业教育产教融合"8623"行动计划（2023—2025年）》年度任务，鼓励学校全面提升"订单式"培养，支持县区围绕地方产业办好产业学院。抓好中职学校技能竞赛，营造社会认同、支持职业教育的良好氛围。举办"全市全民终身学习

活动周",培育南昌社区教育品牌,推动构建全民终身教育体系和学习型社会。探索从学前到高中全学段衔接的十五年一贯制特殊教育办学模式。打造省级融合发展示范校,提升残疾儿童多元安置水平,为适龄残疾儿童少年提供合适优质的教育服务。

(五)聚焦引育管培,实施师资提升工程

遵循教师成长规律,逐步建立健全一流的教师专业发展体系,形成"国培""省培""市培""区(县)级培训"和"校本培训"五级培训体系,进一步健全教师成长体系。启动中小学名师、名校长培养工作,培养一批师德高尚、业务精湛、充满活力的名校长和学科名师。坚持把加强教师队伍建设作为建设教育强市最重要的基础工作,紧密结合全市教育发展战略,进一步平衡人才供给需求,加快教育人才队伍建设。进一步健全教研体制机制,加强教研队伍建设,打通教师和教研员职业流动通道。

(六)聚焦依法治教,实施教育现代化治理工程

制定《关于进一步加强艺考类校外培训机构规范管理的通知》,规范艺考培训机构办学行为。持续开展学科类隐形变异培训治理工作,不断规范非学科类校外培训。继续巩固全市民办义务教育专项工作成果,继续开展民办学校财务收支审计工作,加强收费管理。持续落实《南昌市规范民办中小学校发展实施意见》,制定《南昌市民办教育风险分类处置办法》,增强防范化解民办学校办学风险能力。修订《南昌市民办教育机构年检实施办法(试行)》及年检指标体系,强化年检结果运用,实现"以评促改""以评促建"。建立县域学前教育普及普惠和义务教育优质均衡创建达标视导工作机制,强化对"两项评估"创建工作的全过程督促指导。坚持日常督导、年度专项督导和专题督导相结合,实现督导工作由重督政向重督学业质量等转变。深入推进义务教育优质均衡发展内涵建设实施标准和评价标准试点工作,提升学校内涵发展水平。完善考评机制建设,以综合考核和政府

履职考评为抓手，压实县区政府教育发展主体责任。继续开展义务教育质量监测工作，强化监测结果运用。深化中考改革和高考综合改革，加强政策宣传解读。落实《江西省高校与县域基础教育协同提质行动方案》，推动县域基础教育改革。继续加强教材建设和管理，持续筑牢课程教材关键点。抓好教育评价体系改革，着力扭转不科学教育评价导向。制定学校安全稳定任务清单，做好重要时间节点和重大活动保障期间教育系统安全稳定工作，纵深推进全市教育部门安全生产治本攻坚三年行动。紧扣重点领域开展校园食品安全专项整治行动，落实"明厨亮灶"智慧监管，严格落实问责机制，强化社会监督，开展食品安全联合检查直播活动，筑牢校园食品安全防线。

组　　长：黄　琰

副组长：周晓东

成　　员：杨华根　刘圣城

南昌市卫生健康事业发展报告

南昌市卫生健康委员会课题组

2023年以来，全市卫生健康系统紧紧围绕"项目为先、实干奋进，争分夺秒拼经济"的工作主线，凝心聚力、担当作为，用心用力用情办好卫生健康领域民生实事，全方位全周期护佑人民群众健康，交出了一份人民满意的"卫健答卷"。

一、2023年发展情况

（一）卫生健康治理能力迈上新台阶

一是树立树牢"忠诚卫健"。把学习贯彻落实习近平新时代中国特色社会主义思想和习近平总书记考察江西重要讲话精神作为首要政治任务，深入贯彻落实公立医院党委领导下院长负责制。扎实开展学习贯彻习近平新时代中国特色社会主义思想主题教育，紧扣"学思想、强党性、重实践、建新功"总要求，以"五个卫健"（忠诚卫健、数字卫健、平安卫健、勤廉卫健、活力卫健）为抓手，着力解决制约高质量发展、群众急难愁盼、党的建设等突出问题，"两改善两提升"工作扎实推进，15条基层卫生健康便民惠民服务举措加速落地，公立医院公共卫生职能进一步强化，主题教育各项工作取得了预期成效。

二是做优做强"数字卫健"。强化"互联网＋医疗健康"服务，医院电子病历分级评价水平较2022年明显提高。3家医院建成互联网医院，4家医院启动"互联网+护理服务"。"智慧急救项目"作为全国"5G+医疗健康"创新试点项目，成功迎接省工业和信息化厅验收。"互联网+家庭医生签约服务"平台荣获2023年度江西省数字乡村智慧医疗典型案例。

三是抓紧抓常"平安卫健"。全系统信访及安全生产工作平稳有序，妥善处理各类信访件，组织开展安全生产专项检查工作，累计检查各级各类医疗卫生机构390余次。开展卫生监督检查工作1.62万户次，查处办结案件1541件，2起案例获评国家疾控局优秀典型案例，成功举办首届"健康卫士杯"卫生健康执法典型案例比武活动。

四是严肃严实"勤廉卫健"。建立党工委委员挂点联系制度，健全规范"三重一大"事项议事决策制度，开展"服务主线转作风，聚焦主责显担当"学习讨论活动，全覆盖逐批次开展廉政谈话工作。部署推进医药领域腐败问题集中整治工作，制定出台44项工作制度，群众就医负担呈下降趋势。

五是聚智聚力"活力卫健"。落实"书记领航"工程，用足用好南昌新"人才10条"等引才政策，招聘录用卫生专业基础人才492人、引进卫生专业技术人才296人、引进高层次人才32人。市第一医院护理部原主任、第39届南丁格尔奖章获得者章金媛荣获2023年"国际成就奖"；9个单位获得省医疗卫生工作先进集体、47人获得省先进医务工作者称号；全市20位"三风"榜样人物全系统就有6位入选。

（二）卫生健康服务体系建设取得新成效

一是健康南昌建设深入推进。健康南昌建设17项指标提前达到2025年目标，全市人均预期寿命等居民主要健康指标位居全省乃至全国较先进水平，顺利通过全国爱卫办"国家卫生城市"现场评估复审。在全省首届家庭健康素养技能大赛中荣获团体一等奖和优秀组织奖。

二是卫生健康项目加快建设。市洪都中医院二期工程、市第一医院九龙湖院区先后完工投入试运行，南昌新急救中心项目基本完工，市人民医院经开院区、市中心医院瑶湖院区、市立医院新院、市卫生应急指挥与检验中心建设项目全速推进，纳入民生实事公共卫生补短板5个项目全部提前完成年度任务计划。

三是综合医改持续稳步推进。高效推动全省"两个示范项目"建设，市级公立医院医疗服务收入占比同比增长2.5个百分点，住院次均费用同比下降8.5%。全市紧密型县域医共体覆盖率100%，四个城区完成紧密型城市医疗集团签约揭牌。全市三级甲等医院专业技术四级和七级岗位比例各提高2%。医疗服务项目调价696项，医疗服务价格进一步调整合理。

四是公立医院迈向高质量发展。委属3家医院在2022年度国家三级公立医院绩效考核中排名有所提升。市第一医院在全省三级综合医院DRG（疾病诊断相关分组）综合排名中进步了15名。出台《南昌市开展全面提升医疗质量行动计划实施方案》，规范市级质控中心建设、管理，新增院前医疗急救、老年医学等8个市级质控中心，市级质控中心达39个，同比增长26%。

（三）医疗卫生服务水平达到新高度

一是专科能力建设成效明显。第三批市级临床重点专科建设项目共遴选14个建设项目和5个培育项目，市第一医院3个专科获批省级临床重点专科建设项目；市人民医院乳腺科成功申报国家级临床重点专科建设项目，实现了南昌市非中医类国家级临床重点专科建设项目"零"的突破。

二是基层服务水平优化提升。新增3个县域医疗服务次中心和40个基层临床特色科室项目建设。全市基层机构中达到"优质服务基层行"国家推荐标准的18所，达到基本标准的90所，成功创建社区医院12家。124个乡镇卫生院和社区卫生服务中心、1036个村卫生室部署省智医系统。

三是公共卫生能力持续提升。持续做好新冠病毒感染"乙类乙管"工作，积极有效应对季节性呼吸道疾病流行，勇夺2023年江西省流行病学调查职业技能竞赛第一名。加快推动市县两级疾控机构改革任务落地落实，6

个县区创建"国家慢性病综合防控示范区",在全省范围内第一个实现市级血吸虫病传播阻断达标。

四是中医药事业创新引领。市中心医院（八一大道老福山院区）获批国家中西医协同"旗舰"医院试点项目建设单位、市洪都中医院获批国家中医疫病防治基地。乡镇卫生院、社区卫生服务中心中医馆实现全覆盖,建成省级示范中医馆5个、市级示范中医馆18个、中医阁45个。以中医药为主题的夜市经济"回春集",成为省内首个中医药主题夜市。

五是科技创新成果积厚成势。在全省率先出台《关于深入推进南昌市卫生健康科技创新工作的实施方案》,共获批国家自然科学基金项目6项、省自然科学基金项目10项、省卫生健康委科技项目93个课题,均位于全省前列；市立医院获批建设省卫生健康"皮肤感染与免疫"重点实验室,是2023年全省唯一获批建设省级重点实验室的市级医院。

（四）全生命周期健康服务得到新改善

一是在婴幼儿照护上扩供给。在全省率先出台关于3岁以下婴幼儿照护服务发展支持政策,全市提供托育服务的机构达750家,每千人口托位数达3.85个,城市社区托育服务机构覆盖率达52%。全市入选中央财政支持普惠托育服务发展示范项目,实施全国托育服务从业人员培训信息系统应用试点,为全国首批、全省唯一。

二是在护佑健康上惠民生。加快妇幼保健机构标准化建设,全市妇幼健康各项指标均控制在"两纲"范围内。配合打造20个"卫生院+敬老院+农村颐养之家"农村医养联合体,"全国示范性老年友好型社区"创建率、医养结合与失能老年人评估指导项目工作均为全省第一；新增"江西省老年友善医疗机构"26家；市第一医院挂牌"南昌市老年医院",全市老年医疗资源逐步完善、布局更加科学。

三是在就医体验上提品质。在市第一医院首设"洪城助医"服务试点,优化改进就医服务措施。完善院前急救与院内救治协作机制,全市建成

"三大中心"25个。开展全市民营医疗机构专项巡查工作，进一步规范民营医疗机构执业行为。据最新全国公立医院满意度调查显示，全市医院门诊患者满意度、住院患者满意度、医院员工满意度实现"三提升"。

四是在签约服务上出实招。家庭医生签约服务项目纳入南昌市十大民生实事项目，全市1739个签约团队共签约常住居民319万余人，签约率达49%，一般重点人群签约126万余人，签约率达79%；65岁以上红色、黄色重点人群签约18.1万余人，签约率达98%。家庭医生签约服务项目先后在首届全国家庭医生经验交流会和2023健康中国发展大会江西主题会议上作为案例进行交流，群众家庭医生签约服务获得感得到改善并提升。

二、2024年主要工作任务

2024年全市卫生健康工作的总体思路：以习近平新时代中国特色社会主义思想为指导，深入贯彻党的二十大精神，全面落实习近平总书记考察江西重要讲话精神，聚焦"走在前、勇争先、善作为"的目标要求，围绕"迎难而上、敢作善为，奋力推动经济社会高质量发展"工作主线，团结奋进、争先创优、守正创新、求真务实、担当有为、勤廉实干。加快构建"4+2+2"医疗卫生服务体系，大力实施"1546"行动，着力打造示范引领工程，全面落实省会引领战略，推动全市卫生健康事业高质量发展。

（一）全面打造示范引领工程，强劲开局"1546"行动

以落实省会引领战略为目标，高标准打造健康江西"南昌样板""一个目标"，塑造"五个卫健"品牌，打造全国婴幼儿照护服务示范城市、全省深入推广三明医改经验示范城市、全省公立医院高质量发展示范地区、国家中医药综合改革示范建设"四个示范"，提升医疗服务、基层卫生服务、中医药服务、公共卫生服务、全生命周期健康服务、科研创新能力水平，将"1546"行动打造成全省新时代卫生健康示范引领工程，奋力推动全市

卫生健康工作整体创一流、特色创唯一、单项争先进。

（二）全面引领医疗卫生体系不断健全，奋力实现"五大突破"

推动全市医疗卫生机构在管理能力、资源配置、人才队伍、学科建设等方面更加优化，确保在能力提升三年行动上实现突破。全力保障市人民医院经开院区、市中心医院瑶湖院区等现有项目按时完工，科学谋划市人民医院（市妇幼保健院）抚河院区改扩建、市洪都中医院中医药科创城分院（国家中医疫病防治基地）等项目尽早开工，确保在重大项目建设上实现突破。推进紧密型县域医共体、城市医疗集团等医疗联合体建设，确保在深化医改上实现突破；深入推进疾病预防控制体系改革，健全完善重大传染病防治体系建设，确保在全域疾控改革上实现突破。推动家庭医生签约服务提质和基层医疗机构能力提档，确保在基层卫生服务能力上实现突破。

（三）全面夯实全生命周期健康服务管理，倾力打造"五大亮点"

探索实施"15+3+N"专项行动，建设"健康南昌示范点"，务求在健康南昌建设上形成亮点。扎实做好国家卫生城镇常态化管理，开展国家卫生县、乡镇创建工作，力争全市国家卫生县全覆盖、国家卫生乡镇新增5个，务求在国家卫生城镇创建及巩固上形成亮点。深入开展妇幼健康服务体系和服务能力建设三年行动计划，全力实施中央财政普惠托育服务示范项目，务求在构建生育友好环境上形成亮点。推动"一复审两创建"工作，探索"上下畅通，左右协同"的防、治、转、康、宣全链条与全生命周期服务的慢病综合管理新模式，务求在慢病防治上形成亮点。扎实推进"一馆一阁"建设，促进基层社区卫生服务中心、乡镇卫生院中医馆提质增效，务求在中医药服务上形成亮点。

（四）全面补短板强弱项提品质，着力强化"五大举措"

强化专科能力建设，构建国家、省、市、县、医疗单位五级专科建设体系，加快市级质控中心和"洪城助医"、无家属陪护护理试点医院建设。强化信息化建设，夯实全民健康信息平台基础，推动"互联网＋医疗健康""互联网＋护理服务"、互联网医院等便民惠民服务纵深发展，加强基层人工智能辅助智慧医疗系统推广运用。强化人才队伍建设，面向全国30所国内知名医学高校定向引进卫生专业技术人才，实施大学生乡村医生专项计划。强化科研创新能力建设，推动医教研产融合，加强市人民医院江西省乳腺专科联盟建设，推进医疗新技术新业务引进吸收消化，着力遴选基层适宜技术的推广和应用。强化医疗机构执业规范建设，扎实开展医疗机构规范执业提升年活动和2024年医疗机构专项巡查工作。

（五）全面提升现代化治理水平，聚力构建"五大保障"

全面加强党的建设，深化落实公立医院基层党建"七个全覆盖"重点任务，实施民营医院党建提升工程；坚决守牢安全生产底线，抓好重点领域问题隐患排查整治，持续重点领域问题隐患专项排查整治和督导检查；持续完善现代医院管理制度，推动公立医院管理法治化、规范化、精细化、科学化，防范化解运行发展风险；纵深推进医药领域腐败问题集中整治，落实立行立改，营造行业良好生态；牢牢抓好综合考核，对标省工作任务和全市实际，定期分析调度，及时发现和解决问题。

组长：朱世鸣

成员：张建昀　陈以焱　吴芬兰

南昌市文化旅游事业发展报告

南昌市文化广电旅游局课题组

一、2023年全市文化旅游事业发展情况

2023年，全市文广新旅系统坚持以习近平新时代中国特色社会主义思想为指导，深入学习贯彻党的二十大精神，全面落实南昌市委、市政府决策部署，围绕"项目为先、实干奋进，争分夺秒拼经济"工作主线，按照"文化工作出品牌、出影响，旅游工作换思路、换形象，广播电视、新闻出版、电影工作出亮点、保第一"工作思路，集中精力抓好一批打基础、管长远、补短板、强弱项的重点任务，推进一批基础性、战略性、系统性、全局性重点工作，全市文旅业呈现"市场强劲复苏、产业优化转型、场景创新出圈、城市品牌网红"的喜人态势。南昌已成为外地人喜欢、本地人自豪、年轻人向往的英雄城市。

（一）文旅经济复苏强劲

秉持"资源"变"产品"理念，积极打造新场景、新体验、新业态，南昌文旅市场迎来爆发式增长，成为新晋"网红城市"。全年共接待游客1.9亿人次，同比增长16.9%，实现旅游综合收入1977.79亿元，同比增长41.3%，旅游人次和收入均创历史新高。全市电影票房收入达4.35亿元，在

全省排名第一。前三季度，全市规上文化企业实现营收341.7亿元，在全省排名第一。全市文旅经济跑出强劲复苏的"加速度"，成为全市经济持续回升向好的"强引擎"。

（二）文旅活动火爆出圈

从迎春烟花晚会到国庆烟花晚会，大型文旅活动好戏连台，走出了"网红"变"长红"的新型文旅活动发展路径。八一广场升旗、国际龙舟赛、横渡赣江等活动"强势吸睛"；草莓音乐节、星驰音乐节、飞行音乐节、明星演唱会"乐响洪城"；城市英雄争霸赛夏季总决赛、QQ飞车手游亚洲杯总决赛、"登场皆英雄"全国高校乐队选拔赛"热力四射"；全民阅读大会、第六届湘鄂赣皖非物质文化遗产联展、"大地情深"广场舞大赛"全城热动"。一场场有热度、有高度、有亮点的大型城市文旅活动，迸发出南昌文旅的新场景、新业态、新体验的蓬勃生机和发展活力。

（三）文旅供给质效齐升

突出旅游集散中心功能，开通"一日游""两日游"精品文旅线路和"网红打卡铛铛车"；全面完成110家孺子书房项目建设，累计接待读者180万人次；重大革命题材影片《邓小平小道》盛大公映并斩获中国电影华表奖，大型原创民族歌剧《八一起义》隆重首演；做优南昌文创商品，培育"南昌礼物"品牌，全年营业收入突破3300万元，同比增长超300%，荣获全国旅游商品大赛"1金3银2铜"佳绩，获奖数量位居全省第一；举办2023南昌文旅消费季系列活动，配套推出146项文旅专场活动，依托南昌文旅一卡通平台发放800万元消费券，多举措释放南昌文旅消费新活力。

（四）文化传承焕发活力

南昌汉代海昏侯国考古遗址公园列入国家考古遗址公园，孺子书房新模式获评"中国改革2023年度地方全面深化改革典型案例"，"萧坛云雾茶"

入选全国非遗工坊典型案例,"清代个山小像图轴"等2组(套)馆藏文物精品入选全省"十大镇馆之宝",《新四军英烈专题展》等4大展览入选全省十大精品展览;成功举办"吴昌硕作品特展"等精品展览,推出赣剧《铁军出征》,组建完成"南昌市博物馆联盟",全年免费服务群众达750万人次,排名全省第一。

(五)项目建设加速推进

2023年全市重大重点文旅项目达57个,年度计划投资251.22亿元,其中7个项目列为全市百大重点项目。统筹全年文旅项目招商任务,先后赴深圳、武汉等地开展系列招商推介活动,招商签约总额达48.05亿元,超额完成全年招引任务。在南昌火车站建成南昌全域旅游集散中心,武商广场、江旅都市方舟等文旅消费载体盛装开业,万寿宫、绳金塔等历史文化街区进一步优化提升,珠宝街、蛤蟆街等成为热门打卡地,核心文旅商圈网点布局日趋成熟。

(六)品牌创建成果丰硕

万寿宫历史文化街区获评国家级旅游休闲街区,进贤李渡元代烧酒作坊遗址获评国家工业旅游示范基地,湾里岭溪谷民宿获评全国甲级旅游民宿,湾里雷港村获评全国乡村旅游重点村,夜赣江"秋水长天"文旅消费集聚区、1962文创园入选省夜间文旅消费集聚区,滕王阁景区、湾里太平镇分别入选全省"风景独好"名景区、旅游名镇村,新增市政公用生态农业示范园、安义汉方鹿苑、南昌VR主题园3家国家3A级旅游景区。整合全市乡村旅游资源,打造南昌"宝藏八园",成功举办民宿设计大赛,1条乡村旅游线路5个精品景点入选全国乡村旅游精品线路。

(七)城市营销热点频出

多面发力打出精彩营销"组合拳",持续推出"总要来趟南昌吧""放心把假期交给南昌""登场南昌皆英雄"等话题宣传，打造现象级传播，"王者荣耀×滕王阁"文旅营销入选国内旅游宣传推广优秀案例；深化与广东七市、长江中游城市群、南昌都市圈战略合作，赴长沙、深圳、武汉等周边重点客源地开展旅游推介、客源互送活动，以"天下英雄城"冠名赣深高铁动车，全力拓展客源市场；在英国伦敦世界旅游交易会上，南昌入选"2023年中国十大旅游目的地必去城市"，宣传影响力跻身中国旅游目的地"顶流"行列。

（八）文旅环境显著优化

南昌成功入选全省首批优秀旅游服务体验城市创建首批试点城市。实施"优秀旅游服务提升季"活动，启动"你吐槽 全解决"专项行动，全市旅游承载力和服务水平显著提升。持续深化"放管服"改革，全年共办结审批事项533件，同比增长98%，群众满意度100%；持续开展安全隐患排查、"体检式"暗访、"风暴"专项执法整治等系列行动，着力营造安全放心的文旅市场消费环境，全年未发生重大旅游安全事故、无重大旅游投诉、无重大负面舆情。

二、2024年重点工作

2024年总体工作思路：坚持以习近平新时代中国特色社会主义思想为指导，深入学习贯彻党的二十大精神和习近平总书记考察江西重要讲话精神，聚焦"走在前、勇争先、善作为"目标要求，围绕"迎难而上、敢作善为，奋力推动经济社会高质量发展"中心工作和全市发展大局，全力以赴"夯基础、优服务、强产业"，以提速"文化强市、旅游强市"建设全面落实省会引领战略，持续打造"面向国际、辐射全国、领先中部、引领江西"的国际生态文化名城、享誉国内的旅游目的地、全省旅游中心城市，在新征程上奋力开创全市文广新旅工作新局面。

（一）突出精品力作，推动文艺事业繁荣发展

实施文艺创作提升行动。围绕重大主题、重要题材，打造一批具有南昌特色、南昌风格、南昌气派的文艺精品，持续推进原创民族歌剧《八一起义》巡演，力争冲击中宣部精神文明建设"五个一工程"奖、中国戏剧奖·梅花奖等国家级奖项。实施艺术展演传播行动。高水平举办全国原创音乐大赛全国总决赛，策划"滕王阁之韵"南昌市声乐大赛、"声动洪城 乐响南昌"高雅音乐演出等一批高质量文艺活动，推出当代中国工笔画名家邀请展、当代中国画名家作品展等一批高质量美术展，组织赴境外开展艺术交流演出活动，不断扩大南昌文化艺术影响力。

（二）突出为民惠民，构建公共文化服务体系

实施文化服务效能提升行动。推进城市书房、文化驿站等新型公共文化空间建设，持续优化孺子书房运营管理，评选一批"最美孺子书房"，通过面向社会招募"一日馆长""孺子卫士"，构建全社会共建共管新格局，打造更多主客共享、特色鲜明的"城市会客厅"。实施重大文化惠民行动。组织开展"百馆千万场 服务来共享"群众文化活动，持续举办"全民阅读大会""洪城读书月"等系列活动，精心举办南昌市优秀群众文艺作品巡演活动，常态化开展"图书大篷车""都市小剧场""红色轻骑兵""公益电影放映"等文化惠民活动。

（三）突出守正创新，推动传统文化传承弘扬

实施文物活化利用计划。认真开展第四次全国文物普查工作，实施南昌新四军军部旧址维修、中共东南分局旧址维修等一批革命文物维修项目，组织八大山人书画（高仿）精选展赴国（境）外进行展出交流。实施博物馆提质培优计划。实施一流博物馆培育计划，精心开展"百年建筑见证峥嵘岁月、百年历史绽放时代光芒"庆祝中华人民共和国成立75周年活动，推出"南昌历史文化名人展""八大山人对话系列展"等展览，力争新增

1—2家一级博物馆、2家二级博物馆、2家三级博物馆。实施非遗创新传承计划。开展"非遗点亮生活"行动，推动非遗项目进景区、进街区、进社区、进校园，承办江西省"小小传承人"迎新春展演活动，举办"非遗美食周""非遗文创集市"等系列活动，推出一批具有南昌特色的非遗保护传承品牌。

（四）突出融合发展，推动文旅产业提质增效

实施文旅产业发展能级提升行动。统筹协调全市文旅产业招商，开展头部文旅企业招商对接活动，着力引进一批"高大上、专精特、链群配"的重大文旅产业项目，培育一批主营业务突出、竞争力强、有良好发展前景的文旅企业。实施重大文旅项目攻坚行动。积极融入长江国家文化公园江西段重大项目，实施滕王阁景区"还江于民、还岸于民、还景于民"及北扩工程，支持配合陆军博物馆规划建设，推动市图书馆新馆、市博物馆新馆维修改造、南昌新四军军部旧址陈列馆陈展提升、南昌市非遗戏剧文化体验基础设施等项目建设，推动重建豫章书院，打造更多城市新名片、新地标。实施文旅消费扩容行动。制定出台《进一步激发文化和旅游消费潜力的若干政策措施》，办好"百县百日、百城百夜、百企百创"文旅消费季、2024南昌文旅消费季活动，联合OTA平台发放文旅消费券，积极创建一批夜间文旅消费集聚区、旅游休闲街区等文旅消费品牌，优化升级一批历史文化街区、特色街巷等消费载体，打造具有传统文化味、城市烟火气的消费新场景。

（五）突出全景打造，提升资源开发利用水平

实施文旅业态焕新计划。科学编制《南昌市城市旅游三年行动计划》，重点打造滕王阁城市会客厅，着力打造以八一广场为核心，以陆军博物馆、南昌八一起义纪念馆为支撑的红色文化地标，持续擦亮海昏侯、八大山人、汪山土库等优质资源，推出以城市旅游、红色旅游、乡村旅游为重点的南

昌十大精品文旅线路，培育"一日游""两日游"精品文旅线路，开展"江西人游南昌""农村人游农村"等创新主题活动，持续打造"宝藏八园""人生八雅"，推动城景一体化发展，不断激发城市活力、提升城市旅游能级。实施景区品质提升计划。推动高等级旅游景区、旅游度假区、旅游饭店、旅游民宿等品牌创建，指导南昌汉代海昏侯国遗址考古公园加快创建国家5A级旅游景区、湾里创建国家级旅游度假区、方大特钢工业旅游景区创评国家工业旅游示范基地。开展"年度优秀旅游景区""景区优秀讲解员"等评选活动，实行A级旅游景区复核机制，对不达标景区予以摘牌。实施文创产品突破计划。建立"南昌礼物"入库标准，推出一批具有浓郁南昌特色、符合市场需求的爆款文创商品，强化"南昌礼物"旗舰店运营管理，完善"南昌礼物"销售体系，积极组织各类参展参赛，用"南昌礼物"讲好南昌故事，不断提升南昌文创品牌价值和影响力。

（六）突出全链营销，推动南昌文旅出圈出彩

实施文旅IP塑造计划。全面整合南昌红色、绿色、古色资源，重点打造"八一起义""滕王阁""海昏侯""万寿宫""八大山人"等文旅核心IP，持续打造艺术季、消费季、时尚季、美食季"四季"文旅节事品牌，组织开展"皆得所愿王万金""登场皆为英雄"系列主题活动，精心举办2024携程旅游全球合作伙伴大会暨"登场皆为英雄"旅行者盛典，高标准谋划举办八一广场升旗、烟花晚会、音乐节、演唱会等大型文旅活动，打造成为南昌常态化、长效化、标志化的知名城市IP品牌。实施聚合宣传营销计划。深入实施"引客入赣""引客入昌"，加强长江中游城市群、南昌都市圈及周边重点城市合作，赴重要客源城市举办旅游专场推介会，以昌景黄高铁开通为契机，推出一批高质量旅游线路；实施入境旅游促进计划，加快推进入境旅游支付便利化工作，举办"艺海流金 情满赣鄱"文旅交流活动，推动入境旅游复苏。构建全媒体宣传矩阵，策划推出2024年新媒体营销计划，加强与头部新媒体平台推流合作，用年轻人的方式讲好"南昌故事"，不断

提升南昌"出圈指数"。实施数字文旅提升计划。优化智慧文旅指挥调度监测系统，制作南昌数字文旅地图，为市民游客提供方便快捷的出行指引、活动预告，运用大数据技术开展游客"画像"活动，精准引流，对涉昌文旅投诉高效处理，有效提升游客满意度和重游率。

（七）突出长效治理，营造良好文旅市场环境

实施旅游服务质量提升行动。开展优秀旅游服务体验城市创建，启动"满意游南昌"旅游服务质量提升年活动，推行"首席质量官""标杆服务员"制度，举办2024年南昌市旅游饭店服务技能大赛，公布一批"信得过"旅游服务企业名录，遴选发布一批优秀旅游服务质量典型案例，全力塑造江西旅游"南昌口碑"。实施文旅市场秩序整治行动，强力开展文旅市场"风暴"专项整治行动，常态化开展"体检式"暗访工作，严厉查处未经许可经营旅行社业务、组织"不合理低价游"等违法违规行为，全面推行旅游诚信退赔机制，营造规范经营、诚实信用的市场秩序，全力打造最佳文旅市场环境。实施政务服务优化行动。聚焦营商环境优化提升"一号改革工程"，持续深化"放管服"改革，完善标准化受理工作规程，更新优化政务服务事项，推动更多政务服务事项"免证办、就近办、网上办、掌上办"，开展"政府开放周"活动，积极营造暖心爽心办事氛围。

（八）突出夯实基础，提升综合服务保障能力

夯实法治文旅保障。开展行政执法领域损害营商环境问题专项整治工作，推进包容审慎监管执法，严格落实公平竞争审查制度，建立"六个一"执法监督机制，不断提升文旅行政执法能力和水平。优化人才队伍保障。持续开展"师徒结对"计划，不断加强红色讲解员队伍建设，组织开展全市导游员精讲培训和新入职导游员岗前培训工作，举办南昌市2024年导游大赛，不断提升文旅行业从业人员服务意识和服务水平。抓实安全生产保障。紧盯重要时间节点、重点领域、重点环节，严格落实文旅各类设

施、场所、活动等安全防范措施，常态化开展文旅行业安全隐患大排查大整治工作，强化涉文旅突发事件应急处置，强化假日文旅市场安全专项检查，坚决防范遏制各类安全事故发生，确保文旅行业持续安全稳定。

组长：万利平

成员：刘芬芳　梅凌峰　刘明光

南昌市城市管理工作报告

南昌市城市管理和综合执法局课题组

2023年，在南昌市委、市政府的坚强领导下，全市城市管理和综合执法局坚持以习近平新时代中国特色社会主义思想为指导，全面贯彻落实省、市全会精神，围绕建设"可阅读、能感知、有韧性、更宜居"的现代都市目标，大力实施"强党建、保安全、美环境、惠民生、严执法、抓项目"六大行动，踔厉奋发、勇毅前行，城市环境品质明显提升，城市运行安全总体稳定，为全面落实省会引领战略，打造"一枢纽四中心"、实现"两个大幅提升"提供坚强城市环境保障。

一、2023年工作总结

（一）坚持精细管理，城市环境更有美度

以开展市容环境专项整治行动为突破口，推动"创文巩卫"见质见效，全面提升城市品质。按照"室外环境、室内标准"的要求，完成第一批次13个示范点授牌以及第二批次12个示范点验收工作。持续开展"马路本色"行动，建立城市快速路桥梁内外墙常态化清洗机制，确保桥梁干净、整洁。不断强化垃圾处置监管，垃圾无害化处理率达100%。持续做好绿化养护修剪、苗木补种补栽工作，开展12条绿化彩化示范道路建设工作，完成6个城市公园的建设任务，打造20个口袋公园，建设25条绿道，完成合肥园

博会展园建设工作，展示了全市良好的城市园林景观。加强对前湖、桃花河、龙河等重点水体水质的日常监测，确保黑臭水体长治久清。高质量完成铁路跨线桥梁涂刷和青山湖、象湖隧道提升改造等项目。圆满完成新春及中秋烟花晚会、八一广场升旗仪式等各类活动市容环境保障任务100余次，展现良好的南昌城市对外形象面貌，得到中央、省、市各级领导的高度肯定。

（二）坚持生命至上，城市运行更有维度

始终以"时时放心不下"的责任感，抓好安全生产工作。深入开展城镇燃气安全排查整治专项行动，共排查燃气使用企业1.84万家，排查隐患1.14万处，整改隐患1.13万处，整改率99.12%。持续加大执法力度，2023年共查处、纠正瓶装液化石油气违法违章行为646起，检查取缔瓶装液化气供应"黑点"29个。扎实做好生活垃圾处置、污水处理、供水供气设施安全保障工作，督促企业落实主体责任，开展安全隐患检查工作，修订完善应急检修预案。2023年，排查城区内水厂、污水（污泥）处理厂安全隐患问题30余处，生活垃圾处理处置厂、生活垃圾填埋场渗滤液处理隐患220余处，已督促企业全部整改到位。建立健全安全养护作业标准，规范作业流程，不断提升城市管理日常养护作业安全水平。全力加强老旧小区改造、排水单元整治、市政管网建设等重大项目安全管理，确保各重大项目又快又好推进。持续开展城市道路坑洞、路灯、桥隧安全隐患整治工作，对破损路面进行维修，保障路面安全。2023年整改道路病害2.73万处，整治问题井盖2.07万处，维修路灯4.1万盏。开展户外广告和门店招牌设施专项整治行动，全年拆除各类违法违规设置的户外广告和招牌设施2009处。积极采取措施应对雨情汛情，完成44个积水点改造，雨水井清掏13.28万座、检查井清掏5.7万座，维修、更换井具8914套，保障全市安全度汛。

（三）坚持人民至上，民生实事更有温度

致力于让人民群众共享发展成果，打造暖心便民的南昌城管品牌。全面推进303个老旧小区改造，惠及群众9.34万户，全年建设公共停车场125个，完成泊位数13888个，超额完成人大票决项目既定任务。继续深化生活垃圾分类，建设4426个分类投放亭，完成厨余垃圾车采购项目，生活垃圾分类工作在全国80个城市中排第12名，迈进第一档次，创历史最好成绩。持续优化营商环境，用水用气指标显著提升，位于全省第一方阵。成功举办2023中国（南昌）城市管理技术及装备产业博览会和南昌市第三十五届菊花展，招募洪城啄木鸟，取得了良好社会反响。

（四）坚持依法行政，城管执法更有力度

充分发挥行政执法作用，强化依法行政，整治城市乱象、提升城市品位。制定《南昌市城管执法领域不予处罚、从轻处罚、减轻处罚和少用慎用行政强制措施清单（2023版）》，深入推行行政执法三项制度。强力整治违法行为，共拆除违建1614处，划定夜市街区30条，处置共享单车乱停放111.5万余辆次，整治违规施工围挡3716次，查处建筑垃圾运输车辆泄漏、遗撒、挟带污泥等污染路面违法违规行为1500起。积极推进基层规范化建设，完成31个中队"两化"建设考核验收，取得了显著成效，南昌市在全国城市管理工作座谈会上作典型发言，城管规范化执法在全国城市管理执法处级以上干部培训班作示范演示。

（五）坚持项目为先，项目建设更有速度

积极响应省委、市委"项目为先、实干奋进，争分夺秒拼经济"的主线要求，加快推进项目落地见效。加快实施水环境治理三年行动，完成3818个排水单元整治任务，完成率60.48%，累计完成排水单元污水管网建设1517.93公里，整治错接、漏接、混接点位10.7万余个。青山湖、朝阳、新建区污水处理厂等项目共完成建设改造雨污水管网133.75公里。城区污

水处理厂平均进水 BOD 浓度较 2021 年提升 32.45%，生活污水集中收集率提升 30.29%。

二、2024 年工作计划

2024 年，南昌市城管执法局将以习近平新时代中国特色社会主义思想为指导，全面贯彻落实党的二十大精神，深入学习贯彻习近平总书记考察江西重要讲话精神，认真贯彻落实江西省委、南昌市委全会精神，聚焦"迎难而上、敢作善为，奋力推动经济社会高质量发展"工作主线，以"走在前、勇争先、善作为"的标准和要求，真抓实干、攻坚克难，深入开展"八大城管"建设工作，不断开创城市管理事业发展新局面，努力发现南昌之美、维护南昌之美、展现南昌之美，把南昌建设成为"可阅读，能感知，有韧性，更宜居"的天下英雄城。

（一）打造政治坚定的忠诚城管

深入学习贯彻习近平新时代中国特色社会主义思想，严格落实"第一议题"制度，用党的创新理论凝心铸魂，及时跟进学习习近平总书记最新重要讲话精神，进一步巩固拓展学习贯彻习近平新时代中国特色社会主义思想主题教育成果。积极拓展学习形式，通过"理论+业务"中心组学习、现场观摩研讨、专题培训等多种方式，积极开展党纪学习教育，确保城市管理工作始终沿着正确政治方向前进。

（二）打造精细管理的匠心城管

全面推进城市精细化管理，持续开展洗城行动，做好快速路边墙、路灯杆及声屏障清洗保洁，提高城市道路、环卫设施及绿化设施的洁净度；进一步优化道路保洁模式和流程，采用"大型机械+单兵作业车辆+人工"的作业模式，提高城市道路、环卫设施及绿化设施的洁净度，唱响"洁净南昌"品牌。不断加强绿化长效养护，推进25个城市客厅"席地而坐"示范点创建，建设改造12个城市公园，打造18条绿化彩化示范道路，加快推进城市公园绿地开放共享工作，深入推进国球进社区、进公园，在城市公共绿地因地制宜布设体育设施，满足市民需求。进一步规范城市家具设置和管理，常态化开展路灯增亮补亮，护栏、路缘石维护和桥梁涂刷等工作，加快推进人行道改造项目、市管路灯节能改造及功能提升项目和南昌大道（生米大桥以东—幽兰收费站）、天祥大道道路维修提升项目。持续加强水务管理，强化河湖水体管护，持续开展乌沙河、南北连通渠、昌南护城河、地排沟、北沥渠、长江入河排口（赣江）等重点部位水体的问题整治工作。多措并举推进铁路沿线环境整治、围墙围挡整治、三站一场整治工作。深入开展南昌大道、天祥大道、枫生快速路北段等道路环境整治工作，加快推进前湖水系及周边综合整治工作，确保前湖水体明显改善。按照减量控制的原则，对在道路、绿化带设置的指示牌、宣传标语、交通护栏、广告等附属设施，进行清理整治，营造清爽整洁的路域空间。

（三）打造平稳有序的安全城管

深入开展城镇燃气安全专项整治行动，引导鼓励瓶装液化石油气充装企业优化整合，加快改造燃气立管和庭院管网，提升全市城镇燃气本质安全水平。加强对市政设施和供水供气设施、污水处理设施、垃圾处理设施、户外高空广告设施的日常巡查，督促各企业加强值班值守，制订完善检修计划和应急预案，实现安全、平稳运营。全面加强户外广告管理，严格审批高空户外广告，及时拆除有安全隐患的户外广告，保护市民头顶安全。全面排查道路空洞、桥梁形变、隧道渗水、路灯破损等设施安全隐患，实施隧道渗漏治理，金山大道、南昌大道伸缩缝专项整治，英雄大桥、赣江大桥公路桥、八一大桥桥梁定期检测等项目，确保市政设施安全稳定运行。

积极做好排水管网日常维护，对全市范围内排水设施进行清淤疏浚，确保2024年汛期发挥排涝能力。结合南昌海绵示范城市建设和中央生态环保督察典型案例三年整治行动，加快推进《南昌市内涝治理系统化实施方案》落地，加快实施沿江快速路积水点改造工程及15座雨水泵站维修改造等工程项目，全面提升南昌市排水防涝能力。

（四）打造暖心服务的人民城管

实施240个老旧小区改造，涉及户数70634户，楼栋2274栋，计划投资20亿元。结合老旧小区改造、道路提升改造，新建公共停车泊位，满足市民出行需求，2024年计划新建公共停车泊位3000余个。对全市49条道路6507个井盖进行整治，制定《全市井盖治理工作实施意见》，编制《南昌市井盖设施建设和维护管理技术导则》，全力守护人民群众的"脚下安全"。深入推进生活垃圾分类。加快前端分类投放、中端分类运输、末端分类处置全链条提升。加大垃圾分类宣传力度，探索推广奖励激励措施，激发市民参与热情。继续做好优化营商环境工作。围绕获得用水用气指标减流程、减环节、减时间、减材料、减费用、提升便利度及提升服务体验等方面，补齐和完善国家和省营商环境测评工作存在的弱项和短板问题，继续保持全省领先，冲刺全国优异的目标。

（五）打造依法行政的法治城管

编制《南昌市城管执法局行政权力清单（2024版）》，建立健全行政执法事前、事中、事后公开机制，实现执法行为的全过程留痕和可回溯管理。加强日常巡查，开展拆违行动，发现一起，拆除一起，始终保持对违法建设的高压态势。围绕交通枢纽、商业区域、旅游景点、居住区等重点区域，加强非机动车乱停行为整治，结合道路实际，施划停车泊位，增设停放区，满足市民需求。坚持疏堵结合，进一步加强对占道经营、施工围挡的监管。

加大对建筑垃圾运输违规违法行为的处罚力度，运用执法卡点，加强路面监控，大力查处违规违法行为。全面推进基层中队规范化建设，力争60个中队全面达标。

（六）打造数字赋能的智慧城管

加快运管服平台应用，制定市政、市容、园林、水务、执法、燃气、应急、公园景区等行业应用子系统运行管理机制，配套制定运管服平台整体运行管理办法，加快对各子系统数据整合，完善事部件。积极谋划做好与城市大脑其他单位数据对接共享，充分拓展"掌上城管"APP应用功能，加强同运管服平台对接，加快实现一网统管。结合青山湖二期项目建设，搭建智慧水务平台，实现水务智慧监管。加快探索住建云系统、环保监测及高清探头监控、网上办案等非现场执法技术运用，全面推广共享单车线上监管平台，通过科技赋能，使执法更精准、更高效。

（七）打造攻坚克难的担当城管

全力打赢水环境治理攻坚战，持续做好排水单元整治工作，确保2024年10月前完成全市剩余的排水单元整治任务。加快推进青山湖、朝阳、红谷滩（长垄片区）、南昌县等治理片区市政管网工程建设，力争2024年底前完工。全力打赢"创文巩卫"攻坚战，持续开展各类专项整治工作，不断完善基础设施、优化市容环境、提升城市品质。全力打赢项目建设大会战，加快推进市本级600吨／天的南昌泉岭生活垃圾焚烧发电厂扩建预留项目、百花园项目等重大重点项目。

（八）打造规范运行的高效城管

建立健全城市管理综合协调机制，加强对市直部门和城区的综合协调，以高频调度推进工作高质量发展。建立健全精细化考核机制，制定和完善城市管理考核方案，开展精准考核工作，实现以考促效的目标。建立健全重大活动保障机制，确保各类活动有序进行。建立健全城市运行安全应急机制，针对各类突发事件、极端天气，完善应急预案，做好应急处置。

组　　长：罗建华

副组长：唐尚洪

成　　员：袁斯文　姜贤阳　吴逸蒙　徐宇康　陈钰馨

南昌市市场监管情况报告

南昌市市场监督管理局课题组

南昌市市场监督管理局紧扣"项目为先、实干奋进，争分夺秒拼经济"工作主线，按照"坚持政治引领，强化监管执法，强化质量强市，强化服务保障，强化安全底线"工作要求，凝心聚力，实干奋进，各项工作稳步推进。

一、2023年工作总结

（一）强化监管执法，市场秩序更加规范

制定法治市场监管建设评价标准，出台行政处罚案件集体讨论工作规则，开展执法领域突出问题整治工作，组织行政处罚案卷评查，对全市市场监管系统法治建设进行全面体检。"双随机、一公开"跨部门联合监管覆盖全市30个市直部门，除重点监管事项外覆盖率达100%，部门联合抽查事项提升至93.8%，做到全覆盖、常态化。深入开展民生领域案件查办"铁拳"行动，全市市场监管系统共查办各类案件3135件，入选江西省市场监督管理局典型案件12件、国家市场监督管理总局2件。开展反不正当竞争"守护"专项执法行动，查处案件16件。成功举办全国打击传销普法大讲堂活动，成果得到国家市场监督管理总局充分肯定。

（二）强化质量强市，竞争优势逐步彰显

在全省率先推行规上企业"首席质量官"制度，牵头开展的"电子信息产业质量提升"项目，入选"第一批长三角质量提升示范项目"名单。在全省率先试点实施计量校准资源信息公开公示制度，新增国家认可实验室（CNAS）11家、省级检验检测机构34家、有效认证证书数1.6万张。新增发明专利授权量4703件，占全省45.33%；每万人有效发明专利拥有量为28.87件，是全省的3.16倍；每万人高价值发明专利拥有量为7.57件，是全省的3.2倍，兑现知识产权奖补资金2103万元。23家企业获国家知识产权优势、示范企业，居全省第一；5个项目获第五届省专利奖，占全省一半。知识产权质押融资贷款金额17.5亿元，同比增长64.2%。

（三）强化服务保障，营商环境持续优化

大力推进"一件事一次办"改革，在全省率先开展营业执照集中申办试点工作，建立"承诺+云核查"现场检查新模式，企业开办实现零成本全程网办、一日办结。截至2023年底，全市经营主体77.58万户，新增8.84万户。在全省率先推行简易注销"即来即办"，公示期由45日压缩至20日。发展92家ODR（在线消费纠纷解决）成员单位，103家"诚信和解对接单位"，培育消费基地3家，"12315"平台受理咨询投诉举报25.55万件，投诉办结率99.91%，为消费者挽回经济损失1801万元。实行"检查事项进清单，清单之外无检查"，全市低风险经营主体"无事不扰"率达99.72%。全面推行包容审慎监管，明确对115种轻微违法行为免予行政处罚，减轻、从轻或免罚案件657件，免罚金额337.84万元。

（四）强化安全底线，治理成效有力提升

市委、市政府主要领导带头落实食品安全包保责任，全市7020名包保干部分层分级包保5.9万余家食品生产经营主体。对全市698家在产获证企业实行食品安全信用分类监管，在28家食用植物油生产企业、4家特殊食

品生产企业打造"阳光工厂",将1337家学校(含幼儿园)全部接入省级"互联网+明厨亮灶"监管平台。扎实开展校园食品安全治理提升专项行动,全面推行食品安全副校长、食品安全"双总监""双安全员"制度。全面开展药品安全巩固提升行动,药品安全考核荣获全省A等次。以城镇燃气安全整治为重点,全面开展特种设备安全整治专项行动,坚决做到隐患见底、措施到底、整治彻底。顺利完成第六届世界绿色发展投资贸易博览会、西山庙会、烟花晚会、中国航空产业大会暨南昌飞行大会、世界VR产业大会等20余次重要活动安全保障工作。

二、2024年主要工作展望

2024年全市市场监管工作的总体思路:坚持以习近平新时代中国特色社会主义思想为指导,全面贯彻落实党的二十大精神,深入学习贯彻习近平总书记考察江西重要讲话精神,聚焦"走在前、勇争先、善作为"的目标要求,紧扣全市"迎难而上、敢作善为,奋力推动经济社会高质量发展"工作主线,按照"讲政治、强监管、促发展、保安全"的工作思路,聚力融入全国统一大市场,聚力推进两个强市建设,聚力提升三大监管效能,聚力守住四个安全底线,聚力加强自身建设,为落实省会引领战略贡献力量。

(一)聚力融入全国统一大市场

认真履行牵头部门职责,对照全省总体工作方案和全市任务分工,挂图作战、对账销号,确保各项目标任务落到实处。一是提升经营主体质量。提升审批服务效能,加大"一件事一次办"改革攻坚力度,实现营业执照与许可证联审联办准入、准营"一链办理""一次办好",将企业开办审批时限稳定在0.5个工作日,半日办结率达95%以上。全面实施简易注销,让经营主体好进好出、来去自由。二是维护市场公平竞争。开展妨碍全国统一大市场和公平竞争政策措施专项清理行动,推动公平竞争审查投诉举报、政策措施会审和抽查评估机制在县（区）全面落地。争创省级放心消费示范单位。强化舆情监测力度，加强舆情应对能力培训，健全落实处置突发事件、舆情"三个一"工作机制，严防负面舆情发生。三是强化重点领域执法。持续推进民生领域办案"铁拳"行动，严厉打击价格欺诈、短斤缺两等行为。开展打击侵权假冒系列专项行动，推进价监竞争"守护"行动，持续加大市场流通领域扫黑除恶专项整治力度，严厉打击假国企、央企"黑中介"等问题。四是加大民营经济帮扶力度。坚持"两个毫不动摇"扶持民营经济发展，落实国家、省、市促进民营经济发展各项措施。开展"个体工商户服务月"活动，加强年报信息质量审核，推动分型分类精准培育，建立"名优特新"名录库，完成"个转企"900户以上，助力民营经济健康发展。

（二）聚力推进两个强市建设

紧紧围绕全省制造业重点产业链现代化建设"1269"和南昌"8810"行动计划，大力实施质量强市、知识产权强市战略，推动全市制造业产业质量能力建设水平持续提升。一是以质量提升服务产业升级。认真履行质量工作牵头部门职责，出台《南昌市关于深入推进质量强市建设的实施方案》。持续开展质量提升"十百千万"帮扶行动，积极推广先进质量管理模式、制度和方法。深入开展中小微企业质量管理体系认证提升行动，推广绿色、低碳等产品认证。二是以知识产权服务科技创新。用足、用好中央奖补资金和省、市专项资金，指导企业加强关键领域自主知识产权创造，万人有效发明专利拥有量达到29件，力争中国专利奖取得突破。提升知识产权运用普及面和转化率，推进知识产权运营基金规范运行，推动全省首单ABN（资产支持票据）模式知识产权证券化产品发行。三是以标准赋能服务品牌建设。开展标准化助力产业升级等行动，推动更多企事业单位主导参与制定国际、国家和行业标准。落实"企业申请+第三方评价+政府监管+社会认同"的品牌培育保护机制，支持优势特色产业建立"江西绿色生态"标准，推动南昌县、新建区创建省级"有机产品认证示范创建区"。

（三）聚力提升三大监管效能

坚持一体推进法治监管、信用监管、智慧监管，以法治为根本、以信用为基础、以智慧为手段，进一步完善基础性制度、构建常态化机制、搭建信息化平台，提升市场监管现代化水平。一是大力推进法治监管能力建设。牢固树立"法治工作全局化、全局工作法治化"思维，加强行政执法公示、全过程记录、法制审核三项制度建设，制定行政执法程序规范、文书规范，统一基层执法标准和实施程序，推动执法办案流程信息公开透明。开展提升行政执法质量三年行动，全面推进严格规范公正文明执法。落实国家总局"三书一函"制度，综合运用挂牌督办、责任约谈等多种方式，进一步强化监管权威，提升监管效能。持续完善包容审慎监管，推动行政执法领域"四张清单"全覆盖。二是持续推进信用监管能力建设。深化信用提升三年行动，发挥"双随机、一公开"监管部门牵头作用，使监管无事不扰、无处不在，让守信者安心经营，倒逼失信者合规经营。持续做好经营主体守信激励工作，健全信用修复制度机制，主动帮助企业修复信用、恢复信誉。三是加快推进智慧监管能力建设。围绕数字政府建设，用好现有"赣溯源"、电梯应急平台、智慧药店、"双随机、一公开"监管平台等智慧监管手段，开展不见面"云检查"行动，更加高效化解风险隐患。主动加强与江西省市场监督管理局沟通对接，待其智慧监管建设方案出台后，有效整合现有平台统一推进，不断提升监管能力和效能。

（四）聚力守住四个安全底线

牢固树立"万无一失、一失万无"的理念，时时刻刻把"三品一特"安全监管工作作为政治任务放在心上、扛在肩上、落实在行动上，坚决维护人民群众身体健康和生命安全。一是建强食品安全责任体系。深入打造"食安南昌"品牌，推进食品安全放心工程建设，深化实施食育普及三年行动，加快建立食品企业"吹哨人"制度，围绕粮食制品、校园食品等方面，全方位、滚动式排查各类风险隐患。集中力量组织开展校园食品安全排查整治专项行动。加强食品专兼职检查员队伍建设，完善食品安全应急处置体系，组织应急演练，开展实操培训工作，提高队伍履职能力水平。二是严防"两品一械"安全风险。持续深化药品安全巩固提升行动，推动药品安全部门监管责任、属地管理责任和企业主体责任贯通联动。建立完善化妆品经营企业进货查验制度，进一步落实企业主体责任。加大日常排查和突击检查力度，对全市医疗机构监管覆盖率超过30%，对网络销售零售药店100%全覆盖监管。三是狠抓特种设备安全治理。深入开展城镇燃气安全专项整治行动，持续推进电梯安全筑底行动，完善电梯应急服务平台、电梯维保智慧监管平台和气瓶追溯平台建设，加强车用气瓶使用登记、特种设备作业人员考核发证等行政许可事前监管。四是强化重点工业产品质量监管。围绕危险化学品、钢筋、水泥、电动自行车、燃气灶具等重点工业产品开展隐患排查整治行动，组织实施市县联动监督抽查，严厉打击制假售假违法行为。积极推动省级工业产品质量安全主体责任信息平台使用，做到应录尽录。五是全面开展消防安全综合治理行动。按照《全市"九小"场所消防安全综合治理行动方案》部署要求，重点对小餐饮经营行为、消防安全等开展消防安全综合治理专项行动，抓实抓牢安全生产各项工作，筑牢人民群众生命财产安全防线，维护社会大局稳定。

（五）聚力加强自身建设

以党的政治建设为统领，推进党建与监管深度融合，把加强党的全面领导贯穿到市场监管工作全过程、各环节，确保党中央各项决策部署在市场监管领域落到实处、取得实效。一是加强政治机关建设。扎实做好主题教育"后半篇"文章，认真落实"第一议题"制度，及时学习习近平总书记关于市场监管工作重要论述和重要指示批示精神，切实转化为推进市场监管工作的强大动力。严格落实意识形态工作责任制，不断提高政治判断力、政治领悟力、政治执行力。二是加强党风廉政建设。健全完善廉政风险防控机制，全力支持驻局纪检监察组履行监督职责。深化运用监督执纪"四种形态"，教育引导党员干部筑牢防线、守住底线、不越红线。认真贯彻落实中央八项规定精神，高标准严要求做好市委巡察整改工作，用钉钉子精神抓好作风建设。三是加强系统作风建设。纵深推进作风建设三年攻坚行动，持续抓好作风问题排查治理，进一步研究探索在审批服务、日常监管等方面创新举措，切实推动全市市场监管系统工作理念、制度、作风实现持续向好转变。四是加强干部队伍建设。坚持新时代党的组织路线和好干部标准，加大年轻干部选拔力度，统筹用好各个年龄段干部。坚持严管与厚爱，认真落实"三个区分开来"要求，建立健全正向激励和容错纠错机制，最大限度激发干部干事创业激情，努力营造风清气正的良好政治生态。

组　　长：王　玮
副组长：朱景新
成　　员：罗　民　刘　培　熊　康　熊培华

南昌市房地产业发展情况报告

南昌市住房和城乡建设局课题组

2023年以来，在南昌市委、市政府的领导下，南昌市住房和城乡建设局为适应房地产市场供求关系发生重大变化的新形势，在全面取消"限购、限贷、限售、限价"等购房行政措施的基础上，按照"供给创造需求、需求牵引供给"的思路，围绕供需两端持续优化调整房地产调控措施，有效稳定了房地产市场。

一、2023年房地产市场发展情况

（一）2023年全年房地产销售情况

1. 成交规模：全市房屋总成交面积同比下降2.0%，二手房市场同比增速（16.5%）表现好于新房（-9.8%）。

新房：2023全市新建商品房网签销售面积675.3万平方米（日均177套），同比增速-9.8%（增速在全省排第3位，在中部省会城市中排第5位）。从各个季度看，同比增速：一季度39.5%、二季度7.5%、三季度-35.9%、四季度-36.7%；环比增速：一季度4.2%、二季度-24.2%、三季度-29.4%、四季度13.7%。

二手房：2023年全市二手房网签交易面积365.8万平方米（日均96套），同比增速16.5%（增速在全省排第8位，在中部省会城市中排第5位）。

从各个季度看，同比增速：一季度81.8%、二季度65.1%、三季度-17.9%、四季度-15.7%；环比增速：一季度0.5%、二季度1.2%、三季度-20.7%、四季度4.4%。

上述两项总计：2023年全市房屋网签销售面积1041.2万平方米（日均273套），同比增速-2.0%。其中，新房销量占比为65%，与上年占比相比下降了5个百分点；二手房销量占比为35%，与上年占比相比扩大了5个百分点。

2. 价格水平：住房价格指数持续走弱。

新房：7—11月环比价格指数连续4个月下降，11月同比价格指数99.3，跌破100；二手房：自2022年9月以来，市区二手住宅环比价格指数持续走低，2023年各月同比价格指数在100以下运行，11月同比价格指数96.0，价格波动幅度接近5%的稳定目标。新房价格走弱以及二手房价格持续低位，加剧居民对二手房市场的偏好。

3. 需求结构：中青年人群为购房主力，改善性住房需求是重要支撑，外地居民购房比重有所扩大。

从购房人群年龄来看，20岁以下的占0.9%（与上年相比下降了0.1个百分点）、20—29岁的占37.5%（与上年相比增长了0.6个百分点）、30—39岁的占39.4%（与上年相比下降了0.3个百分点）、40—49岁的占14.9%（与上年相比增长了0.4个百分点）、50岁以上的占7.3%（与上年相比减少了0.6个百分点）。

从住房拥有情况来看，有房再次购买新房的占31.6%，其中已有1套住房的占16.1%；与上年相比分别增长了7.7个百分点和3.7个百分点。

从成交面积段来看，90平方米以下户型占比9.9%，同比增长了0.1个百分点；90—144平方米户型占比73.6%，同比增长了0.8个百分点；144平方米以上户型占比16.4%，同比下降了0.9个百分点。

从购房居民户籍来看，外地居民购新房的占21.4%，其中省内其他地区居民占16.2%、省外居民占5.2%；同比分别增长了0.7、0.3、0.4个百分点。

4. 供求关系：市场供需两端均走弱，可售面积回落但出清周期有所延长。

受需求端走弱以及土地出让成交量下降影响，房企供货能力、供货意愿不足，2023年全市新建商品房批准上市面积491.2万平方米，同比下降21.9%；新批上市面积与同期销售面积比仅为0.7:1。

截至2023年底，全市新建商品房库存面积1114万平方米（其中住宅441万平方米，非住宅673万平方米），同比增速-13.2%（其中住宅-19.4%，非住宅-8.5%）；去化周期18.9个月（其中住宅10.2个月，非住宅42.4个月），与第三季度末相比去化周期扩大了0.9个月（其中住宅扩大了0.4个月，非住宅缩小了0.7个月）。

5. 土地市场：开发用地同比下降，下半年流拍率上升。

2023年，全市成交商住类经营性用地62宗、4099亩，同比下降3%，成交价款189亿元，同比下降18%，其中成交住宅用地51宗、3366亩，同比下降5%，成交价款183亿元，同比下降17%；市本级成交商住类经营性用地33宗、2788亩，同比增长12%，成交价款153亿元，同比下降15%，其中成交住宅用地28宗、2152亩，同比下降6%，成交价款148亿元，同比下降15%。受房地产销售市场环境等影响，上半年土地市场有所回暖，但下半年以来土地市场逐步下行，流拍率相对上升。

（二）落实房地产调控城市政府主体责任

2023年以来，全市持续优化调整房地产调控措施，鼓励各县区结合实际，适时延长阶段性购房补贴发放期限，以更好支持居民刚性和改善性购房需求。报经市政府同意，继续鼓励销售去化率（60%以上）较好、风险可控的项目，可在单体工程完成±0时，提前办理预售，早上市、早销售，以满足居民对热点楼盘住房需求，稳定商品住房销量市场。此外，开发企业可依据相关法律法规和约定，提供"见索即付"类型保函置换预售监管资金，缓解企业资金压力。3月出台了《南昌市中心城区集体土地上房屋征收与补偿安置指导意见》，鼓励被拆迁人选择"房票"货币化安置，引导被征收人通过购买新建商品住宅实施市场化安置。5月公积金提出新政，多子女家庭使用住房公积金贷款额度上浮20%，停止向全市范围内房地产开发企业收取住房公积金贷款担保保证金。8月，推动市政府发布《南昌市人民政府办公室关于印发促进我市房地产市场平稳健康发展的若干政策措施的通知》，出台了15条政策措施。同时，以前"防过热"的调控文件同时废止，正式全面取消全市"限购、限价、限贷、限售"等购房行政性限制措施。9月，通过大江网"南昌新政15条，购房你能省多少"直播活动，就购房契税补贴、住房置换个税退税、房票购房补贴以及公积金全省一体化、公积金预提付首付、存量住房贷款利率下调等百姓关心的问题，作了详细解读。9月，市住房城乡建设局、市税务局、市财政局、市人力资源社会保障局联合印发了《2023年南昌市阶段性购房契税补贴操作细则》。10月，集中组织就契税补贴、公积金预提、房票购房等几个措施操作细则办法向开发企业做好解读和宣传，并通过企业向客户做好政策宣传，促进销售。

（三）房地产市场情况分析

总的来看，2023年全市房地产交易市场是"前高、中低、后稳"，一季度同比增速较快增长后，二季度开始回落，三、四季度同比增速呈负增长，四季度环比增速由负转正，市场下行态势趋于平稳。同时房地产市场发展面临巨大压力，一是市场消费复苏缓慢，地产积累的金融风险依然未能解除；二是企业投资信心不足，地产投资审慎选择，聚焦一线城市，非一线城市的投资在减少。分析其成因：一是房地产市场供求关系发生重大变化，房地产已经进入到供大于求的发展阶段（据住房城乡建设部的数据，住房空置率：南昌13.8%、武汉11.1%、长沙8.9%、郑州8.9%、太原6.7%、合肥5.4%），住房市场发展从"有没有"进入到"好不好"的阶段，房地产发展由以前的粗放型增量发展转为存量高质量发展。二是居民就业和收入预期弱、房价下跌预期强、逾期涉稳项目时有发生等因素制约着房地产市场修复节奏，新房市场调整态势未改，楼市政策预期效果不明显。

二、2024年房地产形势展望及工作思路

展望2024年，房地产市场仍需时间实现筑底企稳，房地产市场恢复仍依赖于购房者预期能否修复，新房销售市场将进一步调整，在销售市场修复缓慢影响下，新开工、投资下行态势或难改；新房价格方面仍有下调预期，供求两端政策仍有发力空间，"三大工程"（保障性住房、城中村改造、"平急两用"公共基础设施建设）将是国家政策发力主要方向。针对当前全市房地产市场形势，提出2024年全市房地产市场发展工作思路：

（一）稳销售

2024年要坚持稳中求进、以进促稳、先立后破。房地产行业作为支柱产业，对稳经济具有重要作用，也是稳就业、保民生的重要抓手。

在稳销售方面，一是坚持因城施策，用好政策工具箱，更好支持刚性和改善性住房需求，在金融和财税方面研究不断优化房地产调控政策。二是鼓励各县区有针对性地出台购房支持补贴措施（年前安义县出台了2024年元旦、春节期间阶段性购房补贴政策），充分利用各种平台在文旅、商务等重大活动和节日期间开展多形式促销活动（如1月2日启动了VR云房展新春置业季活动）。三是紧盯临江、配套完善等区域优质楼盘促开工、促上市，形成有效销量。四是优化销售价格报备机制，稳定价格预期，允许企业在做好报备的前提下小规模有针对性地开展"以价换量"促销活动。五是鼓励房企建设第四代建筑产品，为更好地满足居民高品质改善住房需求，可在中心城区新出让用地项目中进行试点。六是落实市政配套公示规划，强力推进远郊项目周边公共配套设施建设，提升项目居住品质及吸引力。

（二）去风险

2023年10月召开的中央金融工作会议，将房地产列为需要化解风险的重点领域之一。年底的中央经济工作会议也重申，要统筹化解房地产等领域风险。风险不除，新房消费市场的信心和预期就难以扭转，去风险是2024年房地产行业的重要工作内容之一。

为此，去风险方面，一是落实供给端金融支持政策。防止健康房企出现流动性紧张，当前金融机构为保障资金安全而出现慎贷惜贷行为，导致民营房企面临融资难问题。为此，要一视同仁满足不同所有制房地产企业合理融资需求，积极推动金融机构认真落实国家"三个不低于"（即各家银行自身房地产贷款增速不低于银行行业平均房地产贷款增速；对非国有房企对公贷款增速不低于本行房地产增速；对非国有房企个人按揭增速不低于本行按揭增速）、"融资三支箭"（即银行信贷支持、债券融资帮扶、股权融资松绑）、"房企白名单"等房地产金融政策措施；二是继续做好"保交楼"工作。2024年基本完成全市存量"保交楼"交付任务（截至2023年末，专项借款项目交付率已完成92.45%），采取有效措施全力防范出现新增量"保交楼"项目；积极妥善解决好"保交楼"项目发证难问题，新办预售许可时，增加开发贷银行同意办理首次登记承诺意见，在源头防范土地抵押房屋"办证难"问题；加强对房企的预售资金监管，守住风险底线，防止期房烂尾，保障购房者的合法权益，稳定市场预期；三是做好涉稳项目资产处置。2024年全力推动"保交楼"项目通过工抵、低价出售等方式处置可售房源资产，既可回收资金来保障专项借款及时偿还，又可实现有效销量增加全市销售面积。

（三）新模式

2023年以来，中央多次在重要会议中强调加快推进保障性住房建设、"平急两用"公共基础设施建设、城中村改造"三大工程"。实施好"三大工程"建设，加快解决新市民、青年人、农民工住房问题，下力气建设好房子，在住房领域创造一个新赛道，"三大工程"是破解行业难题、构建房地产发展新模式的重要抓手。

为此，南昌市应着力推动构建房地产发展新模式，一是土地供给层面，根据人口增减情况动态调节用地指标，通过盘活存量建设用地，健全城乡建设用地增减挂钩节余和补充耕地指标跨区域交易机制等；二是住房供给层面，以推进城中村改造、保障房建设为抓手，推动形成"改善有商品、刚需有保障"住房供给新格局，满足不同层次人群的住房需要，规范租赁市场发展，优化改革商品房预售制及相应资金监管模式；三是房企经营层面，通过转向拼品质、拼科技、拼服务等升级产品线，提供符合不同需求产品，适应我国住房发展从"有没有"进入"好不好"的阶段。

组长：徐　胜
成员：杨　伟

南昌市新型城镇化发展报告

南昌市发展和改革委员会课题组

一、2023年新型城镇化建设进展

2023年，南昌市深入贯彻落实国家、省、市新型城镇化规划，深入实施以人为本的新型城镇化战略，全面落实省会引领战略，紧紧围绕"一枢纽四中心"发展定位，加快打造"山水豫章古郡、活力英雄新城"。常住人口达到656.82万人，其中城镇人口522.69万人，常住人口城镇化率达到79.58%，同比提高0.66个百分点，高于全省16.45个百分点，高于全国13.42个百分点。

（一）有序推进农业转移人口市民化

一是深入推进户籍制度改革。继续实施群众"有意就落户、户口随人走"的进城落户"零门槛"政策，"零门槛"落户人员5.7万人。户籍人口总数为545.88万人，户籍人口城镇化率达到56.55%。全面落实开具户籍类证明和五项户口迁移"跨省通办"，首次申领居民身份证和新生儿入户"闽赣跨省通办"。办理户口迁移类"跨省通办"业务4437件，开具户籍类证明224件、新生儿入户"跨省通办"7件。持续推进居住证制度全覆盖，居住证实现"登记式申领"。新登记流动人口333548人，办理居住证57948本。

二是推动城镇基本公共服务常住人口全覆盖。基础教育提档升级。启动实施全市中小学校网点建设补短板三年攻坚行动，"4+3"市级重点校建项目快速推进，完成中小学校建设项目 21 个、新增学位 3.9 万个，新增公办幼儿园 40 所、公办园位 1.07 万个。统筹医疗卫生城乡一体化发展。持续推进县域医疗服务次中心、标准化公共卫生（站）科、标准化村卫生计生服务室、基层医联体等项目建设，打造"15 分钟基层卫生服务圈"。截至 2023 年底，全市共设置基层社区卫生服务中心 56 所、社区卫生服务站 117 个、乡镇卫生院 92 家、村卫生室 1143 家。扎实推进全民参保。出台《关于加快完善覆盖全民的多层次社会保障体系的意见》《南昌市补充工伤保险办法（试行）》等文件，健全覆盖全民、统筹城乡、公平统一、安全规范、可持续的多层次社会保障体系。全市城镇职工基本养老保险参保人数 288.88 万人，城乡居民基本养老保险参保人数 138.96 万人，企业职工基本养老保险参保企业新增 6.27 万户；全市工伤保险参保人数 135.49 万人，同比增长 3.81%。同时，督促各县区做好退捕渔民参加基本养老保险工作，全市退捕渔民应纳入养老保障对象 21829 人，参保率达 100%。深化医保制度改革。持续加强乡镇（街道）、村（社区）两级基层服务网络建设，大力推进医保服务下沉，着力打造一批医疗保障一体化服务中心。至 2023 年底，全市已建成 61 家医疗保障一体化服务中心。持续扩大跨省联网定点医疗机构覆盖范围，全面开通医保系统"省内无异地"上线结算。基本医疗保险参保人数 587.05 万人（未含省本级 34.73 万人），比上年底新增 5.79 万人。加快推进分层分类社会救助体系建设。落实社会救助标准动态调整机制，逐年提升保障标准，在全市实行保障标准市域同标、城乡统筹。新增纳入保障人员 1.1 万余人，依法退出 8765 人，救助对象认定精准度持续提升。

三是营造创业就业良好环境。制定出台《南昌新"人才 10 条"》，扎实开展 2023 年"春暖农民工"服务行动，以及 2023 年春风行动暨就业春节援助月专项服务活动、2023 年大中城市联合招聘高校毕业生（江西）春季专场活动等，支持各类人才来昌留昌创业就业。组织开展公共招聘活动 4417

场，累计发布岗位信息793.97万条；城镇新增就业68924人，新增就业困难人员就业7950人，失业人员再就业20841人，发放创业担保贷款20.05亿元。加强农民工劳动权益保障，扎实开展欠薪隐患排查工作，持续加大存量案件整治力度。立案查处欠薪问题595起，结案率达99.6%；处置国务院欠薪平台转办线索1.76万件，回复率达100%。

（二）持续优化城镇化空间布局和形态

一是加快推进国土空间规划编制。印发《南昌市国土空间生态修复专项规划（2021—2035年）》，以"一江、一湖、两河、三屏"的自然本底和"水都、绿谷、蓝带"的生态本底为依托，构建"一核一带三网五区"的国土空间生态修复总体格局。《南昌市国土空间总体规划（2021—2035年）》已由省政府上报国务院，正在对照自然资源部反馈的审查意见进行修改完善，加快推动国土空间规划编制报批以及规划实施管理工作。

二是扎实开展试点示范工作。南昌县以开展国家县城新型城镇化建设示范工作为抓手，大力发展汽车及新能源汽车、食品医药、建筑、商贸、陆港经济等"五大千亿级产业集群"，构建"一区一港、多点支撑"的产业布局，不断提高城镇综合承载力、集聚力和辐射力。南昌县地区生产总值同比增长4.2%，规上工业增加值同比增长7.5%，规上工业企业增加至456家，市场主体总数突破11.4万户；城镇新增就业人员5896人，新增农村劳动力转移10920人，"零就业家庭"安置率达100%；成功入选国家骨干冷链物流基地建设名单。安义县紧扣重点任务，聚焦稻米、米粉、水果、瓦灰鸡等农业特色产业提档升级，稳步推进全域土地综合整治试点，不断缩小城乡发展差距和居民生活水平差距。高标准打造4个乡村振兴示范村、33个共同富裕样板村，全县示范村、样板村建设覆盖率达10%，完成10个宅改试点样板村建设；成功入选2023年国家乡村振兴示范县创建名单和第四批国家农村产业融合发展示范园创建名单。

三是加强区域协同。推动南昌都市圈高质量一体化发展，先后与九江、景德镇、萍乡签署战略合作协议，牵头召开赣江新区、南昌、九江三地联席会议，持续深化与毗邻地区交流合作。不断推动都市圈交通、医疗、教育基础设施共建共享，累计发放异地公积金贷款2.3亿元，公共服务同城化水平不断提升。联合编制《长江中游城市群省会城市合作行动计划（2023—2025年）》，签署长江中游城市群省会城市合作行动计划以及重点合作事项，长江中游城市群合作更加紧密。

四是全力打造综合交通枢纽。着力构建"空、铁、公、水"四位一体的现代立体交通体系，杭昌高铁黄昌段、南昌东站、南昌南站建成投运，S49枫生快速路北段提升改造工程西半幅、昌西大道北延、洪腾高架主线等道路通车，加快推进地铁1号线北延和东延、2号线东延、昌北机场三期、姚湾综合码头等工程建设，统筹同步推进洪州、复兴、昌南、隆兴等重点跨江桥梁与干线道路建设，深入推进"胡子工程"和"打通断头路"攻坚专项行动，实现"10分钟内上骨干道路，30分钟内上高速公路，60分钟可达南昌都市圈"。获评国家绿色出行达标城市，入选现代流通战略支点城市建设名单，入选交通运输部城市公共交通优先发展和绿色出行典型案例。

（三）全力推动城市扩容提质

一是完善城市配套。高标准打造海绵城市。出台《南昌市海绵城市建设管理条例》，从制度层面为海绵城市建设发展提供更有力的法治保障。全市累计建成海绵城市达标面积约159.93平方公里，占城市建成区面积的42.45%；全市地下综合管廊7条，共27.65公里。大力推进停车场建设。起草《南昌市社会停车场布局专项规划（2021—2035）暨建设项目停车配建标准修编》，加强居住社区、医院、学校等重点区域的停车设施建设，缓解全市停车供需矛盾。全市建设公共停车场125个，完成泊位数13888个，超额完成人大票决项目任务。全面实施生活垃圾分类。制定《2023年南昌市生活垃圾分类工作推进方案》，重点推动分类投放收集点建设及升级改造工作。2023年，建设4426个分类投放亭，配备垃圾分类转运车辆1497台；

建成区生活垃圾回收利用率达到35%。

二是全面提升城市品质。全力推动城市更新行动。深入实施以城市体检评估为路径、以城市更新行动为载体、以功能品质提升为目标的"三位一体"系统更新行动，顺利举办中国南昌·城市更新论坛（2023年）。雷公坳文化体育产业园项目入选住建部第一批城市更新典型案例。东湖区沿江中北大道（滕王阁—京九铁路）道路提升改造工程、南昌市青山湖区顺外村工业园改造工程、南昌市青山湖区文泉艺术公园改造工程3个项目入选省级城市体检转化城市更新项目第二批优秀案例。不断激活历史文化名城新魅力。制定《南昌市历史建筑认定、保护利用、修缮及资金补助管理办法》《南昌市文物安全突发事件应急预案》等制度，《南昌市历史文化名城保护规划（2021—2035）》基本完成编制。全市共有省级历史文化街区3个，历史风貌区4处；中国历史文化名村1个，省级历史文化名村8个；公布历史建筑75处，江西省优秀近现代建筑15处，传统建筑153栋，不可移动文物点2000余处。小平小道陈列馆入选《全国红色旅游景点景区名录》。持续巩固生态环境质量。深入推进大气污染防治，强化工业污染源减排、移动源污染防治、面源综合整治。全市优良天数比率为92.3%；空气质量连续6年达到国家二级标准，在全国省会城市中持续领先。出台《南昌市饮用水水源保护条例》，重点推进湖区、城区水环境治理。全市地表水断面水质优良率为84.85%，赣江干流、抚河、潦河断面继续保持Ⅱ类水质。

三是加强城市精细化管理。持续打造智慧城市。积极搭建各领域智慧应用平台，智慧城管、智慧生态、智慧水利、智慧健康、数字教育、智慧住建等应用亮点纷呈。南昌国家级互联网骨干直联点项目正式开通，成功获评全国首批"千兆城市"。搭建数据中心15个，绿色化、云服务基础支撑能力不断提升；5G网络实现主城区100%连续覆盖，在全省率先实现乡级行政区5G网络开通率100%。着力改善市容市貌。加大对餐饮油烟、噪声污染、露天焚烧、垃圾广告、车窗抛物、围墙围挡等群众反映强烈违法违规行为的执法力度。处罚油烟污染案件14件，查处露天烧烤案件30件，查处噪声案件162件，依法处罚张贴垃圾广告案件292件，整治违规施工围挡3716次。持续加强物业管理。印发《关于进一步做好全市星级标识物业服务企业监督管理的通知》《南昌市加强物业小区公开服务情况、公开费用收支监督检查工作方案》等文件，全面推进物业企业信用评价工作，加强物业服务公开行为的督查检查。全市210个住宅小区物业服务实现全覆盖。

四是塑造城市良好形象。绿化品质持续提升。推动《南昌市城市绿地系统专项规划（2021—2035）》修编工作，制定《关于规范工程建设涉及苗木移植有关事项的指导意见》，持续做好绿化养护修剪、苗木补种补栽、整治绿地裸土工作。整治绿地裸土点位540余个，整治裸土面积7.9万平方米；建设城市公园6个，打造口袋公园20个，新建绿道25条。重点开展环境综合整治工作。制定铁路沿线、通道沿线、空中管线等薄弱部位环境整治方案，重点抓好南昌大道、洪腾高架、天祥大道、碟子湖大道、枫生快速路北段、高铁东站广场等区域的环境综合整治。整治空中管线80余万米。"席地而坐"初见成效。制定《城市客厅"席地而坐"作业质量标准》，积极推进"机器换人"，做到垃圾随产随清、污渍随脏随擦。完成八一广场、长天广场、澄碧湖公园等第一批次13个"席地而坐"城市客厅示范点授牌以及第二批次12个示范点验收工作。

五是保障城市运行安全。防灾减灾能力持续增强。组建"市—县、区—乡镇、街道—村、社区"四级灾害信息员队伍，稳步推进市—县区（开发区、管理局）—乡镇（街道）—村（社区）四级应急物资储备库体系建设。当年启动市级救灾预警响应2次，上报各类灾害8次，全市提前避险转移135人次，未造成险情和人员伤亡；8个社区被评为全省综合减灾示范社区，2个乡镇（街道）被评为全省综合减灾示范乡镇（街道）。燃气安全紧抓不放。深入开展城镇燃气安全排查整治专项行动，聚焦"问题气""问题瓶""问题阀""问题软管""问题管网""问题环境"等重点领域组织全面排查。查处、纠正瓶装液化石油气违法违章行为646起，检查取缔瓶装液化气供应"黑点"29个。加强城市内涝治理。完成桂苑路（枫林至玉屏东）等44个积水点的改造任务，雨水井清掏13.28万座、检查井清掏5.7万座，维修、更换井具8914套。特别是高考特大暴雨期间，全力以赴做好排水防涝工作，确保广大考生出行安全，得到省、市主要领导的高度肯定。

（四）推进城乡融合发展

一是大力推进"两整治一提升"行动。加快推进年度重点村整治建设。印发《2023年度全市农业农村"两整治一提升"行动"两年大变化"实施方案》《2023年度南昌市农业农村"两整治一提升"行动工作导则》等政策文件，实行"每周调度、每月督导、每月通报、每月巡看"推进机制，确保"两年大变化"目标顺利实现，340个重点村已全部完成年度建设任务。实施重点区域攻坚行动。印发《南昌市重点区域农村人居环境整治"夏季攻坚"行动实施方案》，大力开展"三拆三清"行动，重点整治机场、主城区周边区域农村人居环境。全市累计拆除有碍观瞻建筑25万平方米，清理沟渠39.4万米，清运垃圾17.8万吨，整治空中飞线12.7万米；拆除危旧房、违章建筑、旱厕、鸡鸭舍、猪栏牛舍共40985平方米，清理垃圾、废弃物等共7727.06万吨。稳步推进农村土地制度改革。扎实推动宅基地改革与规范管理省级试点工作，召开全市农业农村"两整治一提升"行动暨农村宅基地改革现场会。安义县完成宅基地改革第三方评估整改，全县10个乡镇104个村宅基地数据的建库已全面完成，并通过国家有关部门的验收。

二是鼓励城市人才入乡发展。继续实施"三支一扶"招募计划，引导高校毕业生114名到基层就业服务。纵深推进"一村一名大学生工程"，依托江西农业大学及省内部分高职院校，积极动员推荐村"两委"干部、种养能手、专业大户、农村优秀青年等优质生源进入"一村一名大学生"队伍。围绕水稻种植、畜牧水产、蔬菜水果、食品加工等全市农业主导产业，积极选派农业科技特派员。

三是乡村振兴不断提档。持续壮大村级集体经济。全市1153个行政村集体经营性收入15.46亿元、村均收入134.09万元，集体经营性收入30

万元以上的村1153个、占比100%；全市新登记注册的农民合作社6205家，5家农民合作社被认定为国家级农民合作社示范社。农业产业加快提优。出台《南昌市绿色食品产业两年攻坚行动方案》，推动成立绿色食品产业发展协会。创建农业产业强镇13个（国家农业产业强镇2个，省级农业产业强镇1个，市级农业产业强镇10个），扶持新型农业经营主体38家，培育壮大一批"头部型""链主"型农业产业化龙头企业，全市共有市级以上龙头企业422家（国家级15家）。煌上煌集团、康捷实业、小才子食品、阿灰食品4家企业入选省级预制菜重点联系企业名单。全面加强农业农村生态保护。中央、省环保督察及"回头看"等42个反馈问题整改基本完成，农药化肥使用量持续减少，受污染耕地安全利用率达到93%以上，秸秆综合利用率达到93%，废旧农膜回收率达88%，畜禽粪污处理设施配套率达100%。

二、2024年主要工作思路

2024年，全市持续科学有序实施"东进、南延、西拓、北融、中兴"城市发展战略，统筹新型城镇化和乡村全面振兴，持续推动城市提质扩容，以"绣花功夫"推进城市精细化管理，充分发现南昌之美、展示南昌之美。

（一）聚焦提升公共服务水平

继续推进户籍制度改革。继续实施"零门槛"落户政策，在落户条件上应放尽放、能放全放，实现户籍迁移"马上办、网上办、就近办、一次办"，推动返乡入乡的大学生、科技人才、退伍军人和其他常住人口落户城镇，探索开展都市圈内户籍通迁、居住证互通互认工作。全面落实困难群体帮扶。统筹做好农村脱贫劳动力、城镇困难群众、退役军人、退捕渔民、残疾人等重点群体失业登记、职业指导、技能培训、岗位推介、生活保障，扎实用好公益性岗位兜底安置，确保零就业家庭动态清零。抓好养老服务资源配置改革，推进乡镇敬老院资源优化配置改革和"一老一小幸福院"

建设，打造7家区域性中心敬老院。加大财政补助力度。用好农业转移人口市民化奖励资金，重点对农业转移人口落户规模大、新增落户多、基本服务成本高的地区加大支持力度，对财政困难地区给予倾斜。

（二）聚焦优化城镇化空间布局

推动国土空间规划出台。积极推动《南昌市国土空间规划（2021—2035年）》成果修改完善报批，抓紧完善市级总规数据库，积极做好总规成果宣传和批后实施监督管理工作。积极培育南昌都市圈。配合江西省发展改革委开展南昌都市圈规划前期研究工作，综合研究都市圈范围。加快实现城际交通"高速化""公交化"，争取开通南昌至鄱阳城际公交。加快推进都市圈内合作办学办医，不断完善住房公积金转移接续和异地贷款政策。扩大南昌旅游一卡通覆盖范围，提升文旅产业联动发展水平。系统总结城乡融合试验区和特色小镇建设先进经验，争取更多地区纳入特色小镇清单管理。加强靠前服务和业务指导，引导试点地区充分发挥各自功能区优势，增强综合承载能力，推动县域经济高质量发展。

（三）聚焦增强城市发展韧性

做好灾害防范应对。加快推进《南昌市内涝治理系统化实施方案》落地，加快实施沿江快速路积水点改造工程及15座雨污水泵站维修改造等工程项目，及时启动救灾预警响应。加强对供水供气、污水处理、户外高空广告等市政设施的日常巡查，全面排查城市道路设施安全隐患。改善生态环境质量。深入打好蓝天、碧水、净土保卫战。加强"四尘三烟三气"精细管控，推进大气减污降碳协同增效。加强重要江河湖库生态保护治理，强化饮用水安全保障。深入推进土壤污染源头防控，加快推进地下水污染管控和修复。推进中央生态环保督察典型案例曝光问题整改，制定第二轮省生态环境保护督察反馈问题整改方案并积极推进整改。加强历史文化资源保护。积极开展《南昌市历史文化名城保护规划（2021—2035）》报批工作，加强历史文化街区、历史风貌区、历史建筑、历史文化村镇和传统村落的保护，积极推进万寿宫、绳金塔、进贤仓历史文化街区提质升级，努力彰显"豫章古城"历史文化特色。

（四）聚焦推进乡村全面振兴

抓好"两整治一提升"行动。认真谋划全市"三年树标杆"实施方案，将雨水明沟、农村"厕所革命"、房前屋后环境和"三线"（电力线、通信线、广播电视的线路迁改）整治作为重点建设内容，因地制宜开展污水管网及终端建设工作，打造"两整治一提升"示范线（示范带），实现全市农村人居环境"干净、整洁、有序"目标。推动农业产业化高质量发展。加大绿色食品产业、预制菜产业、宠物经济、农产品进商超、农业特色产业培育、农业产业化龙头企业和农业招商引资等方面政策支持力度，做足做好"土特产"文章。夯实粮食安全保障。围绕年度粮食、油料和重要农产品生产任务，抓好年度农业生产工作。切实将提高粮食产能作为农业生产的首要任务，加快建设南昌市粮食物流核心枢纽，确保完成粮食收储目标任务。全力抓好高标准农田建设和种业振兴行动，加强重要农产品保供基地建设。

组长：何彦军

成员：周怡芳　彭歆怡　王秋雨

南昌法治建设情况报告

中共南昌市委全面依法治市委员会办公室课题组

2023年，南昌市坚持以习近平新时代中国特色社会主义思想为指导，深入学习贯彻党的二十大精神和习近平总书记考察江西重要讲话精神，全面践行习近平法治思想，紧扣中央和省委、市委决策部署，着力加强组织领导，全面推进科学立法、严格执法、公正司法、全民守法，为深入推进"一枢纽四中心"建设、全面落实省会引领战略提供了坚强的法治保障。

一、坚持党的领导，确保全面依法治市工作正确方向

全市坚持把党的领导作为法治南昌建设的根本政治保障和组织保障，贯彻到依法治市全过程和各方面的工作当中。

（一）深化全面依法治市工作的统筹协作

发挥议事协调机构职能作用。南昌市委坚持把法治建设摆在突出位置，与经济社会发展同部署、同推进、同督促、同考核、同奖惩，推动全市各项工作纳入法治化轨道。7月，南昌市委主要领导同志主持召开市委全面依法治市委员会会议，谋划部署年度依法治市工作。10月，南昌市委政法委主要领导同志主持召开市委全面依法治市工作推进会，听取委员会立法、执法、司法、守法普法4个协调小组工作汇报，通报了年度工作进展情况。

推动党政主要负责人履责。突出"一把手"抓"关键少数",建立现场述法、领导点评、民主评议、督查整改的闭环工作机制,持续压实法治建设第一责任人职责。全市12位县区(开发区、管理局)党政主要负责人、126位乡镇(街道、园区、管理处)党政主要负责人进行现场述法。党委法治建设议事协调机构主要负责人现场对述法对象点评,邀请熟悉法治建设的党代表、人大代表、政协委员等现场评议,评议结果全市通报。将述法整改落实情况纳入党委巡察和法治督察重要内容,并与年终述职考核深度融合。

加强法治人才队伍建设。南昌市委年度人才工作要点中将法治人才作为重点人才引进。市委依法治市办深入摸底、广泛调研,形成《南昌市法治人才队伍建设情况的调研报告》和《南昌市涉外法治工作的调研报告》。建立行政执法人员"以考促学"制度,抽取285名执法人员参加测试。持续推进律师、公证、仲裁、司法鉴定、人民调解等法律服务队伍建设,为全面依法治市事业长远发展提供基础性保障。

(二)完善全面依法治市工作的机制建设

健全组织保障机制。强化议事协调机构建设,及时调整南昌市委全面依法治市委员会,由市委主要负责同志担任市委全面依法治市委员会主任。强化办事机构建设,及时调整市委依法治市办及其组成人员,由市委政法委主要负责同志担任市委依法治市办主任。全市县区、乡镇两级均成立了法治建设领导机构,构建起上下贯通、高效协同的全面依法治市工作运行机制。

推进信息宣传机制。建立全面依法治市信息报送工作制度,强化信息报送、采用情况的通报等。完善信息报送审核机制,按时报送贯彻落实中央、省、市法治建设决策部署的具体举措、阶段性进展及成效、工作特色亮点等。编印《法治南昌》杂志,广泛宣传法治南昌建设成果。2023年,全市在省法治信息考核中排名第一。

严格督导考评机制。出台全面依法治市重点工作指引、提醒、警示清单和督办工作制度。公开选聘首批50名法治督察员。强化行政争议解决和民生问题的个案督察。开展城管执法突出问题专项督察工作。开展全市道路交通安全与运输执法领域突出问题专项整治，收集梳理举报问题线索90件，办结率100%。

（三）推动全面依法治市工作创新拓展

创新开展巡察法治建设检查工作。南昌市委依法治市办与市委巡察办加强协作联动，实现巡察法治建设检查工作在全省的率先实践。将"党组织履行推进法治建设职责情况"纳入巡察体系，结合巡察开展法治建设检查工作。制定7大领域24类项目清单和45项问题清单，全年共派出7个检查组46人次对51家单位党组织开展检查工作，推动整改问题321项。将整改落实情况纳入依法治市年度考评，并作为被检查单位"一把手"年度述法报告和现场述法的重要内容。《法治日报》、新华社等媒体纷纷予以报道。2024年5月，在司法部法治督察局召集的五省市座谈会上，市司法局专题汇报了全市结合巡察开展法治建设检查工作经验。

创新开展"基层看法"工作。南昌市委依法治市办着力深化全过程人民民主的基层法治实践，在全市统一推行"基层看法"工作。通过设置"基层看法"站，广泛选聘观察员，建立"两看五类三运用"工作机制，积极征集法治建设领域的突出问题和意见建议，推动相关职能部门关注处理、研判回应各行各业的法治呼声。目前，全市共设立36个"基层看法"观察站，选聘412名观察员，累计收集意见建议588条，其中纳入行政立法起草意见21条，作为行政规范性文件修改建议16条，推动相关部门关注处理37条，研判回应29件。工作做法被《中央依法治国办简报》《省委依法治省工作简报》采用，被《江西日报》《江西改革工作简讯》专题报道。

深化第一责任人述法工作。认真落实《党政主要负责人履行推进法治建设第一责任人职责规定》和全省实施办法，印发《南昌市党政主要负责人履行推进法治建设第一责任人职责情况述职工作方案》，进一步明确了述法对象，强调了述法内容既要报告工作成效，又要报告存在问题以及改进措施。同时，规定了书面述法和现场述法两种形式。在现场述法中，突破了只在委员会会议上现场述法的单一模式，创新了专题述法模式。并完善结果运用，推动述法整改与党委巡察、年终述职考核深度融合等，推动述法工作从有形覆盖向有效覆盖转变。

二、锚定目标任务，狠抓全面依法治市工作责任落实

市委依法治市办细化任务指标，督促各级法治建设职能部门强化责任落实，120项依法治市年度重点任务全部完成。

（一）坚持依规治党与依法治市相结合，深入推进依法执政

一是加强党内法规的学习。将党内法规纳入市委理论学习中心组学习和干部教育培训的重要内容，制发《南昌市领导干部应知应会党内法规、规范性文件和国家法律、地方性法规、政府规章清单》，将党内法规学习贯彻落实情况纳入全面依法治市考评体系。

二是健全民主决策机制。严格落实"三重一大"决策制度和党内规范性文件审批程序。对提请南昌市委常委会审议的《南昌新"人才10条"》《关于保障粮食安全推动粮食产业高质量发展的意见》等22份市委党内规范性文件前置审核，发现并纠正问题68余处，前置审核程序落实率100%。

三是维护党内法规和党的政策的统一性。严把"政治关、政策关、法律关"，向省委报备文件16件。审查各县区各部门向市委报备的党内规范性文件190余件，发出纠正10余件，发出提醒20余件，未核准3件。加强党内法规工作的业务指导，组织业务培训，规范文件制定标准、原则和程序，解答法规工作热点难点问题。

四是依规依纪全面从严治党。将法治建设履职情况纳入领导班子和领导干部综合考核评价内容。全市纪检监察机关立案1508件1572人。组织5

个巡察组对 12 个党组织开展常规巡察工作，对 4 个县区有关单位党组织开展提级巡察工作。对十二届南昌市委第二轮巡察 141 个整改不到位的问题，责令"回炉"整改。

（二）坚持立良法促善治，稳步推进地方立法

一是坚持党领导立法。严格贯彻落实省委决策部署，南昌市人大常委会党组报送的南昌市人大常委会年度立法计划、市政府党组报送的年度立法计划，依规定先后经过了市委全面依法治市委员会的审议和市委常委会的审定。

二是"立改废释"并举。制定出台《南昌市饮用水水源保护条例》《南昌市海绵城市建设管理条例》《南昌市电动自行车管理条例（修订）》3 部地方性法规，一揽子废止和修改法规 10 件，做好迎春烟花晚会法律适用解释工作。开展市政府规章全面清理活动 1 次，涉及行政复议法的专项清理 1 次，废止 6 件市政府规章，一揽子修改 13 件市政府规章。

三是健全立法工作机制。设立 23 个基层立法联系点。在全省率先出台《南昌市人民代表大会常务委员会关于在地方立法工作中贯彻全过程人民民主的决定》。建立提前介入地方性法规起草阶段的工作模式，跨部门多方参与法规起草工作专班实现常态化运作。

四是加强规范性文件备案审查。在全省率先建成市、县、乡三级规范性文件数据库。向江西省人大常委会报送规范性文件 10 件，审查市政府、县区人大常委会和"法检两院"报送的规范性文件 113 件。向省政府、市人大常委会报备行政规范性文件 11 件，审查重大行政决策、合同协议、政府文件 339 件，备案审查规范性文件 49 件。

（三）坚持法治政府建设率先突破，扎实推进依法行政

一是持续优化营商环境。深入实施营商环境优化升级"一号改革工程"。全面推广"就近办"，1994 个政务服务点位全部上线政务服务地图，

607台自助机覆盖至银行、社区等网点，15分钟政务服务圈初步形成。持续推进"放管服"改革，升级赣服通南昌分厅5.0版，63%事项"即来即办，当场出证"，89.27%事项推行全程网办"零跑腿"。"惠企通"平台实现市、县、乡三级全覆盖，为1.4万余家企业无感兑现资金48.09亿元。2023年3月，南昌市在全国营商环境现场会上作典型发言，一体化政务服务荣获全国政务服务优秀品牌。

二是完善行政决策机制，严格落实行政决策法定程序。2023年度向社会公布年度政府重大行政决策事项5件，及时将2项决策事项调出2023年度市政府重大行政决策事项目录。充分发挥法律顾问作用。法律顾问参与市政府法律事务、重大行政决策、合同协议审议等310件，有效发挥行政决策法律风险防控作用。全面推进政务公开。政府网站主动公开信息126.18万条。东湖区及进贤县李渡镇等荣获全省第一批基层政务公开标准化规范化单位。

三是推动严格规范公正文明执法。深化执法体制改革。组建生态环境等7个领域综合行政执法队伍，在市场监管等5大领域实行市本级统一执法，制定出台行政裁量权基准。加强"双随机、一公开"监管，指导全市检查任务1564次，审核年度检查计划1880个，开展联合检查任务214次，公示执法案件27659件，未出现一起红灯预警。加大民生领域执法力度。全年查处卫生健康违法案件190件；查处食药类、消费者保护类案件206件，罚没金额1222余万元；查处农民工欠薪案件597起，追回工资9217余万元。

四是强化矛盾纠纷多元化解，做好行政复议和应诉工作。打造"诉有解"行政复议工作体系，受理复议申请1001件，审结902件，综合纠错率48.12%。全市行政机关负责人出庭应诉率99.63%，同比增长16.71%。发展新时代"枫桥经验"。健全"豫章有'枫'范"调解服务体系，指导成立医疗、物业等领域矛盾纠纷调解平台101个，打造"熊五根"等调解工作室86个，全年受理矛盾纠纷10011件，调解成功9950件，成功率达99%。充分发挥信访基础作用。全市信访总量97751件人次，信访事项及时受理率和按期答复率99.99%，参评满意率99.01%，责任单位参评率93.87%，四项指标均实现稳步上升。

五是推进信用南昌建设。完善市级公共信用平台建设。与江西省公共信用信息平台互联互通，归集部门224家、数据3.6亿条，归集红黑名单信息70764条，其中红名单信息57573条，黑名单信息13191条。落实守信联合激励和失信联合惩戒机制。出台《推进守信激励和失信惩戒工作方案》《南昌市失信惩戒措施清单及补充清单（2023年版）》等文件，实施联合惩戒100余次。建立信用修复机制。探索推行线上线下申报信用修复模式，鼓励失信企业及时主动纠正失信行为，708家企业完成信用修复。

（四）坚持深化司法体制改革，着力推进公正司法

一是深入推进司法体制改革。推进员额动态调整。全市法院配置员额法官409人，增补员额法官40人，核准退出51人。全市检察院配置员额检察官233人，新入额12人，核准退出1人。坚持领导带头办案。发挥院庭长办案示范作用，全市法院院庭长办结案件96730件、占比61.64%，全市检察机关院领导及业务部门负责人办理案件15704件、占比80.04%。强化司法权力运行监管。市法院召开审委会44次，抓牢"院庭长监督的四类案件"监管平台运用，对4584件案件全过程监管。市检察院制定离任人员从业行为限制清单，持续加强对离职人员的监管。

二是全面提升审判执行质效。全面履行审判执行职责。全市法院共受理各类案件185469件（含旧存），审（执）结176523件，人均结案459件，均位列全省第一。聚力司法为民。架设"诉事速办"专用通道10条，解决群众诉求突破71万件次。推进司法公开。举行"公众开放日"活动43场，聘请司法监督员17人，邀请人民陪审员参审案件4486件次，网上开庭12698次。

三是认真履行检察职能。南昌检察机关全年办理各类案件26888件，批捕各类犯罪嫌疑人3896人、起诉6795人。监督刑事侦查立案、撤案647

件，纠正漏捕、漏诉642人；促成民事诉讼监督案件和解105件；公益诉讼立案667件、提起诉讼26件，行政机关回复和启动整改率均为100%。加强知识产权司法保护，起诉侵犯知识产权犯罪48人。

四是强化社会治安管控。开展"长风6号""金雕"等专项行动，举办全市反诈宣防"万人大决战"活动，全市电诈案件发案数同比下降28.9%，破案数同比上升30.8%。深入开展交通安全整治"百日攻坚"行动，查处十大不文明交通行为220余万起，交通事故起数同比下降10.29%。深入推进"云剑""赣雷"等专项行动，治安案件查处数同比下降40.3%，全市获评全国首批、全省首个社会治安防控体系建设示范城市。

五是加强特殊人群管控。做实社区矫正工作。推进"有法帮你·矫有术"工作体系和特殊人群"归途工程"，探索运用"雪亮工程"对重点对象实行动态化监管。全年新收矫正对象2366人，解除矫正对象1877人，在矫对象2251人，未发生矫正对象重大案（事）件。做好安置帮教工作。在全省率先出台《安置帮教工作指引》。全年共衔接安置5336人，其中帮助792人落实责任田、320人实现自主创业、企业吸纳就业271人、其他安置方式3953人。做优强制戒毒工作。长效运行场所安全、防控、排查、应急处置、领导责任"五项机制"，开展戒毒人员冲动抑制机制研究工作，全市戒毒场所连续16年保持安全稳定。

（五）坚持完善社会治理法治基础，纵深推进法治社会建设

一是精细推进市域社会治理。深化"昌治久安"社会治理工作体系，建成智慧平安小区1812个，"智治赋能 支撑市域社会治理精细化"获评"全国市域社会治理现代化试点优秀创新经验"。提升围合网格化服务管理水平，新增智能化监控探头近1.6万个，围合区建成率达98.8%。建成"红色驿站"274个、"1+5+X"社区邻里中心263个、党群服务中心2151个。

二是持续保障经济高质量发展。出台优化营商环境助力企业高质量发展28条措施。市法院执行事项委托系统为当事人节省佣金7097万余元。市检察院起诉破坏市场经济秩序犯罪 499 人，监督涉企行政生效裁判、非诉执行案件 9 件，建立涉案企业合规第三方监督评估机制，对 3 个企业和 15 名个人依法不予起诉。推行涉企行政执法"四张清单"和涉企多部门"综合查一次"，涉企检查同比减少 14.52%，458 种轻微违法行为免予行政处罚。

三是大力推动全民守法普法。落实宪法宣誓制度。深入推进"八五"普法工作，打造"英雄普"品牌，开展普法活动 6200 余场次，受众 91.3 万余人次。建成法治文化阵地 296 个，"VR 游南昌法治文化公园"获全省首批网信普法教育示范基地和第六届"绽放杯"5G 应用征集大赛江西区域赛二等奖。全市现有"法律明白人"63 万余人。打造企业"法律明白人"培训示范中心。

四是全面提升公共法律服务水平。建立公共法律服务"八大工作体系"，推动"有法帮你"法治为民服务实践落地见效。全市 124 个乡镇（街道）公共法律服务工作站完成"标准化、规范化"建设，智能法律服务终端配备率 85%，与律所对接率 100%。加强法律援助，受理案件 6142 件，提供帮助 6175 人次，咨询总量 26.8 万余件，各项指标位居全省首位。

三、注重创新引领，力促基层法治建设工作质效齐升

各地立足实际，探索了一批法治建设特色举措，丰富了依法治市工作内涵，取得了积极成效。

南昌县在全省首创"直播+帮办"政务服务模式，连续 6 年获评中国营商环境示范县，营商环境评价位列全省第一。进贤县设立全省首家法院"执行之家"工作室，实际执结率位居全市第一。安义县建立"母舅诉调"纠纷多元化解机制，诉前调解成功率大幅增加，县法院获评"省法治为民好榜样集体"。

东湖区在全域创新基层法治观察工作，打造全省首家公证归侨侨眷服务站。西湖区"幸福圆桌会"入选"中国改革 2023 年度地方全面深化改革

案例"。青云谱区打造全省首个"数字物流法企直通站",为千余家企业提供零距离法律服务,工作做法获最高检领导批示肯定。青山湖区打造提升青山湖区政府数字决策能力,"一网统管"政务综合应用平台获评全省政务数据共享应用优秀示范案例。新建区创建政策通、诉求通、融资通、供需通和服务通"五通"型政务服务新模式,获评全国政务服务效能提升"双十百千"工程典型经验案例。红谷滩区打造全省首家和谐劳动关系一站式服务中心,"免证办理再升级 为民办事再提速"获评全省政务数据共享应用观摩最佳创新案例。

经开区在全省率先启用刑事速裁法庭。高新区打造瑶湖郡南社区"邻聚里"议事会、厚溪村"五步四议"板凳议事法等人民调解特色品牌。湾里管理局连续15年获评全省森林防火"平安春季行动"平安县(市、区),公众安全感综合测评指数排名全市第一。

组　　长:李国水
副组长:廖云生
成　　员:肖宁盛　简淑君　何珍华

南昌市体育发展形势与展望

南昌市体育局课题组

2023年，南昌市体育系统紧扣"项目为先、实干奋进，争分夺秒拼经济"工作主线，充分发挥体育赛事"聚人气、提消费、促经济"的作用，成功举办南昌国际马拉松、中国南昌国际龙舟赛、江西网球公开赛、ITF国际女子网球巡回赛、国际篮联三人篮球公开赛全国总决赛、环鄱阳湖国际自行车赛等70余项大型体育赛事活动；成功申办2024年世界青年羽毛球锦标赛；省政府批准同意以南昌为中心城市申办2029年第十六届全国运动会。在杭州第19届亚运会上，南昌健儿夺得3金1银创历史最佳成绩；成功创建国家体育产业示范项目1个，总数达3个，位居全省第一；全年体彩销售额超26亿元，占全省销售额近1/4，创历史新高。

一、2023年全市体育工作成效

（一）大赛活动反响热烈

依托丰富的山水资源和红色、绿色、古色文化资源，南昌市2023年举办的各类大型体育赛事活动受到社会广泛赞誉，中央、省、市各级媒体纷纷聚焦南昌，中央电视台现场直播了南昌国际马拉松、横渡赣江活动。南昌国际马拉松时隔三年再次举办，参赛人数达3万人，创下历届之最，男女马拉松选手双双打破赛会纪录，赛事受到国内外跑友高度赞誉，社会好评如潮。国际龙舟赛和横渡赣江活动跳出常规办赛模式，坚持"以体为媒、以赛兴业"，精心策划组织烟花秀、音乐节、美食节、消费节等各类文旅商贸活动，把体育的盛会办成了城市的节日，真正做到"体育搭台、经贸唱戏"。"金花"户外运动节整合全市12个县区44项赛事活动，涵盖国家级、省级、市级等各类活动，形成全市户外活动矩阵，打造"一县（区）一品，一景一赛"，参与度高、覆盖面广。全军院校"强军杯"系列比赛包括足球、篮球、乒乓球、定向越野四个项目，陆军、海军、空军、火箭军等全军各军兵种首次齐聚英雄城。通过举办这些赛事活动，吸引了大量外地人员来昌参赛、旅游，带动文旅、住宿、餐饮等关联行业发展。

（二）群众体育丰富多彩

围绕"办人民满意的体育"的目标，持续完善全民健身公共服务体系，各项数据均位居全省前列，2023年举办"科学健身进基层""娃娃学体育"等群众性体育赛事350余项。南昌市人均体育场地面积达2.88平方米，较2022年增加0.33平方米。经常参加体育锻炼人数比例达42.1%，较2022年增加1.1个百分点。《国民体质测定标准》总体合格率达95%，较2022年增加1个百分点。行政村农民体育健身工程覆盖率100%，"15分钟健身圈"在城市社区覆盖率100%，公共体育设施免费或低收费开放率100%。

（三）竞技体育成绩优异

南昌运动员全年参加全国以上比赛取得金牌39枚、银牌20枚、铜牌29枚，世界冠军4个、亚洲冠军7个。其中，在杭州亚运会上，南昌健儿夺得3金1银，创近30年来最佳成绩。在第一届全国学生（青年）运动会上，取得6枚金牌、7枚银牌、14枚铜牌，奖牌总数列全国第18位。南昌三人篮球队首次闯入全国八强，创造了江西省近30年来最好成绩。全市共注册及确认运动员8813名，排在全省首位，先后组织2171名运动员参加全省青少年锦标赛田径、游泳、足球、篮球等24个大项的比拼，取得13

个项目的团体总分第一的优异成绩，各项指标位居全省前列。

（四）体育产业亮点纷呈

南昌市雷公坳文化体育产业园入选国家体育产业示范项目，南昌市星锐体育发展有限公司入选省级体育产业示范单位，八一体育综合体入选国家体育总局公共体育场馆开放使用典型案例名单，目前，我市国家体育产业示范项目数量达3个，位居全省第一，省级体育产业示范单位（项目）数量达8个，位居全省第二。目前，全年体彩销售额超26亿元，系全省唯一突破20亿元的设区市，占全省销售额近1/4，创历史新高。

（五）篮球城市稳步建设

推动南昌市人民政府与国际篮球联合会签订战略合作协议，国际篮联首席运营官来昌签约，这是国际篮联首次与中国一个城市签订战略合作协议，有力地促进了全国篮球示范城市建设。成功举办国际篮联三人篮球公开赛全国总决赛、第十四届全国运动会群众比赛篮球项目决赛、全国篮球高水平后备人才基地男子U15比赛、全国第一届学生（青年）运动会五人篮球U16女子组决赛、江西省首届幼儿篮球联赛、"滕王阁杯"南昌市青少年篮球联赛、第十五届南昌市"联发杯"篮球锦标赛等各类篮球赛事100余项，活跃城市篮球氛围，拉动篮球市场发展，增强篮球消费黏性。成功引入众天麒麟篮球俱乐部落户，代表南昌参加中国男子三人篮球超级联赛，并将代表江西参加全运会，这填补了南昌市无高水平职业篮球队的空白。中国篮球协会授予南昌众天麒麟篮球俱乐部"优秀贡献单位"奖，表扬俱乐部输送的人才帮助中国三人篮球国家队成功获得巴黎奥运会参赛资格。成立县区篮球青训中心，指导各县区举办业余联赛、"村BA"等赛事，实现全市县区篮球联赛全覆盖，在全省青少年比赛中取得包揽四项第一的成绩。

二、2024年全市体育工作展望

2024年，南昌市体育系统将深入学习贯彻习近平总书记考察江西重要讲话精神，聚焦"走在前、勇争先、善作为"目标要求，紧紧围绕"迎难而上、敢作善为，奋力推动经济社会高质量发展"全年工作主线，统筹推进群众体育、竞技体育、体育产业协调发展，为全面建设社会主义现代化南昌贡献体育力量。

（一）以体育赛事为着力点，打造体育赛事名城

唱响"八一南昌"品牌，持续加强与军方的交流和工作衔接，办好国际军体理事会第七届亚洲会议、"强军杯"全军院校系列比赛等活动，推动军民融合深度发展。办好高水平赛事活动。坚持"以体为媒、以赛兴业"，充分发挥体育赛事"聚人气、提消费、促经济"的作用，高标准举办世界青年羽毛球锦标赛、全国青年羽毛球锦标赛、南昌国际马拉松、中国南昌国际龙舟赛、横渡赣江、"金花"户外运动节、迎新健步行、南昌市第十八届运动会暨第七届全民健身运动会、赛艇大师赛、梅岭越野挑战赛、全民健身日等品牌体育赛事活动。加快推进篮球示范城市建设。扎实做好南昌众天麒麟篮球队、江西U18篮球队的训练服务保障，组队参加全国超三联赛及省内外各级篮球比赛，办好全国超三联赛中部赛区主场比赛、国际篮联三人篮球赛、全国U系列青少年篮球联赛等高水平篮球赛事，营造全市篮球运动浓厚氛围。引入国际优质篮球青训、培训、师资等资源，组织开展篮球教练员培训活动，提高篮球师资水平。加快推动各县区篮球场地建设、补充训练设施，不断提升软硬件水平。

（二）以体育惠民为出发点，完善公共服务体系

建好用好群众身边的体育设施，结合"国球进社区""国球进公园"行

动，在社区和公园增设各类全民健身设施超过2000件，加大公共体育场馆免费、低收费开放力度，满足人民群众日益增长的体育健身需求，加快建设城市社区"10分钟健身圈"。打造南昌市运动促进健康中心，为全省社区运动促进健康机构建设探索经验、提供示范。增加体育服务供给，开展"科学健身基层（娃娃学体育）""国民体质监测进基层""体育志愿服务进乡村、进社区"活动，年均服务群众不少于30万人次。鼓励和支持社区开展各类体育活动，如健身操、广场舞、篮球赛等，满足不同年龄层次和兴趣爱好的居民需求。组队参加江西省第七届全民健身运动会，持续激发群众参与运动健身的热情。加强体育社会组织建设，举办"我们的节日""惠民100"等全民健身活动，开展技能培训、健身讲座、运动项目普及等科学健身指导活动。

（三）以体育人才为支撑点，加强后备力量培养

统筹做好各训练单位开展全省运动员、教练员的注册确认工作，以举办市运会为抓手，不断夯实人才基础。选拔组队参加全省年度青少年锦标赛、阳光体育大会等青少年体育赛事，力争30%以上项目获得团体总分第一名。协调各县区参加江西省第三届百县快乐体操运动会，力争取得优异成绩。抓好赛风赛纪与反兴奋剂教育工作，强化拿道德的金牌、风格的金牌、干净的金牌意识，坚决杜绝比赛违纪行为，坚决做到兴奋剂问题"零出现""零容忍"。贯彻落实国家、全省体教融合政策，进一步优化体教融合政策文件，建立体教融合奖补措施，共同继续开展全市青少年体育竞赛和青少年体育人才培养活动，深化"一条龙"训练体系，推动体教融合走深走实。加强全市社会力量合作办训基地监督管理，加大管理考核力度，表彰命名一批具有示范性的训练基地。

（四）以体育消费为切入点，促进体旅商贸融合

大力发展赛事经济，坚持"体育引流搭台、文旅项目唱戏"定位，推

动体育赛事进景区、进街区、进商圈，积极培育体育赛事、体育旅游等新的消费增长点，让赛事"流量"变消费"增量"。办好首届江西户外运动发展大会，让更多大众参与户外运动，充分释放消费潜力。持续发挥"体育+"作用，举办体育展会展演，为市民提供一站式体育服务，刺激居民体育消费。做强体育市场主体，鼓励有条件的单位积极申报国家和省级体育产业示范基地，发挥示范引领作用。努力拓展体育彩票销售渠道，进一步加大宣传力度，力争全市体育彩票销售额再创新高。

组长：熊庆峰
成员：陈佳勇

南昌市民生工程建设情况报告

南昌市政府研究室课题组

一、2023年民生工程情况

2023年，南昌市深入践行以人民为中心的发展理念，全面完成20件民生实事，在顺应民心、尊重民意、关注民情、改善民生中不断满足人民对美好生活的向往。

短处入手、细处着力，坚持问题导向。深入践行习近平总书记提出的"把人民的期待变成我们的行动，把人民的希望变成生活的现实"的重要指示，把为民造福作为一切工作的出发点和落脚点，倾听民之意、关注民之忧、化解民之困、改善民之基。

多点发力，统筹安排，坚持目标导向。围绕群众最关心、政府最关注的就业和创业、社会保险、社会救助、医疗保障、社会事业、群众生产生活等方面的工作，持续加强过程管控，精准发力，聚焦突破，加快项目建设进度，确保既定的目标任务按时推进、保质保量完成，推动全市民生工程提质增效。

强化监督，压实责任，坚持效果导向。根据《2023年南昌市民生工程安排意见》，市直各部门将各项工作任务分解到了各责任县区，形成了上下联动、条块互动、合力推进的良好局面。同时，进一步加大了督查的力度，重点围绕项目实施方案制定、资金测算、项目点选择与启动、项目进展情况进行督查，针对部分责任单位存在的信息报送不及时、质量不高、信息公开不及时的问题进行整改，对督办后仍未落实并影响目标完成的单位和县区予以通报。

（一）基础设施不断夯实

1. "打通断头路 畅通微循环"攻坚专项行动加快推进。投入资金约10.8亿元，推动43个"打通断头路 畅通微循环"攻坚行动项目，进一步优化区域内道路交通网络，缓解城市交通压力。其中，42条道路全面开工，康中路、康北路、创业路等38条道路如期通车。

2. 城镇老旧小区改造持续推进。统筹专项资金、债券资金等约2.3亿元，对17个城镇老旧小区进行改造，重点改造城镇老旧小区配套基础设施、公共服务设施、建筑公共部位等，涉及居民超6000户，城镇老旧小区功能品质持续提升。

3. 持续扩大公共停车设施有效供给。全市新增公共停车泊位13888个、夜间临时错时停车区域泊位5746个，均超额完成计划。

4. 城市道路的配套市政消火栓建设进一步推进。投入资金约4000万元，完成2987个市政消火栓新建和补建工作，切实提升城市公共消防服务水平。

5. 提升城市外环路（高速）路灯照明品质。安排补助资金约3000万元，对南昌市东外环、南外环、西外环高速公路主线等路段加装路灯，累计加装路灯5075盏，进一步方便市民生活出行。

（二）社会保障更加有力

1. 困难群众基本生活保障标准进一步得到提高。将城乡低保对象保障标准提高至每人每月915元；将精简退职老弱残职工救济标准提高至每人每月730元。全市累计发放各类困难群众生活基本救助资金约9亿元，保障城乡低保人员10.5万人、城乡特困人员6875人、精简退职职工330人，临时救助7339人。

2. 残疾人照护服务水平进一步得到提高。将残疾人两项补贴标准统一提高至每人每月100元。全市累计发放资金9207万元，保障困难残疾人34614人，重度残疾人43320人。困难重度失能残疾人居家照护1299人、机构托养43人、探视巡访服务1269人次，完成1372户残疾人家庭无障碍改造。

3. 关心关爱城乡孤儿、事实无人抚养儿童和留守儿童的力度进一步得到加大。将机构养育孤儿、城乡散居孤儿、事实无人抚养儿童基本生活保障标准分别提高至每人每月2000元、1500元、1500元。全市累计发放资金约3488万元，保障孤儿440人、事实无人抚养儿童1729人、残疾孤儿（事实无人抚养儿童）337人。同时，开展困境儿童家庭监护评估和留守儿童心理健康评估服务工作，完成重点困境儿童评估175人、重点留守儿童评估550人。

（三）医疗水平持续提升

1. 加快公共卫生补短板建设。南昌市第一医院九龙湖院区、南昌市洪都中医院二期工程完工；南昌市中心医院瑶湖分院、南昌市立医院新院、南昌市人民医院完成地下室施工，地上主体结构封顶，正在进行二次结构施工。

2. 持续推进家庭医生签约服务。全市城乡居民家庭医生服务共签约319万余名常住居民，签约率49.0%，其中，一般重点人群签约126万余人，签约率79.0%，65岁以上红色重点人群签约9.2万余人，签约率98.0%，65岁以上黄色重点人群签约8.9万余人，签约率98.0%，均超过计划签约率。

3. 开展基层人工智能辅助智慧医疗系统建设试点工作。实现乡村两级医疗卫生机构联通联试全覆盖，全市123家卫生院、1039家卫生室完成智慧医疗系统上线并投入使用。

（四）教育资源更加均衡

1. 持续推动中小学教育网点及学前教育园位建设。完成18个中小学教育网点建设，增加学位3.2万个，新增22所公办幼儿园，增加园位6330个。

2. 加大婴幼儿入托补贴补助力度。将婴幼儿入托补贴从200元/（人·月）提高至300元/（人·月），全年全市共有326家机构符合补贴申领条件，共有35778人次符合补贴标准。

（五）公共服务不断优化

1. 加大创业担保贷款扶持力度。全市累计发放创业担保贷款20.05亿元，其中，个人创业担保贷款12.98亿元，小微企业创业担保贷款7.07亿元，到期贷款回收率99.89%。

2. 养老服务体系建设进一步得到完善。安排资金约7000万元，支持新增10家社区嵌入式养老院，4家县（区）福利院实施失能护理改造和失智照护楼、照护单元建设，4家县（区）福利院配建医务室、护理站等，10家乡镇敬老院新建、改扩建，以及消防设施改造，提升养老机构照护能力。

3. 持续推进孺子书房建设。40家孺子书房全部按计划如期建成，10个点位提前免费开放试运营，增加公共文化服务空间建筑面积7200平方米，新增藏书8万册。

4. 免费提供出生缺陷防控服务。确定定点服务机构40个，设立免费服务券发放点139个，为约4万名孕产妇发放免费筛查服务券。

5. 加大公共场所自动体外除颤仪投放力度。在全市公共场所配置83台自动体外除颤仪（AED）设备，并对AED投放点的工作人员及社会公众开展应急救护培训活动，有效提升全市应急救护能力。

6. 免费为适龄女生接种人乳头瘤病毒（HPV）疫苗。HPV疫苗接种做到愿接尽接，全市确定定点接种机构18个，为约4.5万名适龄女学生接种第一针。

（六）"两整治一提升"行动持续推进

筹集资金约 4000 万元，在 2023 年"两整治一提升"行动农村人居环境整治项目中择优打造 10 个共同富裕样板村，已全部完工。完成农村道路"白改黑"370 公里、省道"白改黑"99 公里，道路隐患治理 194 公里。农村卫生厕所普及率近 80%。农民收入持续增长。新增农民合作社 343 家，80 个脱贫村和 64 个省级、18 个市级重点帮扶村建设稳步推进；加强防止返贫动态监测帮扶，累计消除返贫致贫风险 444 户 1283 人。

二、2024 年民生工程展望

深入学习贯彻习近平总书记考察江西重要讲话精神，进一步加强基础性、普惠性、兜底性民生建设，市委、市政府决定，2024 年持续办好 20 件民生实事，不断增强人民群众获得感、幸福感和安全感。

（一）大力推动稳就业增收入

支持重点群体就业创业。调整完善创业担保贷款政策，新增发放创业担保贷款 15 亿元，其中扶持个人创业担保贷款占贷款总数 50% 以上，到期贷款回收率在 95% 以上。按规定对稳定创业经营、及时还本付息的六类重点群体在创业担保贷款扶持政策到期后给予一定稳定创业补贴。开展江西省大学生志愿服务乡村振兴计划，招募选派约 200 名大学生志愿者到基层一线开展乡村振兴志愿服务活动。推进"两整治一提升"行动共同富裕样板村建设。在全市择优打造 20 个共同富裕样板村，除西湖区、青云谱区外的 10 个县（区、开发区、湾里管理局）各打造 2 个共同富裕样板村。

（二）不断提高公共服务水平

1. 持续完善养老服务体系。推进乡镇敬老院资源优化配置改革和"一老一小幸福院"建设，建设 7 家区域性中心敬老院和 30 个"一老一小幸福院"，推进经济困难失能老年人集中照护服务。

2. 加快发展老年人助餐服务。新建 30 个城市老年助餐点，对在老年助餐服务机构（助餐点）用餐的老年人，分类给予差异化用餐补贴，重点支持特殊困难老年人。

3. 优化出生缺陷防控服务。为进一步预防和减少出生缺陷的发生，提高出生人口素质，对我市孕产妇和新生儿免费提供产前筛查及新生儿疾病筛查，包括胎儿九大畸形超声常规检查、胎儿颈部透明带检查（NT 检查）、产前血清学筛查、地中海贫血基因检测，以及先天性心脏病筛查（听诊、经皮血氧饱和度与体格检查）、新生儿遗传代谢病筛查、听力筛查、遗传性耳聋基因检测等 8 项服务。

4. 资助新生儿参加基本医保。新生儿出生"一件事"线上联办，实现新生儿医保参保出生即保、直接结算。对 2024 年 1 月 1 日零时以后出生的新生儿按规定办理南昌市城乡居民基本医疗保险参保登记的，其连续三个参保自然年度（含出生当年）个人缴费由财政全额资助。

5. 开展"可躺式"课桌椅进校园试点工作。为能提供午餐、午托服务的非寄宿制中小学生试点配置"可躺式"课桌椅。优先考虑新建、改扩建学校，优先保障小学一、二年级学生。鼓励有条件的学校利用功能教室、闲置教室、图书馆、运动场馆等公共场所，通过配置午睡垫、折叠床等设备，为学生午休提供条件。

6. 加强基层人工智能辅助智慧医疗系统推广运用。在全市所有县（区）的乡、村两级部署基层人工智能辅助智慧医疗系统，面向基层医生提供人工智能全科辅助诊疗、治疗方案推荐、合理用药等服务；优化拓展基层人工智能辅助智慧医疗系统功能应用，逐步推进数据实现跨区域查询、共享。

7. 持续推进中小学校网点及学前教育建设。优化基础教育资源结构，集中力量加快中小学幼儿园基础教育基本建设。推进 20 个项目建设，其中，中小学校网点改扩建项目 13 个，规划学位 22200 个；学前教育项目 7 个，规划园位 2520 个。

（三）持续完善社会保障体系

1. 稳步提升困难群众基本生活保障标准。将城乡低保对象月人均保障标准提高50元，达到每月965元；财政月人均补差水平提高35元，达到615元。将城乡特困人员供养标准提高70元，达到每人每月1260元。特困失能人员、特困半失能人员、特困自理人员照料护理补贴标准分别按每人每月1600元、400元、100元落实。

2. 不断提高城乡孤儿和事实无人抚养儿童基本生活保障水平。将机构养育孤儿、城乡散居孤儿、事实无人抚养儿童基本生活保障标准分别提高120元、90元、90元，达到每人每月2120元、1590元、1590元。将残疾孤儿（残疾事实无人抚养儿童）照料护理补贴标准提高到每人每月1500元。开展困境儿童心理健康监测和探视巡访工作，为有需求的儿童提供心理辅导、情绪疏导、心理慰藉等帮扶服务。

3. 进一步改善残疾人生活和照顾服务质量。为16周岁以上有长期照料护理需求的困难重度失能残疾人提供照护和托养服务。根据残疾人类别、程度、特点及需求，对1200户困难重度残疾人家庭实施无障碍改造。

（四）不断提升城市功能品质

1. 持续推进"打通断头路 畅通微循环"攻坚专项行动。为进一步提升广大市民群众的出行体验，计划开展"打通断头路 畅通微循环"28个攻坚行动项目，其中20个达到通车条件，进一步优化区域内道路交通网络，缓解城市交通压力，改善城市品质。

2. 持续推进城镇老旧小区改造项目。扎实做好19个老旧小区改造工作，精准补短板、强弱项，加快消除住房和小区安全隐患，全面改善城镇老旧小区居住环境、设施条件和服务功能，推动建设安全健康、设施完善、管理有序的完整社区。

3. 持续推进老城区燃气设施老化更新改造工作。为维护人民群众生命财产安全，维护城市安全运行，对南昌市老城区居民用户老化燃气管进行改造，主要为庭院燃气管老化更新改造、立管老化更新改造，共涉及49个小区，改造长度约26.8公里。

4. 实施"还江于民、还岸于民、还景于民"滕王阁北扩工程。对滕王阁景区进行新建及改造，主要建设仿古墙修复及新建游廊、八一桥上下梯道、人行天桥、仿古建筑修复等，通过统筹步道连通、景观营造等功能，完善基础设施，为市民提供更优质便利的文化休闲体验。

5. 加强井盖整治。为进一步解决全市建成区范围内城市道路井盖破损和弹跳问题，保证人民群众出行安全，推进全市49条城市道路上6507个井盖整治工作。

6. 持续推进城市外环路（高速）路灯照明工程。对西绕城高速（复兴大道跨线桥和兴业西大道跨线桥段）4.5公里、福银高速（南昌北枢纽至永修枢纽段）12公里、昌铜高速（南昌至安义段）17.7公里、金山大道（杨家湖互通至赣新大道段）14.8公里的路段加装路灯照明设施。

7. 进一步开展老城区管线下地示范街区创建工作。结合南昌市老城区雨污分流改造项目，对二七北路、省图南路、赣通路、系马桩街、上海路、国威路、井冈山大道、青云谱北路等8条道路实施管线下地工作。

8. 实施人行道改造。为提高全市人行道设施的完整率，各县区（开发区）政府、湾里管理局结合老旧小区改造、雨污分流、城市更新等项目共实施24条道路人行道更新改造项目。

组　　长：李建红
副组长：祝雄华
成　　员：谭梦阳　樊茜茜（执笔）

调研编

抢抓"网红城市"发展机遇　持续擦亮南昌"天下英雄城"金字招牌的思考与建议

江西省生态文明研究院、南昌市社会科学界联合会课题组

　　近年来，南昌市紧紧围绕"一枢纽四中心"发展定位，全面落实省会引领战略，尤其是在文化旅游、城市功能品质方面有了实质性的突破，各类彰显城市人文气质的特色项目不断涌现，做到了历史有厚度、文化有温度、人民有情怀。伴随着旅游市场的回暖复苏，南昌旅游市场迎来爆发式增长。2024年元旦节庆期间，全市11个样本重点商圈、商贸综合体吸引人流420.95万人次，同比增长96.5%，销售额约2.69亿元，同比增长28.1%。2023年中秋国庆假期前三天，共接待游客609.87万人次，同比增长108.2%，旅游综合收入实现41.63亿元。2023年上半年，全市共接待游客1.18亿人次，与2022年同期相比上升85.6%，全省排名第1，旅游收入846亿元，同比增长168.3%。南昌也被多家媒体评为全国十大新晋"网红城市"之一，入选英国伦敦世界旅游交易会"2023年中国十大旅游目的地必去城市"。但同时也存在区域性公共服务设施有待进一步完善、文旅新业态培育有待进一步加快等问题。南昌应抢抓"网红城市"发展机遇，持续擦亮"天下英雄城"金字招牌，为高质量建设文化强市和旅游强市提供了有力支撑。

一、南昌"爆火""出圈"的成功密码

(一)政府"敢作善为"理念,高位推动南昌"流量"提质升级

近年来,南昌市委、市政府主要领导亲自谋划、亲自部署、亲自推动,各级各部门积极作为、勇于担当,在推动南昌迈入文旅新征程上接续奋斗、砥砺前行。一方面,政府积极谋划各类重大活动,推动南昌"流量"提质升级。疫情防控平稳转段后,陆续推出大型烟花晚会、国际龙舟赛、横渡赣江、徒步复兴大桥等别具一格的文旅活动。另一方面,政府主动服务来昌游客,让游客玩得舒心爽心安心。在节假日重要时间节点,主动谋划地铁免费乘车,有效解决重要地铁流量高峰问题;积极推出"网红打卡铛铛车"、优化公共交通路线,高效串联市内各旅游景点;不断完善滕王阁等热门景区基础设施建设,开展"打通断头路 畅通微循环"攻坚专项行动,改善城市交通功能、满足群众出行需求。

(二)交通"立体式"发展,满足"Z世代"快消需求

2023年国庆节、元旦节期间,南昌游客以"90后""00后"年轻群体为主。目前最受欢迎的"特种兵式旅游"目的地,往往是景点相对密集、铁路和市内公共交通便利的城市。南昌4条地铁线路覆盖了90%的网民评选必去景点和80%以上的网红美食、商圈等打卡地以及大部分高星酒店和连锁酒店,游客乘坐地铁、"网红打卡铛铛车"可以无死角无绕路地逛遍南昌。中秋、国庆"双节"期间,南昌地铁线网客运量达1266万人次,日均客运量达158.25万人次,同比增长约80%;10月1日以1.61万人次/公里的客运强度位居全国榜首。12月31日跨年夜,南昌地铁客运量达268.26万人次,以2.09万人次/公里的客运强度,刷新单日客运及客运强度新纪录,创两个历史新高。同时,以武汉、长沙、南昌为核心城市的"三角形、放射状"城际交通实现1—2小时通达,满足了年轻群体出行需求。在"交

换旅游"和"特种兵式旅游"的推动下，南昌逐渐成为旅游热点城市，被越来越多的年轻人"看见"。同时，短视频平台的扁平化特性让更多来昌旅游的人群参与内容创作和发布，进一步提高了南昌旅游的知名度和吸引力。

（三）景点"典型性"开发，满足游客"多色享受"旅游需求

南昌围绕八一广场、八一起义纪念馆、新四军军部旧址等"红色"景点，滕王阁、海昏侯国遗址博物馆、万寿宫、绳金塔等"古色"景点，梅岭、九龙湖、瑶湖、象湖等"绿色"景点，摩天轮、秋水广场、一江两岸灯光秀等"潮色"景点，致力将各色旅游相结合，全面升级吃、住、行、游、娱、购的服务体系，重点突出文化、美食、住宿和购物的体验。游客既可以感受天下英雄城南昌的历史变迁，又可以感受南昌历史人文与现代化发展进程的紧密融合，体验多元化的魅力南昌，满足了"一站式""打卡"的体验需求。同时，由于近几年赣菜的突破与出圈，以辣为主的饮食符合年轻人的胃口，以平民消费为主的各种小吃街、步行街的特色小吃符合大学生消费习惯，叠加"南昌拌粉""瓦罐汤""白糖糕""糊羹"等产品知名度，美食成为一块新的金字招牌。

（四）产品"多样性"加码，满足游客"潮流时尚"心理需求

南昌一直致力于强化省会潮流时尚属性，营造南昌美好生活、城市旅游氛围感。一方面，"首店经济"催生消费新时尚，2022年南昌首店数量达192个，同比增长88%，囊括了餐饮、零售、儿童亲子、生活服务、文体娱乐等多种业态。2023年上半年，吸引了超100家首店进驻，为南昌商业市场注入了新鲜血液。另一方面，草莓音乐节和众多歌星南昌巡演等大型商业活动，成功吸引了周边城市，甚至是周边省份各类旅游群体的眼球。再加上《英雄联盟》官方赛事、八大山人国漫联动计划等越来越多契合年轻人需求的文旅活动，南昌旅游的活力进一步激发。2024携程旅游全球合作伙伴大会暨南昌"登场皆为英雄"旅行者盛典采风活动中，200余旅行商、

旅行达人等采风团大赞英雄城风采，精彩纷呈。

二、南昌从"网红"到"长红"有待解决的问题

（一）区域性公共服务设施有待进一步完善

节假日期间的滕王阁成为全国各地游客的重要打卡地，燃放烟花时的秋水广场也成为游客的首选点，但两地附近未设置观景台，且仅有极少的停车场所，大量游客只能涌入主要道路驻足赏景拍照，严重影响整个区域的交通出行。比如，举行升国旗仪式期间的八一广场、燃放烟花时的一江两岸由于缺少公共卫生间、垃圾桶等设施，导致活动后遍地垃圾。

（二）文旅新业态培育有待进一步加快

与其他"网红城市"或者文旅发达城市相比，南昌仍存在文旅项目规模较小、总量偏低、竞争力不足等问题。比如，南昌现有红色文化品牌不能充分适应多媒体时代下年轻一代的消费需要，缺乏高度凝练、科技感十足的红色文化IP形象系列产品，寓教性、体验性、互动性项目不够丰富，对年轻人吸引力不足。又比如，南昌积极打造世界VR之都，但新技术在旅游场景运用程度低，智慧旅游沉浸式体验效果欠佳，文旅融合开发数字化亟须提速升级。

（三）文旅融合有待进一步加强

当前南昌文旅产品以初级观光产品为主，多数仍为粗放型开放模式，文化浸润度明显不足，"有景无文"现象仍在一定程度上存在。虽然休闲类及综合型景区开始萌生，但创新型、体验型、深度型旅游产品仍有不足，未能深入挖掘豫章等地方文化的内涵与精髓，文化资源的禀赋与旅游产品的开发一直没有找到较好的融合点，文旅产品市场辨识度不强、认可度不高，在全国有影响力的品牌尚未形成。

（四）旅游布局有待进一步优化

一方面，南昌虽然有便捷的交通区位优势，但长期扮演旅游中转站的角色，很多游客到南昌是为了去三清山、婺源或庐山、井冈山，南昌"夜市""夜游"项目有待深度开发，吸引力还有待加强，"过境不过夜"现象仍然存在。另一方面，旅游空间主要局限于红谷滩区和老城区，南昌县、安义县、进贤县及周边市县旅游市场联动不足，组合式旅游产品开发不够。

（五）文旅营销力度有待进一步加大

面对此次火爆的流量，南昌城市形象营销工作仍显不足，流量热度过后的旅游市场情况难以预料。同时，面对人流极大的旅游热度，政府在文旅营销等方面的力度仍需加大。比如，哈尔滨元旦"爆火"的背后，除了政府积极支持各大文旅平台账号推出游记攻略等短视频助燃旅游宣传推介之外，还连续两天组织召开冬季旅游提升宾馆酒店服务质量座谈会，坚决打击侵害旅游者合法权益的不法行为，全力维护广大游客的合法权益和哈尔滨市的良好形象；重庆的网红景点轻轨二号线的李子坝站火爆全网后，当地政府为此搭建专门的观景台，为游客打卡提供便利，保障游客的体验安全；歌曲《早安隆回》走红之后，湖南省隆回县委县政府与智库机构主办了400余人参加的《早安隆回》暨隆回发展研讨会，为隆回经济社会发展贡献智慧力量。

三、推动南昌"流量"变"留量""网红"到"长红"的对策建议

南昌文化旅游产业发展保持良好势头，要不断满足人民日益增长的美好生活需要，仍然面临着新的机遇和挑战。为更好推动南昌"流量"变"留量""网红"到"长红"，建议从打造"天下英雄城"文旅产品新体系、提升文旅服务新体验、促进文旅组团新发展、树立城市治理新标杆、塑造城市人文新形象出发，持续擦亮"天下英雄城"金字招牌。

（一）"产品出彩"，打造"天下英雄城"文旅产品新体系

聚焦让游客慢下来、留下来，拓宽旅游资源融合发展通道，着力形成上下游产品有效衔接、产业链条完善的良好局面。一是突出市场需求，让游客"玩得乐"。支持重大文旅项目招引落地，对新建国际、国内知名 IP 文化旅游项目，运营满一年的给予一次性奖补；对重要文化旅游项目，采取"一事一议"方式予以政策扶持。针对夜间旅游等弱项，鼓励有条件的 A 级景区开展夜间游览服务活动。鼓励孺子书房等公共图书馆、美术馆、博物馆、文化馆结合实际，在二、三季度夜间延时开放，在节假日实施 24 小时开放。优化夜间消费公共交通线路设置，延长旺季公共交通运营时间，推出旅游旺季公交、地铁 21 时后"一元通城"服务。深入挖掘"潮色"旅游，创新推出包含军事、演出、玩乐、电竞、餐饮、旅拍、展览等体验元素在内的"景区+""酒店+"文旅产品，将单一的景点向各类产品组合拓展。利用南昌 VR 产业优势，丰富 VR 文化游历产品，让游客体验南昌海昏侯等古色、"八一"等红色文化魅力。引导产业基金投资文化旅游产业，适时加大对文旅产业以及酒店、旅行社等延伸产业的支持力度。二是突出大众消费，让游客"玩得起"。当前，消费者更加注重理性消费，更加关注旅游服务的性价比，"是否划算"是大部分消费者的主要选择标准。要加强对餐馆、酒店、景点等价格引导，让消费者在热游南昌的同时，在吃、住、游、行上舒心放心，让更多的年轻人、中年家庭、组团老人等有意愿、有能力来昌消费。进一步推广湿地公园荧光夜跑、摇尾露营区等"低消费"，完善乡村近郊、养生休闲等"慢消费"特色旅游。持续与银联、相关金融机构等共同推出特惠商户折扣、消费满减、积分奖励兑换、票价优惠等惠民行动。三是突出数字宣传，让游客"玩得来"。积极对接"一部手机游江西"等全省旅游工程，用好抖音、微信公众号、小红书等线上宣传平台，加快推进全市景区智慧化建设，为游客提供旅游资讯、旅游攻略等，推出更加便捷和个性化的旅游服务。探索构建网络推荐"金字塔体系"，支持主流新媒体社交平台发布宣传推介南昌文化旅游原创作品，邀请网红达人、潮客名家

来昌旅游并发表点评文章和推介动态，对点赞数或者转发超过一定次数的，最高给予作者现金奖励。推动周边省会城市高校师生来昌旅游参观，并推广"免票月""免票周""消费券"等活动，提升文旅品牌影响力。

（二）"服务暖心"，提升"天下英雄城"文旅服务新体验

秉持亲民、柔性的城市"微治理"理念，回应民声呼吁、践行务实作风，努力化城市"创红"为"长红"。一是提高城市承载能力。推广湾里蟠龙峰景区观景平台经验，探索在秋水广场等人流量大的景点，搭建临时性观景台。支持景点周边酒店、药店、商场等提供免费茶水、看护行李、开放卫生间，预留停车位等服务，探索机关事业单位节假日提供免费停车。做好景点运力评估，实施热门景点"提前预约、错峰错时"，推进改造道路、增设休息座椅、垃圾桶、停车场等项目，在节假日视情增设"奇遇巴士""网红打卡铛铛车"等专线，增强承载能力。二是传递有人情味的服务理念。聚焦市场监管、交通、卫生环境、公安、城管等城市治理核心部门，在依法监管、公正执法的基础上，探索对一般违法行为实施审慎监管和容错纠错机制，对轻微违法行为免处罚，实行人性化管理。加强游客权益保护，支持各县区建立赔偿先付、无理由退货等制度。积极争取纳入国家城市社区嵌入式服务设施建设工程，不断提升城市温度。三是挖掘人文历史魅力。支持各地通过歌曲、舞蹈、短视频、网络小游戏等方式，大力深挖本地名人、名胜等文化资源背后的故事，提炼整合人文、历史、地理等要素，展示城市独特魅力。加快文化资源向旅游产品转化，鼓励企业开发独特的创意性产品，将包含景观资源、空间场地等在内的旅游产业价值链活动延伸到文化创意产业中，提升旅游的文化感染力和吸引力。

（三）"组团扩容"，促进"天下英雄城"文旅组团新发展

深入挖掘和有效整合南昌各地"红""绿""古"等文旅资源，突出发挥"天下英雄城"品牌效应，加快各地联动组团发展。一是县区组团。发

挥南昌都市圈"带头人"作用,支持区位相邻、业态相近的县区发挥特色优势,协同打造文旅品牌集群。如推动安义县和靖安县联合用好古色、绿色文化资源,打造宜养宜居宜游的旅游业态;推动南昌县与鄱阳县在乡村产业发展、休闲观光农业发展等领域的合作,实现互利共赢。鼓励县区联合开展文旅产业招商引资推介活动,组织本地文旅企业参加国内外旅游展,展示南昌优秀文创产品与旅游商品,加大景区旅游线路推广和品牌营销力度,实现旅游资源、产品、市场、信息、客源共享。二是地市组团。着力与其他设区市跨市域联合推出精品文旅路线。如依托山水资源,联合九江、鹰潭、上饶等连点成线扩面,开展"读万卷书行万里路"文化主题旅游推广活动,依托文物、非物质文化遗产、历史名人、典籍等文化资源,以及生态露营、户外运动、森林康养等生态资源,设计推出一批人文生态主题旅游线路,共同打造自然人文生态旅游体验带。加快推进陆军博物馆项目建设,依托"八一"品牌、军事博物馆等红色资源,联合赣州、吉安等开展具有江西特色的红色旅游研学活动,打造面向全国的红色旅游首选地。三是跨省组团。增强跨省文旅品牌资源互动,与省外部分城市结合重大赛事以及精品赛事等体育赛事,设计特色旅游线路,组织开展促消费系列活动。依托长江中游三省文旅资源,联合武汉、长沙开展旅游宣介、市场营销、产品开发和品牌塑造活动,探索建立客源互送、定期交流等常态化机制,打造中三角旅游名片。

(四)"治理出众",树立"天下英雄城"城市治理新标杆

持续优化市场秩序、生态环境,推动全市营造友好型社会,不断满足人民对美好生活的向往,推动南昌文旅可持续发展。一是全力稳定市场价格。积极引导文旅行业加强行业自律,主动承担社会责任,提升服务意识,通过发布提醒告诫书、组织座谈会等形式,要求住宿餐饮、交通运输、旅游景点景区等明码标价,严厉查处节假日哄抬物价"宰客"行为。二是营造良好的旅游环境。加强食品安全监管,对餐饮单位开展全覆盖监督检查

工作，增加错时检查、"夜查"比例，探索开展线上线下同步联合整治行动，适时开展"回头看"工作。注重八一广场升旗仪式、烟花晚会等活动的事前、事后环境保护和监管，通过发放免费垃圾袋、塑料瓶换特色纪念勋章等方式，引导游客注重环境保护。三是加强预警预期管理。要引导地方干部靠前指挥，统筹部署节日期间安全防范工作，开展节假日热点景区前置风险评估工作，拿出切实可行的各类预案。加强政策宣传阐释，跟踪线上舆情变化，及时回应争议。比如，哈尔滨冰雪大世界开园第一日遭游客投诉，相关舆情很快冲上网络平台的热搜，当地文化和旅游局及时督促景区优化接待安排，园区连夜整改，成功转危为机。通过分时段预约、退票动态回池、弹性增加预约名额等措施，提升购票预约参观便利化服务水平。提前研判客流量接待能力，尽早告知游客交通阻塞、停车难、排队时间长等问题，合理布局自驾车旅居车停车场等服务设施。

（五）"品牌传播"，塑造"天下英雄城"城市人文新形象

坚持自信自强、守正创新，着力增强广大市民的城市自豪感，努力塑造开放包容、大气谦和的人文印象。一是提升城市自信。改善大型商圈、城市综合体等文化休闲环境，凸显"中华老字号""南昌老字号""国货潮品"等元素，充分展现南昌集文化旅游商贸于一体化的品牌自信。充分发挥政府主导力量和市民主体力量，加强城市人文精神建设与培育，推动全体市民提振"自信、发奋、齐心"的精神状态，打造由内到外的"人和"氛围，彰显南昌英雄城的应有气概，为南昌文旅发展汇聚合力。二是树立城市服务口碑。着重在出行（如出租车、地铁站）、餐饮服务、景点等对外宣传重点行业加强培训，提升从业人员服务意识和城市认同感。建立服务质量反馈热线，对广受好评的服务人员予以表彰或现金奖励。加强城市知识培训，让从业人员能够回答游客"看什么、吃什么、玩什么"的问题。三是塑造城市品牌形象。持续唱响"物华天宝 人杰地灵 天下英雄城"城市品牌，拓宽宣传推广渠道，由政府部门制定把关南昌旅游宣传手册、旅游产

品线路图、网红景点打卡攻略等，由企业出面作全方位宣传，并在热门景区、人流量大的地铁站、火车站出口等地专门免费放置相关手册，打造热情好客、周到服务的城市形象。在旅游黄金时期，倡导本地居民"让利于客、让路于客、让景于客"，引导全市人民为城市文旅"代言"。

"四力齐发"优化营商环境 补齐"短板"打造全省标杆

——南昌市优化营商环境的实践探索及其对全省的启示

南昌大学课题组

习近平总书记在考察江西时强调:"深化重点领域改革,加强营商环境建设,稳步扩大规则、规制、管理、标准等制度型开放。"南昌市深入贯彻党中央、国务院的决策部署,认真落实省委、省政府大力推动营商环境优化升级的工作要求,勇挑大梁、敢为善为,瞄准最高标准、最高水平开展先行先试工作,力争打造一流营商环境标杆城市,形成更多首创性、突破性、引领性的制度创新成果,为助力全省营商环境提档升级提供借鉴和启示。

一、对标一流、强化弱项,扛起省会担当正当时

(一)放眼全国,尚需奋起直追、赶超跨越

优化营商环境进步明显。国家发展改革委发布的《中国营商环境报告2021》显示,南昌市营商环境总体得分74.26分,相较于2019年58.29分有大幅提升,总体评价晋升为"优良"档次,优化营商环境工作取得实质性进展。

较周边省会城市有一定差距。根据2019—2023年全国工商联"万家民

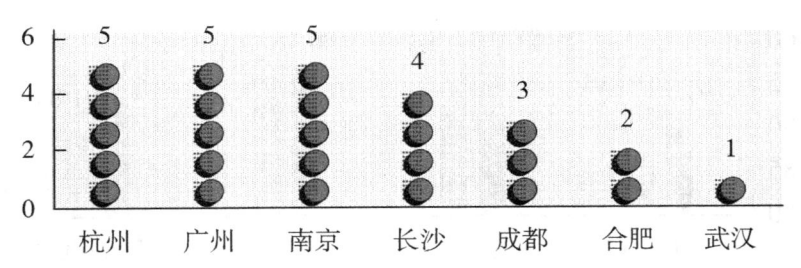

图1 全国工商联"万家民营企业评营商环境"省会城市入围得分前10的次数（2019—2023年）

营企业评营商环境"的调查，杭州、广州、南京连续5次排名前10，中部省会城市长沙、合肥、武汉均曾入围前10名（详见图1），而南昌一直未上榜，处于中游水平。究其原因，南昌市的制度环境虽大为改善，但影响力还有较大提升空间。根据2023年全国工商联"万家民营企业评营商环境"调查，当问及"认为全国城市中哪三个城市的营商环境最好"时，85644位民营企业家进行了投票，南昌获得企业家口碑投票数430票，在省会及副省级城市中排名第18，南昌市在省内口碑得票较高，但在省外知名度不够高，未形成"近悦远来"的影响力。不少企业反映，南昌乃至江西"官本位"思想比较重，官员心态比较保守，监管企业多，贴心服务企业少，与沿海地区营商环境相比存在一定差距。

（二）聚焦省内，尚需锻造长板、补齐短板

本课题组基于2022—2023年全国工商联"万家民营企业评营商环境"问卷，拟定了较为客观科学的评价指标、权重（详见本文附录1）和计算方法，对填报数据进行测算、评价分析。

从总体评价来看，2023年南昌市营商环境得分为91.91分，较2022年增加了0.13分，但与全省第1名（吉安市）、第2名（新余市）相比仍有差距（详见图2）。

从口碑情况来看，当问及"本省哪3个城市营商环境最好"时，南昌

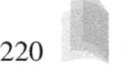

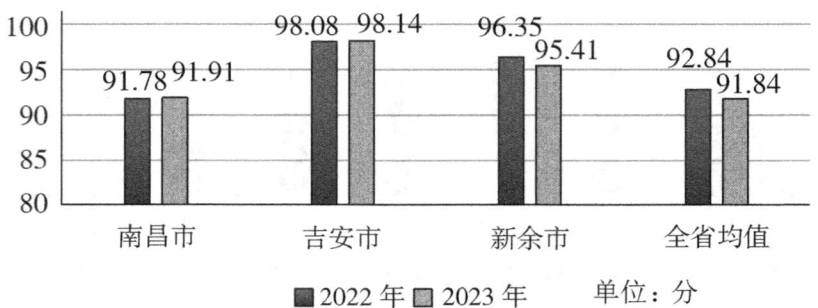

图 2　2022—2023 年南昌市营商环境得分对比示意图

市口碑全省最佳，2022—2023 年得票数均排第一，分别高出全省平均得票数 1179 票、914 票（详见表 1），展现出省会城市的"硬核担当"。

表 1　南昌市营商环境口碑得分对比表

地区	2022 年 得票数	2022 年 排名	2023 年 得票数	2023 年 排名
南昌市	1776	1	1484	1
吉安市	551	4	536	5
新余市	193	8	211	8
全省均值	597	—	570	—

注：单个企业就同一问题对某地重复投票仅对该地计一票。

从政务服务力来看，2022 年南昌市政务服务力得分为 92.27 分，2023 年在此基础上增加 0.08 分。但与吉安市 99.84 分、新余市 96.79 分相比，

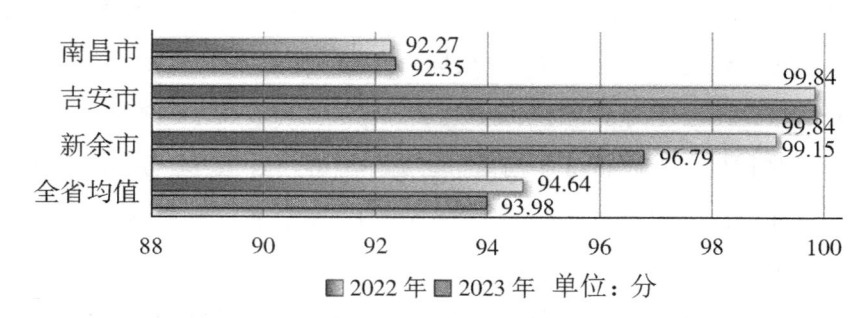

图 3　2022—2023 年南昌市政务服务力得分对比示意图

南昌市政务服务能力还有较大提升空间，仍低于全省平均水平（详见图3）。

从法治保障力来看，2022—2023年有70%以上的企业对全市法院的立案效率和审理效率表示肯定，市场主体满意度仍待提升。南昌市法治保障力平均得分为92.80分，比全省平均水平低1.51分（详见图4），法治营商环境优化潜力足。

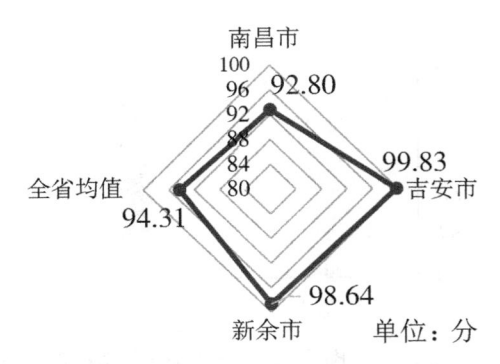

图4 2022—2023年南昌市法治保障力平均得分对比示意图

从市场竞争力看，南昌市在提供融资支持、优化用工环境、放宽市场准入、提高市场监管效率等方面还有提升空间。根据测算，2022年南昌市市场竞争力得分为88.86分，2023年下降至87.55分，低于全省平均水平（详见图5）。

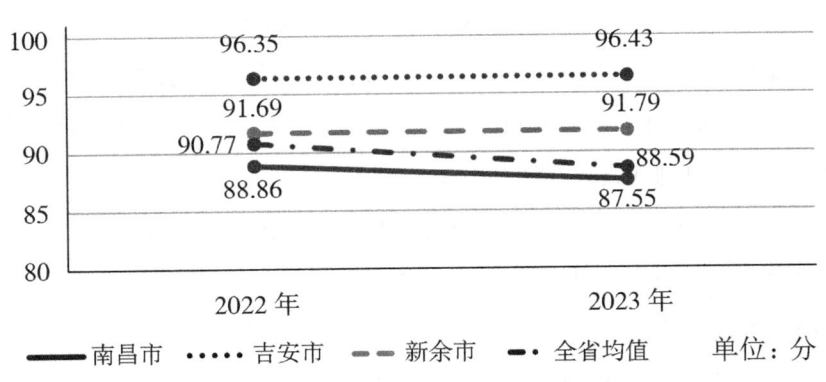

图5 2022—2023年南昌市市场竞争力得分对比示意图

从价值创造力来看，南昌市通过开展"揭榜挂帅""赛马争先"等项目，亲商重商氛围浓厚。但其2022—2023年价值创造力平均得分仍比吉安市低7.77分，比新余市低7.47分（详见图6），未来还需在创新人才服务、支持企业数字化转型上补齐短板。

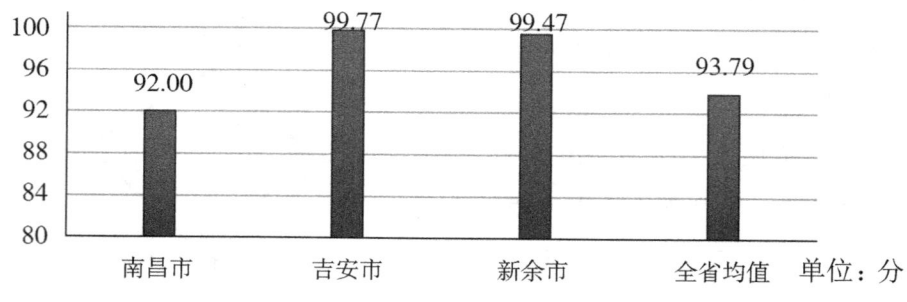

图 6　2022—2023 年南昌市价值创造力平均得分对比示意图

二、谋在高处、干出实效，打造营商环境"升级版"

聚焦优化营商环境典型案例，对比省内外城市先进经验，探索发现南昌市营商环境建设的亮点与不足，为全省培育壮大市场主体、激发市场活力和内生动力提供思考。

（一）高位谋划，建立健全体制机制

一是以工作专班作抓手。成立以市委主要领导为组长的南昌市优化营商环境工作领导小组，小组下设办公室、5个专项行动组和18个专项指标部，顶格推进体制机制建设。

二是以强力政策作引领。高规格召开全市优化营商环境工作推进大会，制定出台《关于深入推进优化营商环境"一号改革工程"全力打造区域性标杆城市行动方案》《南昌市建设省营商环境创新试点城市实施方案》等文件，初步搭建起优化营商环境"四梁八柱"政策体系。

三是以创新机制作支撑。建立"每周一例会、双周一调度、每月一推进"会议机制，创新"红橙黄绿亮灯"专项督导机制和"四张问题清单"分级调度机制。与景德镇定期发布营商环境"红黑榜"相比，南昌市在加大改革力度方面还有提升空间。

（二）深化改革，提高政府治理效能

一是司法改革提质效。在全国首创"诉事速办"诉讼服务，实现诉讼服务直达、直通、直连。先后联合京东、阿里巴巴搭建"破产重整·智慧平台"，成立全省首家"清算与破产审判庭"。

二是靶向发力强监管。在全省率先推行智慧化预警多点触发式监管，南昌县"双随机、一公开"监管和信用监管经验做法被国务院予以督查激励通报。对比南京开发上线企业"安全信用脸谱"系统进行信用监管的方式，南昌市监管精准性有待增强。

三是从严从实转作风。扎实开展"4+X"（"油松痞""小鬼难缠""中梗阻""脱离群众和漠视侵害群众利益"4个共性问题和若干项行业领域个性问题）作风专项整治行动，严肃查处办事拖沓、推诿扯皮现象。

（三）需求导向，开展全生命周期服务工作

一是企业办事"能快则快"。全省首家上线开通"税银智慧集成办"服务功能，打造"10分钟办税便利圈"。依托"5G+VR"技术，试点推行"政务晓屋"，实现人工服务事项就近办。

二是事项审批"能减尽减"。创新实施"三大超简"（大承诺、大容缺、大模拟）分阶段核发施工许可模式，推动重大重点项目全链条审批时间至少压缩60天。南昌市重大重点项目"三大超简"审批改革和南昌县分别被评为第二批全国法治政府建设示范项目和示范地区。

三是矛盾纠纷"应调尽调"。南昌市红谷滩区率先打造全省首家由人社部门牵头的劳动关系多元调处服务机构，设立企业之家、"人社+工会+法院"调解室等区域，提供集约式劳动保障服务。

（四）精准发力，靶向施策助企纾困

一是帮办代办添温度。组建"小赣事帮代办"队伍，实现市县乡村四级全覆盖。全国率先推行公职律师帮办代办服务，与上饶市广丰区推出的

"远程视频帮办代办"相比，企业可以享受更加专业化的咨询服务。

二是解决诉求拓广度。南昌市成立"洪城社保专家解忧工作室"（被人力资源和社会保障部评为最具亲和力的"解忧工作室"），南昌县上线运行"护航行动"微信小程序，新建区设置"办不成事"反映窗口，将优化营商环境向纵深推进。

三是政企沟通延深度。各地多点发力、亮点纷呈，新建区启动"周末亲清行"活动，西湖区推行"幸福圆桌会"机制，入选民政部"全国基层治理创新典型案例"。但与成都市金牛区公布区长、副区长联系电话，24小时开机相比，南昌市推进政企"直接连线""一键直达"还有待强化。

三、深挖根源、摸清症结，破除营商环境"卡脖子"

聚焦政务服务力、法治保障力、市场竞争力、价值创造力四个维度，探索发现南昌市营商环境的短板弱项。

（一）政策效果还需显现，全面增值服务有待开拓

一是观念陈旧亟须破冰。企业家反映，有关部门必须等其他地区有先例，才敢对创新产品进行审批，但江浙、广东、福建可直接审批；在新媒体领域，政府只关注大型电影、电视剧的投资，对小而精的系列纪录片不够重视，丧失南昌文旅出圈机会；部分官员"爱惜羽毛"，现在以权谋利虽然少了，但推诿扯皮打太极却多了。

二是政策制定与落实需防"空转"。相比江浙地区，南昌市制定政策大多偏慢、保守，在谋划创新举措时，常常会被"国家有没有要求""其他地区有没有类似文件"两条标准卡死。有企业家反映，近年来真金白银政策很少，只是在原有基础上"玩文字游戏"，受财政实力影响，政策也是"捂在口袋里"，用来"送人情"。

三是企业办事之"愁"难解。2023年全国工商联"万家民营企业评营

商环境"问卷调研结果显示，仅有71.01%的企业对政府解难题、办实事情况"非常满意"，一件事情不跑个十趟八趟、不请个十场八场、不等个十天八天别想办成，有企业戏称，"十八现象"仍然存在。某企业家反映，2017年签署产业园入园协议后，按照政府要求建设总部大楼，但因领导更换，旧账难理，至今没能取得土地产权，职能部门甚至以未批先建为由对其进行处罚。

（二）执法司法还需规范，监管方式方法有待创新

一是司法实践中处于弱势地位。某企业反映，民企与国企诉讼往往强调"国有资产不流失"，民企与员工纠纷则往往强调"保护弱势群体"，多数情况是让民企"赔钱了事"，容易滋生出一批恶意违约索赔的"碰瓷专业户"。

二是民企产权保护不足。根据问卷调研，2023年仅有59.14%的企业对本地依法保护企业家人身权财产权工作"非常满意"。企业反映，运行期间参与政府1000多万元规模的项目，即便打赢官司也难以收回欠款，导致无法及时向原材料厂商交付200多万元的货款，被起诉至法院强制执行，最后被"活生生拖垮"；民企以拖欠账款为由起诉央企二三级公司，调解不成功后，央企反而将其列入集团黑名单。

三是有时存在"趋利性执法"。有企业反映，个别执法队伍抱有"居高临下"的心态，以各种理由"找碴儿"，尤其是规模越大的企业，被"照顾"的频率更高。

（三）市场活力还需释放，产业发展配套有待健全

一是"竞争中性"未完全实现。根据问卷调查，2022—2023年只有70%左右的企业对政府保护市场主体公平竞争情况"非常满意"。部分企业反映，民企从政府项目的乙方，逐步蜕变为丁方，极个别情况下可能连丁方都当不上；在混合所有制企业中，民营企业家必须按照国企标准报销差旅

费、伙食费等，对民营企业家限制过多，导致民企积极性下降；对村镇建筑进行拆除，必须由当地人参与，但外地企业进入市场，可将混凝土、门窗等循环利用，成为地方税收的重要来源。

二是市场监管之"弦"仍需绷紧。对中介服务机构的监管机制尚未形成，尤其是省外的勘察设计单位，省内的施工图审查、测绘等中介机构，市、县一级自然资源、住建、水利等部门监管手段有限，同时中介服务超市现行的低价竞标固定模式，导致企业不愿到中介超市线上选取。

三是"融资高山"难以跨越。根据问卷调查，2023年仅有55.84%的企业对南昌市缓解企业"融资难、融资贵"成效"非常满意"，比吉安市低37.28个百分点。有企业反映，混改企业可办理纯信用贷款，融资成本从3.7%降到3.6%，再降至3.55%，但民企必须有抵押物才能获得资金，融资成本达4.5%。

（四）创新创业氛围还需营造，浓厚家国情怀有待培育

一是"热带雨林式"创新生态尚未形成。根据问卷调查，2022—2023年仅有65%左右的企业对南昌市创新创业氛围"非常满意"，民营企业创新面临产品利润下降、成本不断高涨的双重夹击。

二是"孔雀"爱往东南飞。问卷调研数据显示，2022—2023年对政府帮助企业引进和培育创新人才情况"非常满意"的企业不足70%，对创新人才职称评定等措施，创新人才住房保障等服务"非常满意"的也不足70%。某企业反映，大城市"虹吸效应"太强，聘请高管、职业经理人动辄需要50万—100万，高校毕业生"宁漂北上广，不回家乡闯"，人才荒让他们心里也很慌。

三是存在"小富即安"惯性思维。不少企业经营者担心"树大招风"，只盯着眼前"一亩三分地"，缺乏鸿鹄之志。某企业家反映，身边一些民营企业家选择"躺平"，甚至移民出国，这些企业家研究国外移民政策、琢磨移民目的地的兴趣远大于生产经营或践行社会责任的兴趣。

四、以点见面、靶向施策，助推全省营商环境"大优化"

优化营商环境，要充分发挥典型案例的示范、引领和警示作用。南昌作为省会城市，在营商环境建设上打头阵、当先锋、走在前，为全省抓细抓好营商环境优化工作，实现从局部"盆景"跃向全域"风景"提供宝贵经验和深刻启示。

（一）从政府端菜到企业点菜，切实增强政务服务力

一是人性化暖心服务。以体悟实训的方式，每年选派专业型青年干部到发达省份对口部门跟班学习，引导干部树立"服务意识"大于"权力意识"的理念。建设企业综合服务中心、线上企业综合服务专区，鼓励设置企业（行业）社区，为企业提供一站式集成服务。鼓励新媒体从业人员宣传推介江西，每年对正面宣传江西文旅资源的新媒体纪录片企业进行奖补。

二是数字化先行先试。完善"赣服通"法人授权办事功能，提升"掌上办"服务效率。开展针对全省政务服务自助机设备布设、功能设置、系统运行、业务办理等情况的综合评估工作，避免自助机向社区便民服务点等利用率不高的区域无效覆盖现象。明确国家企业信用信息公示系统中经营异常名录信息修复的要求和时间，除政府内部系统之外，企业经营异常信息不可查询。

三是精准化放权赋权。支持各设区市针对企业开办系统，开展个性化服务工作。鉴于政府采购适用的法律、政策和交易流程不同，各地市监管需求差异化等特点，支持市级层面进行个性化政府采购系统电子化功能建设。将惠企政策兑现纳入政府年度绩效考核，配套建立政策不能兑现的整改机制，对政策承诺履行情况，由社会大众全程监督。

（二）从部门主导到社会共治，持续夯实法治保障力

一是精准服务维企权。严厉打击侵占民营企业合法产权行为，严格依法审慎采取查封、扣押、冻结等措施，建立健全企业涉产权冤错案件有效防范和常态化纠错机制。

二是高效调解为企解忧。优化线下立案服务，配备自助立案、自助查询、自助打印设施，建设"24小时自助法院"，实现诉讼服务"不打烊"。创新"诉中委托+民事调解书""法官指导+特邀调解员参与"等多元联动调解模式，保障诉前、诉中调解顺畅衔接。组建"企业法律管家"团队，按照"一企一策"原则，为企业量身定制"法治体检"服务，化解纠纷难题。

三是温情执法暖企心。全面落实执法事前公示、执法全过程记录制度。重大执法决定法制审核制度，健全行政裁量权基准制度。推广"首违不罚+公益减罚+轻微速罚"等柔性执法，建立涉企违法行为指导改正制度和企业免检免查"白名单"机制，减少现场执法检查量，提高企业获得感和满意度。

（三）从要素驱动到创新驱动，全面提升市场竞争力

一是以市场监管为抓手。建议省级行业主管部门积极采纳市县两级主管部门对中介超市服务机构的评审结果，从价格、技术、服务能力、评价星级等各方面综合考量，避免低价竞标固定模式，给予中介超市主体更多自主选择权。借鉴雄安新区经验做法，开发上线区块链监理管理系统，实现支付数据可视化，解决劳务薪资拖欠、违规分包转包、项目资金挪用等问题。

二是以有序竞争为导向。明确招投标、政府采购等，不得将企业特定区域业绩、税款社保缴纳、资产总额、利润等作为条件。明确规定重大项目投标时，央企国企必须与当地民企合作组成联合体，才可承揽项目。建立健全失信惩戒制度，将央企国企违约毁约、拖欠账款信息纳入信用中国（江西），同时将其列入供应商黑名单。

三是以要素保障为支撑。探索推出"技术交易信用贷",利用技术合同支持科技型企业融资,有效拓宽科技型中小微企业融资渠道,降低融资成本。为根除超限超载违法行为,保证各地运输费用公平合理,研究出台全省适用的治超地方性法规,统一公路货物运输车辆超限超载认定标准。

(四)从物质财富到精神财富,不断释放价值创造力

一是聚力创新聚智创效。建设"再生资源回收利用循环产业园",将矿泉水瓶、纸盒、有色金属等可再生资源统一拆解、循环利用,拓展政府税源。分级分类制定中小微企业扶持政策,支持创新创业载体建设,完善首台(套)激励保障机制。创新科技特派员制度,明确科技人员兼职、创业支持政策和职务成果赋权、奖励等制度。建立企业首席专家制度,建设企业首席专家工作室,支持首席专家领衔开展"卡脖子"关键核心技术攻关、创新人才培养等工作。

二是助推政商"亲清共进"。明确考核要求,把支持和引导民营企业纳入干部管理考核办法,干部年度绩效评议占比不少于10%,着力以干部实绩作为提升企业满意度。试行省内行业龙头企业负责人,到事关经济运行相关部门挂职,畅通政策信息共享渠道,提高政策制定精准度和科学性。

三是营造氛围争当表率。持续开展助力共同富裕先进典型选树创建活动,邀请优秀企业家坐主席台,予以颁发奖牌、证书,并在有关项目安排、贷款融资、税收减免、财政奖励、政府补贴、优先用地、人才引进等方面给予倾斜。

组长:罗海平

组员:张新芝　刘璐瑜　贾　青　邓　明　王圣云

附录 1

指标体系及相应权重

一级指标	二级指标	三级指标	权重
1. 对本地营商环境的总体评价（21分）	1.1 本地营商环境	1.1.1 总体营商环境满意度评价	4
	1.2 本企业经营和所在行业发展的信心	1.2.1 对企业经营的信心	4
		1.2.2 对所在行业发展的信心	3
	1.3 本省营商环境口碑城市	1.3.1 本省营商环境最好的三个城市	10
2. 政府服务力（20分）	2.1 涉企政策	2.1.1 制定涉企政策听取意见情况	2
		2.1.2 发布推送涉企政策效果	1.5
		2.1.3 惠企政策兑现情况	2
	2.2 政商关系	2.2.1 政府诚信履约	2
		2.2.2 政府办实事满意度	1.5
		2.2.3 亲清政商关系	1.5
	2.3 政务服务水平	2.3.1 政府工作人员服务态度及业务能力	2
		2.3.2 开办企业的便利度	1
		2.3.3 税费缴纳的便利度	1
		2.3.4 工程建设项目审批流程及效率	1.5
		2.3.5 口岸通关的便利化	1
		2.3.6 办理注销的便利化	1
	2.4 乱收费、乱罚款、乱摊派	2.4.1 乱收费投诉整改情况评价	2
3. 法治保障力（19分）	3.1 涉企法规和行政执法	3.1.1 修订或废止不合理的涉企法规、规章及规范性文件	3
		3.1.2 社会治安状况	2
	3.2 公检法机关涉企工作	3.2.1 公检法机关违法犯罪行为打击力度	2.5
		3.2.2 公安机关处理涉企案件规范性	2.5
		3.2.3 本地法院立案效率和审理效率	2.5
		3.2.4 本地法院推动解决"执行难"效果	2.5

续表

一级指标	二级指标	三级指标	权重
	3.3 司法行政机关及法律服务机构	3.3.1 公益性法律援助、咨询等服务	2
		3.3.2 调解仲裁服务	2
4. 市场竞争力（20分）	4.1 各类公共资源要素	4.1.1 用水报装的办理流程、时限和成本	1
		4.1.2 用电报装的办理流程、时限和成本	1
		4.1.3 用气报装的办理流程、时限和成本	1
		4.1.4 用热报装的办理流程、时限和成本	1
		4.1.5 用网报装的办理流程、时限和成本	1
		4.1.6 用地审批的办理流程、时限和成本	1
		4.1.7 交通物流稳定畅通的情况	1
	4.2 融资支持情况	4.2.1 融资成本	1
		4.2.2 融资平均放款周期	1
		4.2.3 融资平均综合年化利率	1
	4.3 用工环境	4.3.1 政府开展职业技能培训效果	1
		4.3.2 政府处理企业与员工劳动纠纷效果	1
	4.4 市场准入	4.4.1 政府采购公平性	2
		4.4.2 招标投标公开透明	2
		4.4.3 对各类所有制企业一视同仁	2
	4.5 市场监管	4.5.1 监管部门检查频次	1
		4.5.2 多部门联合检查效果	1
5. 价值创造力（20分）	5.1 创新资源和创新政策环境	5.1.1 科技创新平台满足创新需求情况	2
		5.1.2 监管部门对新技术等留足发展空间情况	2
		5.1.3 创新创业的氛围	2
		5.1.4 专精特新中小企业扶持政策效果	2
		5.1.5 科技创新服务和成果转移转化政策效果	2
	5.2 科技研发情况	5.2.1 鼓励科技中介服务机构发展力度	1
		5.2.2 采购民营企业创新产品力度和效果	2
	5.3 创新人才服务	5.3.1 帮助企业引进和培育创新人才情况	2
		5.3.2 吸引和留住创新人才激励政策	2
		5.3.3 创新人才配偶就业等服务	1

续表

一级指标	二级指标	三级指标	权重
	5.4 支持企业数字化转型情况	5.4.1 支持企业普及应用数字技术效果	2

附录 2

南昌市营商环境细分指标得分情况表

单位：分

一级指标	二级指标	三级指标	2022年	2023年
对本地营商环境的总体评价	本地营商环境	总体营商环境满意度评价	92.56	91.32
	本企业经营和所在行业发展的信心	对企业经营的信心	88.16	90.47
		对所在行业发展的信心	87.58	89.92
	本省营商环境口碑城市	本省营商环境最好的三个城市	98.00	98.00
政府服务力	涉企政策	制定涉企政策听取意见情况	91.69	92.62
		发布推送涉企政策效果	91.57	92.02
		惠企政策兑现情况	91.88	91.48
	政商关系	政府诚信履约	93.72	92.53
		政府办实事满意度	92.74	92.92
		亲清政商关系	92.78	93.00
	政务服务水平	政府工作人员服务态度及业务能力	93.54	93.46
		开办企业的便利度	93.45	93.01
		税费缴纳的便利度	93.00	93.66
		工程建设项目审批流程及效率	90.36	93.07
		口岸通关的便利化	92.19	93.55
		办理注销的便利化	90.31	92.67
	乱收费、乱罚款、乱摊派	乱收费投诉整改情况评价	91.75	88.75

续表

一级指标	二级指标	三级指标	2022年	2023年
法治保障力	涉企法规和行政执法	修订或废止不合理的涉企法规、规章及规范性文件	91.26	92.26
		社会治安状况	92.38	93.46
	公检法机关涉企工作	公检法机关违法犯罪行为打击力度	93.12	93.32
		公安机关处理涉企案件规范性	92.81	92.87
		本地法院立案效率和审理效率	92.99	92.88
		本地法院推动解决"执行难"效果	91.89	92.49
	司法行政机关及法律服务机构	公益性法律援助、咨询等服务	94.25	93.49
		调解仲裁服务	93.54	92.99
市场竞争力	各类公共资源要素	用水报装的办理流程、时限和成本	93.36	92.66
		用电报装的办理流程、时限和成本	93.68	92.30
		用气报装的办理流程、时限和成本	93.23	92.67
		用热报装的办理流程、时限和成本	85.70	92.03
		用网报装的办理流程、时限和成本	92.96	92.39
		用地审批的办理流程、时限和成本	91.88	91.91
		交通物流稳定畅通的情况	92.15	90.00
	融资支持情况	融资成本	88.57	73.47
		融资平均放款周期	61.34	75.71
		融资平均综合年化利率	61.99	76.80
	用工环境	政府开展职业技能培训效果	91.08	89.88
		政府处理企业与员工劳动纠纷效果	91.70	92.28
	市场准入	政府采购公平性	91.52	92.26
		招标投标公开透明	92.20	91.71
		对各类所有制企业一视同仁	92.60	91.56
	市场监管	监管部门检查频次	93.41	55.65
		多部门联合检查效果		92.10

续表

一级指标	二级指标	三级指标	2022年	2023年
价值创造力	创新资源和创新政策环境	科技创新平台满足创新需求情况	92.07	92.73
		监管部门对新技术等留足发展空间情况	91.80	92.31
		创新创业的氛围	91.15	92.93
		专精特新中小企业扶持政策效果	91.73	91.88
		科技创新服务和成果转移转化政策效果	91.61	92.84
	科技研发情况	鼓励科技中介服务机构发展力度	91.64	92.49
		采购民营企业创新产品力度和效果	91.58	92.81
	创新人才服务	帮助企业引进和培育创新人才情况	90.91	92.37
		吸引和留住创新人才激励政策	91.00	92.37
		创新人才配偶就业等服务	91.07	91.75
	支持企业数字化转型情况	支持企业普及应用数字技术效果	91.39	93.07

顺应时代大变局　推动南昌高质量发展

南昌市发展和改革委员会课题组

党的十八大以来，面对世界百年未有之大变局，以习近平同志为核心的党中央深刻分析机遇和挑战出现的新的发展变化，强调危机并存、危中有机、危可转机，不断提升在危机中育新机、于变局中开新局的能力，牢牢掌握发展主动权。十多年来，南昌市以习近平新时代中国特色社会主义思想为指导，深入贯彻落实习近平总书记考察江西重要讲话精神，立足新发展阶段、贯彻新发展理念、构建新发展格局，彰显出砥砺前行的强大韧劲。

一、回首过去看南昌——三个"没有变"

十多年来，作为江西的省会，南昌始终坚持积聚势能、蕴藏潜能不动摇，一直是全省发展的"领头羊"、排头兵，为全省经济社会发展作出了巨大贡献，引领和支撑全省经济发展的态势始终未变。

（一）引领全省、支撑全局的强大动能没有变

十多年来，南昌始终彰显省会担当，在做大经济总量的同时，努力引领带动全省发展的动能没有变。

十多年来，南昌一直是全省经济发展的"压舱石"。从南昌在全省的经济首位度来看，南昌一直稳稳超过22%；从南昌对全省GDP增长贡献率上看，

十多年来都高于首位度，一度超过1—2个百分点。固定资产投资建设项目数量一度占据全省半壁江山，全市固定资产投资规模不断扩大，且保持较高速度的增长，2013年以来年均增长15.6%，比全省平均水平高0.5个百分点。全市能耗远低于全国、全省平均水平。"十三五"期间，全市万元国内生产总值能耗已下降到0.291吨标准煤，比全省平均水平低33%，比全国平均水平低40%。南昌经济之"稳"保障了全省经济"航船"行稳致远。

十多年来，南昌一直是全省单位产出的"领头羊"。南昌的单位产出一直在全省遥遥领先，人均GDP一直是全省平均值的1.6倍，2023年南昌人均GDP为11.2万元，在全国省会城市排名中持续保持上升势头。地均GDP是全省平均数的5倍，2023年南昌每平方公里GDP超1亿元，是12年前的2倍，以全省不到1/20的土地贡献了近1/4的GDP总量。

十多年来，南昌一直是全省改革攻坚的排头兵，推动事关国计民生的改革举措1000余项，改革经验在全国推广的有10余项，一批重点领域和关键环节改革在全国率先突破，为经济社会发展带来了强大动力。在全力打造市场化、法治化、国际化一流营商环境方面成效显著，2021年和2022年，南昌市连续两年在全省营商环境评价中位列第一，并在全国营商环境现场会上进行经验交流。

（二）蓄力勃发、着眼长远的待发势能没有变

党的十八大以来，市委、市政府始终保持发展定力，找准定位、精准发力，致力于打基础、利长远，为南昌积蓄了强大的发展动能。

以历史之最的标准推进"一枢纽四中心"建设。以大手笔、大格局、大力度打造综合交通枢纽，市内"十桥同架"盛况空前，创南昌市桥梁建设史之最。赣江抚河下游尾闾综合整治工程"六坝共筑"总投资达170多亿元，可承载万吨轮船航行，是新中国成立以来江西省单体水利工程投资体量之最、规模之最。"二环十二射"高速公路网呼之欲出，该项目全面建成后，将形成从南昌到省内设区市2小时、到周边省会城市3小时的综合

交通格局。南昌昌北国际机场三期扩建工程建成后，年旅客吞吐量将达到4200万人次、货邮吞吐量60万吨，跻身全国第一梯队。

以"尽力而为、量力而行"的态度办好民生实事。财政资金持续向民生领域倾斜，全市财政民生类支出占一般公共预算支出比重始终保持在80%左右。持续推进"打通断头路 畅通微循环"专项攻坚行动，目前，全市累计开工项目42个，实现道路全面通车26条，"断头路"变为便民路；全面启动政府投资类建设项目"胡子工程"攻坚专项行动，累计29个"胡子工程"完工销号，十余年的"中梗阻"实现"消消乐"。100家特色鲜明、品质精良的孺子书房在城市中拔地而起，让市民在城市的喧嚣中寻找"诗和远方"。

以爆红的流量和热度打造"网红城市"。精准抢抓新冠疫情后经济复苏的重要窗口期，秉持"季季推新品、月月出爆款"的理念持续举办特色活动。在这些举措的推动下，南昌作为"新晋网红"横空出世，并从"配角"走到"C位"，各种爆款活动刷屏网络，成为新的流量担当。自2023年"五一"假期以来，南昌在全网的搜索热度居高不下。2023年国庆节期间，八一广场升旗仪式吸引现场观众超过15万人次；国庆烟花晚会吸引了约98.2万人次的市民和游客到场观看，全网在线观看直播人数达8000万人次。

（三）前景光明、后劲十足的深厚潜能没有变

党的十八大以来，南昌以"自信、发奋、齐心"的姿态，推动经济社会高质量发展，各项先行指标都释放出南昌经济发展韧性足、后劲猛的强烈信号。

得益于"网红城市"效应和精准的人才政策，南昌城市吸引力在不断增强。在全国、全省新增人口增长乏力的背景下，南昌人口规模逆势上扬。近5年，南昌新增近62万人口，年均增量超12万人，年均增长2.1%。特别是自2021年9月份以来，南昌市向全球发出"求贤令"，大力开展"每年吸引10万名大学生和技能人才来昌留昌创业就业"活动，吸纳人才35.81

万人，尤其是2021年、2022年南昌市人口增长18.25万人、10.06万人，全市人口总量跃升至全省第2位，以一己之力扭转了全省人口净流出的态势。

得益于市委、市政府持之以恒推进产业强市、制造业立市的发展战略，南昌未来发展的支撑力不断增强。南昌已经形成覆盖传统产业和战略性新兴产业的"4+4+X"产业体系，发掘和培育了一批细分行业内技术领先、产品质量优、市场份额高、成长性好的专精特新企业和制造业单项冠军企业。尤其是电子信息产业从无到有、从小到大，呈现出"打造世界级电子信息产业集群"的蓬勃发展态势。LED硅衬底技术全球领先，荣获国家技术发明一等奖。南昌成为我国最早打通LED全产业链的城市。

得益于市委、市政府实之又实的工作作风，全市上下干事创业的战斗力不断增强。两年来，市委、市政府聚焦"一枢纽四中心"建设，坚持一切从实际出发，做到实事求是看待市情、谋划思路、推动发展，不断提升能力、锤炼作风、狠抓落实，在实践中树立正确的政绩观，坚持"做正确的事，正确地做事"。一是掌握科学的工作方法，坚持"干字当头，问题导向，重点发力，以上率下"；二是运用有效的工作方法，坚持"简单专注，严实深细"；三是践行务实的工作作风，坚持"脚上有土，心中有谱"；四是打造有力的干部队伍，坚持大力选用忠诚干净担当且具备六种鲜明特质的"四有干部"，加强干部队伍建设。

二、立足当下看南昌——三个"正在变"

受国际国内宏观经济形势的变化，以及疫情防控平稳转段后房地产行业下行、招商引资"内卷"等诸多因素影响，近年来南昌市和全国大部分城市一样，出现了一些共性的、阶段性的问题。这些都是发展中的问题、前进中的波折。总体来看，南昌持续向好的态势没有改变，但三个方面正在转变：虽然南昌引领全省发展的强大动能没有变，但动能引领的方式在转变；虽然南昌待发的势能没有变，但势能积蓄的方法在转变；虽然南昌深厚的潜能没有变，但潜能激发的路径在转变。

（一）由注重"量的引领"向注重"质的引领"转变

党的十八大以来，全市GDP增速由之前的两位数增长变缓为个位数增长，尤其是受新冠疫情等因素影响经济增速趋缓，符合工业化中后期的发展特点。在此阶段，传统产业增速持续回落但也逐步趋稳，高新技术产业等增速明显，产业结构呈现优化态势。这些都使得南昌引领全省的方式将逐步由数量上的引领向质量上的引领转变。

（二）由"顾当前"向"谋长远"转变

受外部复杂环境、经济增速下行的影响，全市产业支撑力略显不足，工业经济持续承压、市场主体信心不足、民间投资意愿不强等问题凸显。面对这种情况，市委、市政府始终保持战略定力，通过提振干事创业精气神，着力降本增效促发展，抢占产业发展制高点，助力南昌在新一轮科技革命与产业变革中赢得主动。

（三）由"单打独斗"向"抱团发展"转变

在经济全球化遭遇逆流及国内区域竞争加剧的背景下，各大城市的竞争进入"白热化"阶段，甚至在招商引资等领域打起了"价格战"，产业"内卷"压力显著增大。南昌始终坚持以"抱团发展"应对"内卷内耗"，通过主动对接和融入长江经济带、长三角、粤港澳大湾区、海西经济区等国家战略，深化长江中游三省合作，加快南昌都市圈一体化建设，使南昌的发展更具韧性。

三、放眼未来看南昌——三个"需要变"

为切实贯彻落实好市委十二届七次全会精神，将市委擘画的工作蓝图转化为施工图、实景图，建议在三个方面作出改变，将市委各项决策部署落地落实。

（一）迎难而上：由"内生动力"向"内外协同"转变

建议南昌市用好国家和江西省在区域发展、项目投资、生态试验等方面的支持政策，为南昌高质量发展注入强劲动力，迎难而上，做好"内生动力"向"内外协同"的转变。

建议一：推动南昌都市圈内人口向南昌市导入。充分利用江西省促进南昌都市圈发展的相关政策，锚定都市圈人口基本盘，吸引人口向南昌流入。探索南昌与周边市、县设立"飞地经济"区域或产业合作园区，吸引都市圈其他地区人口来昌就业创业。

建议二：开展"争资争项比学赶超"工作。抓住2024年国家将发行3.9万亿元地方政府专项债券和1万亿元超长期特别国债的机会，在全市范围开展"争资争项比学赶超"工作，加大项目储备和申报力度；同时，成立重大政策对接工作专班，加强政策研究和对接汇报。

建议三：利用好EOD、VEP及新"PPP"政策。建议认真研究EOD、VEP及新"PPP"政策的内涵与要求，精准对接项目需求，通过将生态修复与旅游开发、生态农业、绿色能源等产业相结合的方式进行项目包装，提高项目的融资吸引力。

（二）支撑发展：由"传统动能"向"新动能"转变

建议全市坚持产业强市、制造业立市的发展策略不动摇，以"8810"行动计划为牵引，大力推进新型工业化，积极布局未来产业，发展新质生产力，在支撑发展上做好新旧动能之间的转变。

建议一：加大招商引资力度。其一，立足现有产业优势，针对长三角、粤港澳大湾区设立专门招商引资团队，筛选出延链补链强链的目标企业进行重点招商。其二，抓住央企总部搬迁的机遇，集中资源、提前谋划，了解央企总部搬迁工作情况，争取一些央企总部落户南昌。其三，推动南昌与赣江新区招商一体化。利用赣江新区的政策优势和江西投资集团的资本优势，为南昌产业招商赋能。

建议二：谋划布局未来产业。针对元宇宙、人工智能、未来新材料、新型储能等与南昌产业基础和发展方向相契合的未来产业，加大投资力度，优化产业生态。依托南昌未来科学城，规划建设未来产业科创总部聚集区、应用场景示范区、产教融合区、高端智造先导区和装备制造引领区五大区域，打造"3+X"产业（未来通信、未来智造、未来新能源）体系。

建议三：用好国内外政策变化吸引领军人才的机遇。当前，部分高精尖行业专家因受美国制裁政策影响，不能从事原有研究领域工作，南昌应抓住国内外政策变化机遇，主动出击，通过设立前沿实验室、组建研究团队等方式吸引其来昌开展技术研究。

（三）动力变革：由"势能累积"向"厚积薄发"转变

建议南昌市依托交通枢纽、自然禀赋优势，在物流运输、重大活动、人才招引和民营企业方面发力，在动力变革上做好"势能累积"向"厚积薄发"的转变。

建议一：放大"一枢纽四中心"建设带来的降本增效红利。以"交通强市"建设加速提升综合交通枢纽地位，充分利用区位优势和交通资源，优化物流网络布局，推动物流运输方式由公路向水路、铁路转变，有效降低运输费用，切实降低生产成本。通过应用大数据、云计算等数字技术，全面优化物流体系，构建智慧物流系统，提高物流效率。

建议二：建立"网红"变"长红"，"流量"变"留量"转换通道。针对南昌当前整体旅游品牌不响，短途游、过境游偏多等问题，建议创新发掘地方特色文化，创新旅游产品供给。运用旅游口号、旅游节、文娱活动等特色营销策略，喊响"登滕王阁，游赣江，爬梅岭，喝瓦罐汤"口号，让南昌由"网红"城市变成"长红"城市。

建议三：大力提振民营企业的信心。其一，建议自上而下加强与民营企业沟通帮扶，健全各部门与民营企业的常态化沟通座谈机制；其二，结合当前南昌一些头部企业呈现二代接班的特点，鼓励青年企业家跨界经营，结合南昌"网红城市"流量特点，大胆创造"网红品牌"；其三，开展"政策兑现"活动，在财政可承受范围内，结合引进项目投产情况，对之前招商引资的承诺进行逐步兑现，树立南昌诚信口碑。

组　　长：雷桥亮
副组长：何彦军　王文昌
成　　员：王新宁　刘小花　方　慧　余　静　郭芊芊　孙　敏

南昌城市社区基层治理的调查研究

南昌市社会科学界联合会（南昌社会科学院）课题组

党的十八大以来，习近平总书记就强化和创新城市基层治理作出了系列重要论述。党的二十大报告明确提出，完善社会治理体系，健全共建共治共享社会治理制度，提升社会治理效能。围绕"南昌城市社区基层治理"这一主题，课题组通过文献研究、实地调研、问卷调查等定性与定量研究相结合的方法，对南昌城市社区基层治理的主要成效、存在问题及其成因进行分析，并提出提高城市社区基层治理效能的对策建议。

一、南昌城市社区基层治理成效与经验

社区是城市基层治理的最基本单元。近年来，南昌不断把党建引领作为推进基层治理的关键环节，各级党组织上下联动、行业部门共同行动，全市党建引领基层治理格局不断呈现新进展、新面貌。

（一）聚力工作创新，城市社区基层治理有章可循

近年来，南昌市陆续制定系列实施政策文件：出台《南昌市推进市域社会治理现代化工作实施方案（试行）》，并在2023年获评"全国市域社会治理现代化试点合格城市"；出台《关于加强综治中心实体化建设和创新基层社会治理工作的实施意见》，着力以综治中心实体建设为抓手，统筹推进

和创新实施基层社会治理；出台《关于开展基层民主协商"三有"活动的指导意见》，着力从社会参与层面健全和完善全市基层社区协商议事平台；等等。同时，大力借鉴"枫桥经验"，不断通过创新载体建设提升城市基层社区治理水平。比如，以南昌市委组织部牵头建立"权力清单"机制，通过编制社区14项职责、45项政府协助工作事项和20项出具证明事项的"权力清单"，进一步厘清职能部门权限、廓清社区职能范围，有效发挥了协同平台机制建设作用；高新区、东湖区等创新"有事好商量、有事多商量、有事会商量"的"三有"活动平台，并在此基础上延伸出"党群服务365""协商议事室""'有事来说'协商中心"等平台，对推动南昌城市社区基层治理发挥了重要作用。

（二）聚力组织建设，城市社区基层治理"有治可商"

截至2023年底，全市共有39个城市街道、998个社区（居委会）建立党组织，覆盖率达到100%，建立并完善从市、区到网格、楼栋7个层级的治理体系，组建社区网格党支部、党小组5441个，高标准建设2000余个"一站式"党群服务中心，成立近100个党建联盟、党建街区，以及274个"红色驿站"。此外，南昌市还推动2500多个机关企事业单位与社区结对共建，有6万多名在职党员进入社区和网格，不断从体制机制、载体平台、参与形式等层面加大党建引领基层治理的力度；不断提高社区物业党建联建，物业服务企业党组织、业主委员会党组织覆盖率，形成了"幸福圆桌会""红谷连心会"等自治协商新模式。同时，进一步加强网格化管理，整合各方力量、细化网格划分、厘清网格职责，形成横向到边、纵向到底、责任到人的网格治理格局，不断夯实治理根基。比如，青山湖区上海路街道以三街六巷一亭为整体格局，打造城市基层社会治理综合平台——"红哨所"，采取"街巷吹哨、部门报到"的方式，构建综治网格平台一体化运转机制，集结党建、城管、治安、应急、消防、卫健等多方力量，有力筑牢城市社区基层治理的"最后一公里"。

（三）聚力减负赋能，城市社区基层治理"有劲可使"

通过开展街道管理体制改革，下沉管理资源、理顺权责关系，赋予街道人事考核权、征得同意权、基层综合执法案件协调协作权等5项权力，全市所有街道推行公共服务（便民服务），设立综合行政执法机构，实现"一枚印章管审批""一支队伍管执法""一套体系抓服务"，大力推进社区减负增效，让社区能有更多精力用在服务居民群众和抓好工作落实中。在实际工作中，南昌逐步清理规范村（社区）组织工作事务、机制牌子、证明事项，建立健全基层权责清单；连续三年推进基层干部作风整顿，引导各级干部积极弘扬"脚上有土，心中有谱"的工作作风，在一线化解矛盾、解决问题；积极组建"洪城红"应急队，公开选聘千名大学生基层治理专干，推行社区工作者职业体系建设等工作，通过推动资源资金、管理权限、队伍力量等向基层倾斜，确保事、权、责相统一，努力让基层干部轻装上阵、让基层治理活力涌动。同时，新兴领域党组织450余个、群团组织780余个组建，并推动11家市直部门联合出台服务新就业群体工作清单，围绕就业创业、职业培训等制定78项支持措施，不断通过党建赋能基层社区治理，引导治理对象从"客体"向"主体"转变。

（四）聚焦党群服务，城市社区基层治理"有绩可评"

近年来，南昌市坚持把服务群众、方便群众、造福群众作为出发点和落脚点，按照打造"15分钟党群服务圈"的要求，以城市社区党群服务中心为主阵地，实施社区活动场所提质攻坚行动，实现全市所有社区的党建服务中心（综合体）面积均达300平方米以上。建设264个党群服务综合体，形成大小有序、错落有致、全域覆盖、辐射面广、带动力强的党群服务阵地分布格局；按照"一街（镇）一个示范点"的要求，完成144个党群服务综合体示范点的提升改造；在城市主干道、广场公园、景区景点等区域建设274个"红色驿站"，成为服务群众的一道道亮丽风景线。同时，聚焦群众需求，按照"8+N"要求优化社区党群服务中心（综合体）功能布局，布局家政、康养、托幼、培训等服务，持续推动服务功能提档升级。健全"三社联动"服务机制，培育扶持社区所需的社会组织，打造"时间银行""红色创投"等一批优质服务项目，满足居民多元化需求，实现"治理到小区、服务到门口、满意到心坎"的城市社区基层治理"幸福曲"。比如，青云谱区在社区加快推行"红色物业"协调机制，把基层党建与社区治理有机融合，顺利完成了69个老旧小区的改造工作，拆除各类违章建筑15万平方米，惠及4.1万人。

二、南昌城市社区基层治理存在的现实问题

尽管南昌城市社区基层治理工作取得了一些成效，也积累了不少有益经验，但与新时代市域范围基层治理现代化的要求相比，还存在一些迫切需要解决的问题。

（一）党建引领城市社区基层治理的作用有待提升

为了解社区党组织引领作用的发挥情况，课题组在理论研究的基础上对南昌市社区居民进行问卷调查并分析，设置"您认为社区党组织在社区治理中的资源调动能力如何"这一问题，仅有32.5%的被调查者认为社区党组织能够发挥统一调动和指挥功能。在"您认为社区党组织和其他部门协同配合情况如何"的调查问卷中，有63.4%的被调查者认为社区党组织和其他部门存在沟通配合不够顺畅、工作效率不够高的问题。这在一定程度上反映出当前社区党组织需要进一步发挥政治号召和组织动员的优势，真正把社区党组织建设成为党在城市社区治理中的战斗堡垒。也就是说，社区党组织需要进一步有效联合政府各部门与社会各方面力量，以及广大居民共同参与社区事务治理，进一步发挥党组织的号召力和动员力，探索区域各类资源的共建共享，激发和调动社区居民的积极性和创造力，进而形成"一核多元"的城市社区治理格局，以此化解城市社区基层治理难题。

（二）参与城市社区基层治理的"多方力量"有待加强

城市社区的多元治理主体包括社区基层党组织、政府部门、社会组织、物业公司、辖区机关及企事业单位、居民等，工作中需要通过他们的相互合作、协同共建共治来促进社区管理优化升级。尽管各级党组织在挖掘社会性资源、盘活公共资源，促进体制内党组织参与体制外社区建设活动等方面下了不少功夫，但实际上各方投入的力度还有待加大。课题组提出"您参加社区志愿活动的频率如何"这一问题，统计数据显示有74.32%的居民较少参与社区志愿活动，这表明居民自治力量还比较薄弱。城市社区由于尚不具备打破社会各界系统、行业与职能界限进行多元合作的能力，因而无法调动多方力量形成治理合力。部分地区"两新组织"的党建工作或党组织延伸与发展工作未能及时跟进，个别社区、驻昌企事业单位，在面对文明城市创建、疫情防控、应急管理等工作时，有时难以调度社区工作人员与志愿者。社区党组织对多元主体参与基层治理的培育力度需进一步加强。

（三）影响城市社区基层治理的"关键要素"有待加强

虽然南昌市近两年公开选聘千名大学生基层治理专干，但不少基层组织自身"实力较弱"，人手不足，年龄结构、性别构成不合理等问题仍然在一定程度上影响了社区基层治理。从社区干部队伍配备结构上看，当前社区干部队伍存在年龄结构偏大、学历水平偏低、男性干部偏少等问题。从社区干部配备数量上看，目前南昌市有650多万常住人口、近100万流动人口，社区干部约5000人，配比约为1:1300，可见，其工作负担及其压力明显过大，配备不足问题仍然存在。从城市社区队伍建设上看，由于基层事务繁杂且待遇偏低，加之职业晋升空间有限，很难留住人才，导致基层社区普遍存在专业的社区干部少、有经验的社区干部少、有干劲的社区干部少的"三少"问题，加上对基层干部队伍的培训提升机制不完善等因素，基层干部缺乏系统的职业素养培训，这也对基层干部整体队伍的综合素质提升造成一定的阻碍。课题组设置"您认为社区党建突出的问题有哪些"这一问题，其中"人员经费不足""承担大量行政事务""社区工作力量不够"位列前三项，这在一定程度上反映了城市社区党建工作存在的主要问题。

（四）提升城市社区基层治理的"服务成效"有待提高

区别于过去"单位就是社区"，现在多数社区居民在职业中毫无关联、社区居民邻里之间交集互动减少，甚至"相见不相识"。这些基层治理的实际问题，迫切需要基层党组织在横向和纵向上发挥组织作用和动员作用，通过建立良性互动、灵活多样工作模式，应对群众的社会需求、解决治理难题、服务和推动社会治理。但城市社区党建工作内容与城市社区居民社会生活关联度不高是制约城市社区党建引领的主要因素，存在社区党建与市民生活容易"脱钩"而导致市民参与度较低、认可度不高等问题。如在城市社区党建工作中，不少社区将党建依然限制在政治任务、政治宣传领域，"上接天线"的活动做得多，"下接地气"做得不够，再加上现代化治理手段运用不足，数字化、智能化管理能力较弱，就容易造成信息不对称、合力不足等问题，导致社区在提供服务时力不从心。课题组通过对相关数据的分析，同样得出类似的结论，如"提供便民服务，提升服务能力"和"帮助困难群众，协助解决就业升学问题"，在问卷结果中列于城市社区党建工作的后两位。

（五）承担城市社区基层治理的"工作任务"有待调整

按照基层社区工作主业分工，其主要功能是服务基层群众社会生活，但行政事务过多的问题长期困扰社区服务工作。比如，社区工作普遍存在"行政事务多、服务事务少""文字材料多、入户走访少""面子工程多、里子事务少"的"三多三少"问题；在某些特殊情况下，基层社区超负荷迎检测评、会议传达、汇总报送等工作，而这原本是行政职能部门负责的具体事务。在社区的实际治理工作中，即便是有些资金和项目支持，但由于没有足够的专业人员和外来支援，实际参与组织和推进工作也是困难重重；此外还面临一些权责不对等、"费不随事转"等诸多问题。课题组设置"您认为社区承担政府部门行政事务多吗"这一问题，问卷结果显示：21.91%的被调查者认为城市社区承担"太多"原本由政府部门承担的行政事务，有43.13%的被调查者认为"比较多"。为反映社区党建工作与社区居民的关联程度，课题组通过设置问卷，提出"当您在社区遇到问题时，您首先找谁寻求帮助"这一问题，调查结果显示，只有15.69%的社区居民会向社区党组织寻求帮助。这在一定程度上反映了社区党建工作的"副业""主业"不够清晰。

三、提高南昌城市社区基层治理效能的对策建议

（一）强化党建引领作用，进一步提升城市社区基层治理"核心力"

城市社区党建对基层治理的主要功能在于政治引领、思想文化引领、组织引领等方面，其核心作用在于引领带动。要重点明确城市社区党建的角色定位、功能定位，防止从角色和功能上模糊、误导和淡化城市社区党建的基本内容和定位。从实地调研情况来看，要解决城市社区基层党组织很容易被认为是"政府职能部门""政府下派部门"的功能定位错误问题，就必须厘清和明确城市社区党建、社区党组织的角色功能。要发挥基层党组织的组织优势、载体优势和协调优势，通过党建工作发挥引领各方力量、组织协调各方力量参与社区治理的功能，带动开展符合社区治理和社区生活的社区党建活动，从而激发和提升城市社区工作的引领带动功能。要将城市社区治理目标、实现机制综合纳入城市社区党建运行机制、实施机制当中，统筹提出党建引领基层治理的制度机制及实现路径，进一步完善城市社区党建的领导机构、主抓部门、职责任务、运行机制，构建统一领导、协同配合、责权明晰的社区基层治理体制机制。要运用好城市社区党建工

作方式方法，善于把党的主张和职能部门的要求通过协商等方式转化为社区工作方式，转化为群众认可的自觉行动。要通过体制机制协同形成多元互动、广泛参与的治理举措，引导多元主体融入城市社区治理，共商社区发展、共治社区问题、共建美好社区。

（二）凝聚社区党群合力，进一步提高城市社区基层治理的"参与力"

面对城市基层治理多元诉求、复杂关系和专业难题，仅靠"单打独斗"难以妥善解决问题。要探索党群共建的社区治理路径，通过党建工作撬动和吸收更多治理资源，进一步完善街道、社区、网格等多级组织体系，推动组织共建、活动共联、资源共享、社区共治的区域大党建格局。要引导城市社区在职党员积极参与社区党建、社区治理工作，激发在职党员在社区治理、群众文化、创建活动、志愿服务等方面的示范作用，加强党员群体和群众的沟通联系，深化社区党建工作与城市社区基层治理的关联和融合，逐步构建"基层党组织＋社区＋群众自治组织＋社会组织"主体协同实施体系。要重点以社区党建服务中心为主阵地，整合利用社区资源，拓展社区服务功能，搭建公益性服务平台，建设好党群服务综合体，为社区基层党组织以外的社会各方力量参与社区基层治理提供空间和机制。要结合城市发展特点，特别是新型城镇化特点，实行城市社区党员由社区党组织兜底管理，加强对流动党员、退休党员、退役军人党员、"口袋党员"的管理和服务，扩大对驻辖区的企事业单位、物业公司、业委会和社会组织的基层党建工作覆盖范围，大力夯实党的基层组织。要以多方共治、合力共为的方式方法，不断提升各方主体协同实施的归属感、荣誉感和责任感，搭建人员更充实、职能更完善、覆盖更全面、参与更积极的"社会共治圈"。

（三）加强人才要素支撑，进一步夯实城市社区基层治理的"硬实力"

传统的城市社区的治理模式无法满足日益复杂化的基层治理需要，通过挖掘和培养城市社区各行各业的能人，转变基层治理思路。要充分认识社区在基层社会治理中的重要角色和关键作用，尽量为社区队伍建设创造更好的发展空间，充分尊重基层社区的服务职能和工作内容，为城市社区健康发展赋能。要加大对基层社区人财物的支持力度，保障基层社区"权随责走、费随事转"。要为基层社区队伍设置晋升通道，建议在当前"三岗十八级"的基础上进一步缩短晋升周期，同时适当增加从社区正职、优秀社区工作者中招录公务员或事业编制人员的频次和数量，及时解决社区人员流失所导致的缺人问题，并从待遇保障、提升等方面为基层社区留人创造条件。要加强对社区人员的培训力度，特别是加强对党建、法律、社会学、心理学等方面知识的培训，同时加大对社会工作等社区工作专业人才的引进、培训，不断提升基层社区干部的整体服务水平。要加强社区"智囊团"建设，社区"智囊团"成员须来自不同领域，覆盖类型广泛，能够反映不同利益群体的诉求，所作出的决策能够符合绝大多数居民的利益。要立足社区实际，结合各个社区治理特色，通过发挥"智囊团"成员的专长，发挥社区"智囊团""黏合剂"的作用，引领号召更多居民自发参与社区治理，提高居民自治的热情，更好地凝聚社会各界的智慧和力量。

（四）提升社区党组织服务功能，进一步增强城市社区基层治理的"吸引力"

切实加强社区党组织服务功能，尽快实现从"管理型"向"服务型"转变，是做好基层治理工作的现实要求。要以"服务群众、做好群众工作"作为基层党组织的核心任务和社区干部的基本职责，强化法治思维，践行群众路线，坚持综合施策，变管理为服务、变命令为协商、变领导为引导，进一步发挥基层党组织推动发展、服务群众、凝聚人心、促进和谐的作用。

要为城市社区和社区民众参与基层治理创造空间、载体和平台，吸引、动员各方力量参与到基层社会治理当中，引导和实施城市社区事由民议、策由民定、财由民管、效由民评，并做好社区治理前期统筹、中期协同、后期辅助等工作，使社区党组织成为凝聚基层群众的"主心骨"、化解社会矛盾的"减压阀"、基层社会治理的"桥头堡"。可参考焦作市在基层社区治理中实施"三官两员一律"（法官、检察官、警官，调解员、网格员和律师）进社区的做法，将党建工作内容、社区工作内容与社区居民社会生活紧密结合，实现社区治理集约化，促进城市社区党建工作与城市社区协同治理，根治"两张皮"的问题，真正发挥服务社区、服务民众的服务功能。要实现党建信息平台与社区治理信息平台相结合、实现党建工作实施内容与社区治理实施内容相协同，实现党建工作管理监督与社区治理管理监督相对应，让社区治理效果更加符合民众需求，从而得到民众认可。

（五）推动社区工作减负赋能，进一步提升城市社区基层治理的"承载力"

长期以来，社区承担着上传下达、基层治理的重任，也是连接基层民众的"最后一米"。要明确社区事务范畴，有效厘清党建引领基层治理的权责关系，地方党政部门要加强自我约束意识，自觉维护基层党组织的角色和定位，尽可能避免"下派""摊派"党政工作到基层党组织，避免混淆基层党建工作本职和内容，从源头上给城市社区"减负""松绑"，让基层能够有更多的精力做好社区治理工作。要考虑社区工作人员数量较少，他们往往身兼数职，存在工作任务繁重、服务居民渠道较少等困难，尽量弱化和减少社区行政性事务，压缩或取消各类非必要会议、检查评比、抽调人员等，让社区有更多的时间和精力用于服务基层社会治理之上。要大力整合基层社区的行政性事务，避免政出多门、管理多头现象，特别是要利用统一的蓝本和平台收集、报送数据，整合"一张网""一个平台"，"少些重复报送"，防止职能部门对基层社区的过度依赖和使用。要积极探索数字化减负赋能，着力打造一批基层数字化应用场景，如"智慧党建平台""基层治理数字化平台"等，真正做到社区信息全、居民需求明、工作问题清，从根本上实现基层治理需求与数字化服务供给的精准对接，让信息"多跑路"、社区干部"少跑腿"，将基层工作人员从繁重的工作中解放出来，有更充足的时间深入一线，为社区群众办实事、解难题，从而构建党建引领下自治、法治、德治、共治相融合的城市基层治理新模式。

组　　长：谢蔚如

副组长：戴庆锋

成　　员：张晓波（执笔）　阳春秀　罗思越

南昌市低空经济发展路径研究

南昌社会科学院课题组

党的二十大报告提出"发展低空经济"的具体要求。江西省是全国首批低空空域管理改革试点省份之一,在推动全国低空经济发展上肩负着重要使命,作为省会城市南昌,有必要在低空经济发展领域新赛道上善作善为、先行先试,为江西低空经济发展作出省会担当。鉴于此,本文以南昌市低空经济发展路径为主旨,以产业经济学为主要视角和SWOT态势分析方法,综合研究南昌发展低空经济的优势、不足、机遇与挑战,并提出南昌发展低空经济的实施路径,具有重要的理论和现实意义。

一、南昌市发展低空经济的背景

低空经济是指以低空空域(指在垂直高度1000米以下、根据实际需要延伸至不超过3000米)为依托,以各种有人或无人驾驶航空器低空飞行为牵引,带动并延伸相关领域融合发展的综合性经济形态,具有产业链长、辐射面广以及成长性和带动性强的特点。从产业业态和涉及领域来看,低空经济涵盖低空制造、低空飞行、低空保障以及低空服务等多产业业态,涉及城市交通、物流运输、农林植保、文化旅游、应急救援等多领域。作为国家甚至全球发展新质生产力的重要领域,发展低空经济具有重要的战略意义。

（一）国际层面：低空经济已经成为产业新赛道

国际层面，以美国、欧洲为代表的发达国家最早启动低空经济发展赛道。早在2016年，美国为推动低空经济发展就以美国联邦航空管理局（FAA）名义发布107号法规，尝试为商业小型无人机制定运营管理制度来推动低空经济发展。2022年，美国为进一步推动低空经济发展，相继通过实施《先进空中交通协调及领导法案》《先进空中交通基础设施现代化法案》等，支持美国联邦航空大幅修改适航审定规则，承认并大力扶持以电动垂直起降飞行器（eVTOL）制造运营为代表的低空经济产业和运营场景。与此同时，欧洲、日本等国也在推动低空经济发展上采取了积极的应对策略：2019年欧洲航空安全局（EASA）颁布全球首个eVTOL法规并支持欧盟企业大力发展低空经济制造业链条；日本政府在2020年启动《增长战略跟进计划》，为低空经济战略制定详细时间表和安全标准开发计划，本田、丰田、全日空以及日本航空等巨头企业加入低空经济产业发展行列。欧美等发达国家纷纷关注并大力推动低空经济发展，展现出低空经济的巨大发展空间。据摩根、德勤、罗兰贝格等国际咨询机构测算，仅飞行汽车制造产业，全球市场将在2050年达到人民币65万亿元，因此该行业在短短10年内就吸引到美国、德国、英国、巴西等国的广泛积极参与。在国际层面，低空经济已经成为各国争相跟进的产业新赛道。

（二）国内层面：低空经济已经成为国家新战略

从低空经济总量、相关企业总量以及国家发展低空经济政策导向等方面来看，全国低空经济将面临重要发展机遇，成为新时代发展新质生产力的重要路径和载体。在经济总量方面，低空经济已经成长为全国经济的重要组成和载体。2024年《中国低空经济发展研究报告》（以下简称"《报告》"）显示，2023年全国低空经济总量已经突破5000亿元达到5059.5亿元，增速达33.8%，其增幅远超其他许多行业；与此同时，《报告》预测至2025年全国低空经济综合贡献值将高达5万亿元，市场潜力以及发展空间巨大。

在相关企业总量方面，低空经济企业总量快速增长且体量大幅增加。据天眼查数据，全国目前与低空经济相关的企业总量突破6.9万家，仅2024年1—3月份就增加1600余家，增量绝对值大幅超过其他行业。在飞行器登记总量方面，截至2023年底全国已经实名登记无人航空器126.7万架，民用无人驾驶航空器已完成累计飞行2311万小时。此外，包括小鹏、吉利等汽车企业，美团、顺丰等物流企业都已经加入低空经济行业，为推动低空经济注入实体支撑。在国家政策方面，系列相关政策的频繁出台为发展低空经济提供有力政策支撑。早在2021年《国家综合立体交通网规划纲要》当中，全国就提出"发展交通运输平台经济、枢纽经济、通道经济、低空经济"的具体要求；2023年中央经济工作会议提出"打造生物制药、商业航天、低空经济等若干战略性新兴产业"的发展规划；2024年1月1日，《无人驾驶航空器飞行管理暂行条例》正式生效施行，为全国低空经济发展提供直接的政策支持。从全国层面看，低空经济已经成为全国发展新质生产力和未来产业的战略选择，在此背景下，大力发展低空经济也成为南昌高质量发展的必然选择。

二、南昌市发展低空经济的SWOT分析

作为发展新质生产力的全新赛道，全国各地都在积极寻求发展低空经济的全新机遇，鉴于此，以SWOT态势分析法来研究南昌发展低空经济将具有理论科学性和实践操作性双重意义。

（一）南昌市发展低空经济的优势分析

近年来，南昌市已经聚集低空经济发展的诸多优势要素，为发展低空经济提供可能性优势。一是地理区位优势较为明显。从地理空间来看，南昌发展低空经济所必需的区位要素尤为突出，能够起到连接东西、贯通南北的支点甚至中枢功能，为南昌发展流通性、消费性低空经济创造优越的

环境。从地域发展看,南昌区位优势显著:向东具备融入长三角特别是长江经济带的优势,向南具有连贯珠三角对接粤港澳大湾区的发展可能,东南方向紧邻闽三角地区具备对接沿海发达地区优势,向西具备对接大西南特别是长株潭经济圈的区位优势。从区域战略来看,长江经济带建设、鄱阳湖生态经济区建设以及大南昌都市圈建设战略中,南昌均在省内居于核心地位且其辐射力能够聚集低空经济发展要素。二是低空消费业态资源丰富。低空经济消费业态原始资源方面,南昌具备得天独厚的绿色、古色与红色文化资源。在绿色资源方面,南昌域内山水资源丰富,以鄱阳湖、赣江以及城市内湖为主体的水系发达,以梅岭为代表的山地资源非常适合低空旅游、低空运动等低空消费业态的开发利用。在古色、红色文化资源方面,南昌可以结合域内的人文景观建设发展低空经济消费业态、生产业态,如滕王阁、汉代海昏侯国考古遗址公园、八大山人景区等人文景观,"八一"文化、"八一"元素建筑等都能够为生产性、消费性低空业态提供资源支撑。

(二)南昌市发展低空经济的劣势分析

相较国内发达城市和周边省会城市,南昌市发展低空经济也存在一定的劣势,主要表现在以下两个主要方面。一是低空经济产业整体偏弱。当前南昌市低空经济技术链、产业链、人才链、资金链和政策链都存在明显的不足。以低空经济产业链为例,近年来南昌市低空经济主要业态集中在飞行表演、低空飞行器零部件制造、农业植保等领域,市场主体以及应用场景整体偏少偏弱,如江西空中未来科技集团,其主营业务为飞行表演,其体量和市场相当有限;中发天信、三瑞科技、中航光电等企业,飞行器零部件虽在南昌落地但总体规模偏低、体量偏小,且尚未建成涵盖研发、制造、运营等领域的飞行器产业链。整体而言,当前低空经济体量、业态分布、产业链条等诸多领域的不足都成为制约南昌市低空经济发展的障碍。二是低空消费市场整体偏弱。在低空经济消费领域,域内市民消费以及市场供给都相对偏弱,低空消费场景和消费意识都存在不足。目前,南昌低空消费市场尚处于起步发展期，通勤运输、低空旅游、航空运动以及航空表演等消费业态尚未成型，低空经济消费业态整体不强。如"江西快线"虽已获得135部载客类经营许可或运营许可证，但目前主要是"南昌—赣州"短途低空航线，线路总量和品类整体偏少；顺丰旗下江西丰羽顺途科技公司已有无人机航空许可，但目前尚未形成相关市场服务。

（三）南昌市发展低空经济的机遇分析

随着近年来南昌市不断推动未来产业发展，特别是以人工智能为代表的未来科技力量加持，使得南昌发展低空经济面临重要机遇。一是区位交通整合机遇。从地理位置来看，南昌素有"吴头楚尾、粤户闽庭"盛誉，也是全国唯一的长三角、珠三角、闽东南三角毗邻省会城市，在地理方位上具有承东启西、贯通南北的战略性枢纽中心城市功能。从交通方位来看，南昌位于京港高铁、沪昆高铁以及皖赣线等交通大动脉重要节点，105国道、320国道以及316国道，福银高速、梨温高速、赣粤高速等高速路，昌北机场等交通枢纽交会于南昌，使得南昌市具备发展低空经济的交通要素支持。从国家发展战略区位来看，南昌处于长江经济带、鄱阳湖生态经济区、长江国家文化公园等国家重大发展战略区，具有重要的战略区位优势和发展前景。从产业经济视角来看，南昌所具备的区位优势为低空经济发展汇聚包含地理要素、交通要素、战略要素在内的发展机遇。二是资源开发、机制创新机遇。南昌域内资源丰富，特别是山水自然资源能够为南昌发展消费型低空经济提供可能，如"低空+文旅""低空+农业""低空+体育"等新业态，都将成为南昌乃至江西发展低空经济的先行行业。域内丰富的自然、人文资源都将成为南昌发展低空经济的基础性资源。依赖于丰富的资源，南昌同样具有在体制机制创新方面的机遇，如利用鄱阳湖生态经济区、长江经济带以及长江国家文化公园等国家战略，以及大南昌都市圈建设、省会引领战略以及"一枢纽四中心"等省、市发展战略，在低空经济发展领域先行先试，探索创新，从政策制度方面不断创新为推动南昌低空经济发展提供政策支持。

（四）南昌市发展低空经济的挑战分析

随着各地都在抢抓低空经济发展赛道，南昌市发展低空经济也面临激烈的竞争和严峻的挑战。一是周边地区"虹吸"挑战。南昌作为中国腹地省会城市，必然受到周边发达省份特别是发达城市的虹吸效应影响，比如，受广东、浙江、福建等发达省份"虹吸"影响，造成低空企业特别是龙头企业、重大项目"偏离"南昌的挑战；上海、广州、深圳、武汉以及长沙等发达城市，会在一定程度上对江西特别是南昌人才造成虹吸效应，本土优质人才存在流失的巨大挑战。二是市场开发创新挑战。发展低空经济需要汇聚人才要素、产业要素、政策要素以及环境要素等多维要素支撑，特别是低空经济作为新兴业态，会高度依赖科技创新，因此需要高度系统化、体系化的发展战略。从目前南昌所具备的发展要素来看，缺乏科技创新要素的主导、缺乏产业链要素的支撑、缺乏政策要素的创新以及缺乏人才要素的支持都是南昌发展低空经济面临的重要挑战，主要表现为市场开发不足、场景应用不足、产品创新不足、社会参与不足等系列问题和挑战。要推动南昌低空经济快速健康发展，必须从上述层面积极应对挑战，解决阻碍南昌发展低空经济的一系列问题与不足。

三、南昌市低空经济发展的主要路径

基于南昌市发展低空经济的SWOT态势分析，课题组综合国际国内发展现状与趋势，同时结合目前南昌市低空经济发展要素与契机，提出推进南昌低空经济发展主要实践路径。

（一）首要任务：精准定位发展目标和发展路径

推动南昌低空经济发展的首要任务是精准定位发展目标、确立发展路径。一是要尽快明确发展定位。低空经济业态丰富，涵盖低空制造、低空飞行、低空保障、综合服务等主要类型，鉴于南昌市情和南昌低空经济的SWOT分析，建议南昌低空经济发展侧重于低空飞行器制造、低空消费业态、低空运输等主要领域。在具体行业上，建议重点发展电动垂直起降飞行器和无人航空器等低空制造产业，发展"低空+文体旅""低空+农林渔"等低空消费产业以及发展通用机场、通航运输、空管信息等通航产业。二是要积极谋求发展路径。通过南昌低空经济的SWOT分析可知，南昌发展低空经济存在一定的飞机制造产业优势、自然资源优势以及区位优势，在面临"虹吸"效应与产业链供应不足的情况下，建议从上游产业着手发展飞行器制造业，从区位优势出发发展中游通航产业，从自然资源优势上发展低空消费、低空农林等下游产业，将可能是最适合南昌发展低空产业的路径。需要注意的是，在确定发展目标基础上，低空经济的上、中、下游发展路径需要体系化布局、递进式推进，需要制定相应的发展规划和确定相应的部门管理，全面、持续推动南昌市低空经济发展。

（二）重要举措：以制度设计引导低空经济发展

制度设计是推动低空经济快速发展的重要先导。从全国层面来看，2023—2024年全国已经陆续有20多个省（自治区、直辖市）将"发展低空经济"写入政府工作报告。除国家政策陆续出台外，各地为抢抓低空经济发展机遇，也配套制定系列低空经济发展政策。鉴于此，南昌市有必要参考安徽省芜湖市的经验。2023年该市出台《芜湖市低空经济高质量发展行动方案（2023—2025年）》，从专精特新企业扶持政策方面为低空经济发展提供政策支持，制定5—10年行动计划。同时，还可参考广州市《广州开发区（黄埔区）促进低空经济高质量发展的若干措施》，制定符合南昌市情的若干举措，为低空产业项目提供项目奖补政策，聚焦低空制造业加快打造未来产业集群；参考深圳颁布实施的全国首部低空经济产业专项法规《深圳经济特区低空经济产业促进条例》，为促进低空经济发展提供法治保障。

此外，为推动南昌市低空经济发展，必要时还应依托江西省低空空域管理改革试点契机，在体制机制、项目扶持等方面在全省先行先试。当前，在国家政策推动、市场主体参与以及发展空间巨大等多重因素叠加下，全国不少地区已经大力抢抓低空经济"风口"，积极布局以低空经济为主体的未来产业，在此背景下，南昌市有必要紧跟国家发展战略，加大政策、项目、资金等方面的系列政策扶持力度。

（三）关键要素：激发企业和市场创新创造活力

汇聚生产性要素激发企业市场活力是发展低空经济的关键。一是激发企业创新创造活力。立足于南昌市低空经济发展定位和发展路径，建议重点扶持和发展域内已有的相关企业，联合域外相关企业开展合作，进而激发企业创新创造活力。拓展洪都集团、中国商飞江西公司等头部企业开展低空经济制造业相关产品和业务，重点发展电动垂直起降飞行器和无人航空器等低空制造产业；深化与周边省份和城市的航空制造企业、航空公司以及机场合作，拓展飞行器生产、低空运营、维修等综合性业务；利用本土企业与外地企业合作，聚焦航空器全寿命周期布局管理，打造"零部件生产—整机生产—产业链配套—通航服务"为一体的现代航空产业体系。二是激发市场创新创造活力。以南昌为龙头，联合景德镇、九江、吉安、赣州等城市持续举办飞行大会、飞行器创新大赛、跳伞锦标赛以及航空嘉年华等赛事活动，提升低空经济影响力和参与度，逐渐形成和拓展低空消费市场。利用南昌以及江西丰富的生态文化资源，加大项目资金扶持力度，重点发展低空制造业和低空消费业，力争在"低空+制造""低空+物流""低空+农业""低空+文旅"等新业态上提升南昌低空经济的体量和影响力，同时引入社会资本激活市场创新创造活力。

（四）重要保障：为低空经济发展提供软件支持

基于南昌重点发展低空制造、低空消费和低空运输等主要产业的发展定位，要重点在科技支撑、营商环境以及社会服务等软件建设方面提供必要保障。一是要尽力提供人才支撑。低空经济发展高度依赖科技创新，因此提供高科技人才支撑是促进低空制造业快速发展的必然要素。依据南昌市情，一方面要大力培育本土低空制造业急需人才，重点依托洪都集团、中国商飞江西分公司以及江西飞行学院、南昌航空航天大学等企业、高校培养本土人才。另一方面要积极"借力"引进人才，主动对接北上广发达地区和大疆创新、亿航智能、极飞科技等龙头无人机企业，积极引进人才和项目落地南昌，带动本土企业促进低空制造业发展。二是要创造优越的营商环境。以低空消费和低空运输为主要形态的低空经济，高度依赖营商环境和社会服务等软环境建设，因此要加大力度提升南昌营商环境和社会服务水平。一方面要在政务环境方面提升服务水平，创造优异的营商环境，为低空经济相关企业入驻和发展创造必要的制度环境和发展支持；另一方面要在社会综合服务能力上改善提升，重点在交通枢纽、服务窗口、市场秩序等方面加大保障力度，为低空消费和低空运输业发展创造优异的发展环境和空间，共同推动南昌市低空经济全域发展。

执笔：戴庆锋

虚拟现实赋能南昌市文旅业的思考

南昌市城市发展研究院课题组

2023年12月11日至12日中央经济工作会议在北京举行，强调要培育壮大新型消费，大力发展数字消费，积极培育文娱旅游等新的消费增长点。虚拟现实与旅游结合开启旅游新体验，将会是推动旅游业转型升级的重要趋势与发展方向，有望实现足不出户即可畅游天下，还可构建实体景区开放新模式，打造旅游营收新增长点。本课题依托南昌市虚拟现实产业发展的良好基础，深入调研虚拟现实在文旅业的应用现状及前景，查找发展中出现的问题，针对南昌持续放大虚拟现实领域先发优势，拓展虚拟现实应用场景及促进文旅沉浸式体验等方面提出意见建议。

一、虚拟现实在文旅业应用现状与前景

当下，新消费需求促进了虚拟现实在文旅业的应用，带动了文旅市场发展。虚拟现实夜游、光影秀、VR博物馆、VR景区等应用场景，为消费者带来了身临其境的体验，广受欢迎。未来，文旅消费将呈现生产消费平台化、消费推送精准化、消费体验场景化等新型业态模式与消费新特征，南昌市作为"VR之都"，更应把握机遇，推动虚拟现实技术赋能文旅业，形成消费和投资相互促进的良性循环。

（一）发展现状

目前，虚拟现实技术广泛应用于旅游的规划和管理、遗产保护、市场营销等领域，全国各地也涌现了一批示范案例。

从类型分布来看，案例涵盖创新文化表达方式，如沉浸式演艺；提升公共文化服务数字化水平，如沉浸式展览展示；促进文化机构数字化转型升级，如沉浸式主题娱乐；创造数字化文化消费新场景，如沉浸式夜游；构建数字化治理体系，如游览体验应用产品；等等。

从地理分布来看，示范案例主要集中在经济较发达及旅游资源丰富地区，江西省仅有3个案例入选，分别是寻梦牡丹亭、南昌VR主题园智慧旅游沉浸式体验新空间、滕王阁江右文化数字体验馆。

从融合趋势来看，广度上已经由点到面，从原来零散的体验项目，发展到现在统筹设计嵌入景区；深度上已经由表及里，从原来单一的视觉或听觉体验，发展到现在多感官沉浸式体验。领域上已经由单到多，从原来单纯的观看VR影片，发展到现在可以与实景演出融合、线上线下互动、文物活化利用等多元场景。

（二）发展前景

虚拟现实已展现出拉动新型消费的潜力，成为地方产业经济布局的焦点，并逐步成为实现各行业数字化转型的支柱型技术。虽然目前VR发展趋于理性，但长远来看前景可观，尤其是在文旅应用方面还有很大拓展空间，是释放文旅消费动能的新途径。VR与文旅业融合发展主要有以下三个方面的因素驱动：

一是政策层面大力支持。2022年10月，工业和信息化部、文化和旅游部等五部门印发《虚拟现实与行业应用融合发展计划（2022—2026年）》，提出要着力推进虚拟现实在文化旅游领域的融合创新，推动文化展馆、旅游场所、特色街区开发虚拟现实数字化体验产品，让优秀文化和旅游资源借助虚拟现实技术"活起来"。

二是优质文旅产品需求。文旅产业本质上是文化经济、休闲经济、体验经济，在消费过程中实现自由的体验和情感的认同是文旅活动的永恒追求。因此，加快优质文旅产品和 IP 建设的需求变得尤为突出，文旅产品重内容、重体验、重参与、重个性化的特点已是大势所趋。

三是 VR 技术快速迭代。近年来，随着 VR 技术的不断突破，终端产品将加速迭代创新，用户体验持续优化。苹果公司首款头戴式显示设备（Apple Vision Pro）发布，几十款 VR/AR（Augmented Reality，增强现实）/MR（Mixed Reality，混合现实）硬件新品如雨后春笋般涌现，根据赛迪智库预测，到 2026 年全国虚拟现实有望形成近万亿元的市场。

二、南昌市应用发展现状与问题

南昌市从 2016 年开始重点打造 VR 产业，拥有先发优势，初步形成了产业上下游企业聚集、抱团发展的局面，但在 VR 应用端上还有欠缺，目前应用主要集中在"VR+ 教育""VR+ 直播带货""VR+ 医疗"等领域，在"VR+ 文旅"方面发力还不够。

（一）发展意义

2023 年，南昌入选"中国十大旅游目的地必去城市"，跻身中国旅游目的地"顶流"。南昌利用 VR 产业先天优势与文旅业深度融合发展，将有利于促进文化旅游新消费、新习惯的形成，催生文旅消费新业态，为南昌引来更多人气。

一是带动南昌 VR 产业发展。产业发展离不开应用端、消费端的驱动，目前，南昌市 VR 产业链主要分布于内容应用环节，终端器件、渠道平台和内容生产环节的企业偏少，强化 VR 在文旅业的应用则可以达到需求拉动供给，从而带动 VR 产业生态圈的发展。

二是盘活南昌文旅资源。目前优质增量资源供给严重不足的问题日益突出，VR技术可以优化文旅产品创作，助力文旅产业突破内容瓶颈培育增量，从而让文旅资源"活起来"。

三是满足人民群众美好生活需要。VR技术提供了物理沉浸和身体存在两种重要能力，为有身体障碍的人士提供了游览便利，而且可为游客作出购买决策和目的地选择提供经验预判和参考。

（二）发展现状

近年来，南昌市在推动VR与文旅融合取得了一些成绩，总结来看有以下三个方面的特点。

一是强供给，融合应用有起色。南昌市红色旅游资源丰富，目前在市内部分红色景区、汉代海昏侯国考古遗址公园和滕王阁、市博物馆、市图书馆等场馆运用了VR、AR、声光电等现代科技手段。如八一起义纪念馆展厅设置了《攻打敌军指挥部》等大型多媒体场景、360度全息柜、多通道环幕投影技术，反响较好。在示范项目申报方面，共有60个项目获评江西省VR应用示范项目，"滕王阁江右文化数字体验馆"入选2023年文化和旅游数字化创新实践优秀案例，南昌VR主题园智慧旅游沉浸式体验新空间入选第一批全国智慧旅游沉浸式体验新空间培育试点名单。

二是重宣传，云上推广添亮色。承办首届"江西风景独好"云端旅游系列推介会，全网观看量超3660万人次；举办抖音美好城市生活节活动，发起"每一帧都是南昌"的话题挑战，话题曝光量达1.3亿次；举办"我为南昌代言"活动，话题曝光量达138.9万次；开展"春光如期·南昌文旅云上推介会"直播活动，在线观看者达到240万人次。这些活动的成功举办进一步擦亮了南昌的文旅品牌。

三是促消费，数字文创显特色。八一起义纪念馆运用区块链技术，在国内数藏平台限量发行"江西大旅社""欢庆胜利"两款数字文创作品。八大山人纪念馆与支付宝携手，在支付宝平台限量发行5款支付宝皮肤；与鲸探APP携手推出八大山人《孤松图轴》和《寿鹿图轴》数字文创作品。这些探索结合了南昌的文化底蕴和特色，在促消费的同时也是在为南昌旅游打广告。

（三）存在问题

南昌市在沉浸式体验方面已有初步的探索，但要素不足、成本高昂、变现形式单一、技术更新太快、优质内容稀缺、接待能力弱、难以快速复制、推广困难、体验感差、过分强调科技形式忽略内容等问题始终制约着VR在文旅业的应用推广。

一是技术装备"不接地气"。首先，成本高昂。VR设备灵敏性较高且维护成本高，许多时候设备老旧或维修不及时，长时间处于停摆状态。对消费者而言，门票的价格偏高。其次，体验感差。体验VR项目需要戴VR头盔或VR眼镜，目前市场上常见的设备暂未解决重量问题，不适于长时间体验。最后，推广速度慢。场景打造难以快速复制，缺乏统一的行业应用标准体系，用户体验难以控制。

二是推广应用"有心无力"。首先，推广要素保障不足。相关政策支持不够，南昌市文旅专项发展资金有限，各项资源、平台、资金等产业发展要素难以往数字文化产业方面倾斜。顶层规划缺失，未开展针对本地区或景区在VR与文旅融合应用领域的总体规划和设计，导致现有VR项目多为自发零散小型的试点。其次，市场主体推广存在困难。部分文旅企业在VR项目投资大、回款慢的情况下，对引入VR技术的动力不足，或者虽有引入VR技术的意愿，但没有清晰的引入路径与目标。最后，示范项目创建效益不佳。目前全市虽有13个市级VR应用示范项目，但有些项目建设在外地；有些项目还处于初步发展阶段，知名度不高，未产生示范效益；有些项目后期维护经费短缺，运营状态不佳，如南昌VR乐园前去体验的观众极少。

三是项目内容"大同小异"。首先，应用场景形式单一。现有场景多为景区内设置的裸眼3D观影区，交互元素较少，沉浸式体验不够，缺乏互动性。其次，内容吸引力不足。技术投入较多，追求视觉效果而忽略内容，同质化严重，在故事性和价值体现上创新不足，本地文化资源挖掘不够，转化性不强。最后，应用场景类型偏少。沉浸式文旅体验是年轻人的消费"新宠"，约有75%的相关消费来自20岁至35岁的年轻人，而目前全市VR体验项目集中在红色场馆，对年轻观众吸引力不强。

三、深入推进虚拟现实与文旅融合发展的举措建议

南昌市作为VR之都和国家历史文化名城，在VR与文旅融合方面具有先天优势，针对上述问题，建议进一步完善融合发展扶持政策，重点培育沉浸式体验、数字藏品等新业态，建设"虚拟现实融合应用领航城市"。

（一）强技术优服务，打造良好生态

一是强化应用技术创新。依托南昌国家虚拟现实创新中心和重点企业，围绕近眼显示、感知交互、三维传感、云化渲染等重点技术展开攻关，同时重点研究突破数字内容创新生成方式及模型构建、沉浸交互式数字体验空间的软硬件等解决方案。

二是引导产业集聚发展。积极争取基于VR等电子信息产业申报国家级战略性新兴产业集群，重点引进一批头部企业区域总部和VR企业全国总部落户南昌。在文旅等领域开展创新应用和成果转化行动，打造具有南昌特色的泛VR产业生态链。

三是建立合作交流平台。由政府、行业协会牵头建立VR与文旅项目应用平台和产业联盟，共同举办VR与文化旅游行业高峰论坛或供需对接会等交流活动，建立合作渠道。

（二）强政策优品牌，助力推广运用

一是创新体制机制，加大政策扶持力度。在政策层面，借鉴上海、苏州等地先进经验，制定《南昌市虚拟现实与文旅融合发展行动方案》，一体

推进"VR+文旅"融合发展。在宣传层面,推动国家、省市政策精神"到地方""进园区""进企业"。在标准层面,出台适应数字文旅产业发展的法律法规、管理规范、行政条例、考核体系和产业统计体系。在资金层面,积极向上争资金、争项目,设置数字文化创意专项资金,采取直接补贴、先建后补、以奖代补等方式推动文化旅游科技创新及应用示范。在融资层面,赋予景区自主弹性,创新营利模式和投融资方式,吸引社会力量参与南昌"VR+文旅"建设。

二是加强项目包装,打造示范品牌。首先,打造特色 IP。深挖全市区域或景区的文化资源,打造富有南昌特色文化品牌 IP,如设计和研发具有本地区标志性的 XR(Extended Reality 的缩写,扩展现实)数字文旅产品,着重培育一批多维度跨界融合的夜间文化 IP 项目。其次,升级项目包装。加强示范项目申报指导,聘请专业公司进行项目包装,打造一批典型应用场景和一批标杆工程,在全市形成示范效应。最后,一站式推广。打造集成式和一站式的文旅线上平台,让游客来实地之前先体验一场"虚拟"的线上之旅。

(三)强场景优模式,形成良性循环

一是盘活整合现有应用场景。首先,坚持内容为王,注重南昌优质特色文化精髓的挖掘、整理、提炼,景区设置 VR 项目时注重创作生产有南昌内涵、有南昌特色、有南昌品位的文旅产品。其次,更新技术手段,目前八一起义纪念馆、新四军军部旧址等场馆的 VR 项目技术已经落后,建议出台相关政策,支持旅游景区、场馆数字设备更新和装备升级。最后,不断推陈出新,《滕王宴乐》是南昌反响较好的夜游项目,建议融入 AR 等新技术,设置互动节目,更好地满足群众高品质的享受、新奇特的感受、沉浸式的体验等需求。

二是重点区域增加应用场景。针对旅游场所,借鉴北京环球影城"哈利·波特禁忌之旅"全新 VR 主题乐园的经验,在全市打造一批 VR 乐园爆品。针对文化展馆，借鉴湖南省博物馆的《国宝迷踪》VR行走体验项目、国家图书馆的"沉浸式阅读体验区"名著等经验，新增沉浸式文化场景。针对特色街区，学习借鉴上海豫园经验，丰富万寿宫历史文化街区、绳金塔历史文化街区体验内容，进一步吸引人流，培育扩大夜经济。针对节庆活动，在举办八一广场升旗仪式及烟花晚会等重大节庆活动时，进行VR在线直播，让场外观众同步感受活动气氛。

三是注重数字文旅需求挖掘。首先，营造"VR+旅游"氛围。推出不同类型VR+旅游线路，如"VR+传统文化游"（滕王阁、万寿宫、汉代海昏侯国考古遗址公园、汪山土库）；"VR+红色文化游"（南昌八一起义旧址群、新四军军部旧址、小平小道）；"VR+夜间游"（万寿宫、绳金塔、蛤蟆街、珠宝街、万达金街），同时在网络平台大力宣传和推广。其次，提供全流程沉浸式服务。借鉴"寻境敦煌"项目沉浸式旅游服务模式，实现线上线下联动效应，在吸引客流的同时提升游客体验。再次，放大数字藏品效应。赋予数字藏品附加权益，如数字藏品与门票绑定，开启线上文创向线下引流的文旅发展新模式。最后，文化元素与VR游戏结合。在现有数字主题皮肤探索的基础上，学习借鉴故宫博物院依托《千里江山图》开发《绘真·妙笔千山》游戏的经验，深入挖掘八大山人、海昏侯等文化资源，联合推出VR游戏。

组长：何彦军

成员：胡水燕　张含宇　吴小园　郭芊芊

新质生产力下南昌绿色转型发展对策分析

南昌社会科学院课题组

2023年9月，习近平总书记在黑龙江考察调研期间首次提出"新质生产力"的概念。新质生产力迈向的是高质量发展阶段，绿色是新质生产力的底色。作为新发展阶段的先进生产力形态，新质生产力以科技创新为主导，通过整合转化信息技术、人工智能等新兴生产要素，有效催化产业结构转型升级、产业业态多元扩展，最终构建现代化产业体系。

一、新质生产力的底色是绿色发展

新质生产力代表着先进生产力的发展方向，是新时代推动创新驱动发展、引领战略性新兴产业和未来产业发展的行动指南，是推动经济社会绿色全面转型发展的新动力和内在支撑。新质生产力扎根于战略性新兴产业和未来产业培育发展之中，主要领域是战略性新兴产业和未来产业，同时，也包含传统产业的改造升级。新质生产力为绿色转型发展提供了思路和方向，是实现高质量发展的内在驱动力。绿色发展是新质生产力的重要组成部分。新质生产力与传统生产力的重要区别之一，是其具有明显的生态属性，重视生态平衡，兼顾发展与保护的绿色生产力，强调经济社会的可持续发展，更加注重绿色低碳技术的研发和运用，在生产环节普及绿色理念，提倡充分实现清洁能源、节能技术的推广和使用，实现人与自然的和谐，推行环境友好和可持续发展。

二、南昌绿色转型条件和基础

优美的环境是南昌的最大优势和品牌。南昌多年来坚持以保护环境推动持续发展为重要抓手，已经具备发展新质生产力的条件，为绿色转型发展奠定了良好的基础。

（一）绿色发展理念由来已久

南昌一直以来秉持生态立市、绿色发展的原则，绿色低碳发展的理念由来已久。2001年，南昌市正式把城市的建设目标定为花园城市。2005年，南昌市列出生态城市建设时间表：分为总体、近期（2010年）、中期（2015年）和远期（2020年）目标四个阶段，把南昌打造成为生态宜居的现代化城市。2008年，南昌提出打造生态园林城市，以建成"生态宜居城市"为目标，年环境效益突破57亿元。2009年，南昌市部署推进建设"森林城乡·花园南昌"。2010年，南昌启动国家森林城市创建工作，坚持生态优先的发展理念，把造林绿化与水生态作为工作的重心。同年，南昌成为低碳经济试点城市。2011年，南昌市作出建设"鄱湖明珠·中国水都"的战略部署，明确未来五到十年，实现国家低碳试点城市的升级，成为示范城市，建立四大低碳示范区、建设低碳产业体系、形成低碳高效的城市结构。2016年，推行"河湖长制"，擦亮中国水都、花园南昌和低碳宜居城市等名片。同年，首批入选国家生态文明试验区。2019年，湾里区成功创建国家生态文明建设示范市县，这是南昌市在国家级生态文明建设示范区创建中的突破，第一次获得国家级生态文明奖。2020年，南昌市立足"山水之城"定位，按照"精心规划、精致建设、精细管理、精美呈现"的要求，紧紧围绕建设"山水名城、生态之都"的目标，找差距，补短板，健全相关机制，着力城市高标准的建设。2022年，南昌市成为全省唯一、全国14个省

会城市之一的"国家水生态文明城市"试点。(详见表1)

表 1　南昌绿色发展定位及其理念的历史脉络

时　间	绿色发展定位
2001 年	花园城市
2005 年	"绿色"山水园林城市
2008 年	生态宜居城市
2009 年	森林城乡·花园南昌
2010 年	国家森林城市
2011 年	国家低碳示范城市
2016 年	国家生态文明先行示范区
2019 年	创建国家级生态文明建设示范市
2020 年	山水名城、生态之都
2022 年	"国家水生态文明城市"试点

数据来源：2001—2022 年《南昌年鉴》。

(二)绿色发展规划比较完善

南昌在推进城市绿色发展的过程中，进行科学的顶层设计，不仅对城市总体进行了规划，还对生态和绿色发展进行了全面的规划，如针对生态文明城市建设、"鄱湖明珠·中国水都"的建设、水环境综合治理、新型工业的发展、低碳城市发展和生态环境保护等，其中对国家低碳试点工作、减污降碳、碳达峰等还制定了具体的实施方案(详见表2)。

表 2　南昌市 20 余年来制定出台的绿色发展主要政策文件

时间	政策
2001 年	《南昌市城市总体规划（2001—2020 年）》
2011 年	《"鄱湖明珠·中国水都"建设总体规划》
2016 年	《南昌市低碳发展促进条例》

续表

时间	政策
2021 年	《促进全市工业经济高质量发展的若干政策措施》
2022 年	《南昌市生态环境保护"十四五"规划》 《南昌市减污降碳协同增效实施方案》 《南昌市新型工业"十四五"发展规划》 《南昌市碳达峰实施方案》

数据来源：南昌市人民政府网。

（三）战略性新兴产业势头好

一是新兴产业已成为产业体系的主要力量。"十三五"时期，南昌市形成了"4+4+X"产业体系，第一个"4"指的是四大战略性新兴产业，即电子信息、汽车和新能源汽车、生物医药、航空装备。到2020年全市四大战略性新兴支柱产业主营业务收入力争突破4800亿元，占全市工业比重超过40%。如兆驰股份从2019年底投产到2023年底，实现了产能从0到110万片的增长，已经发展成为南昌电子信息产业的龙头企业，LED芯片产销量位居世界第一。

二是未来产业体系正在形成。南昌市正谋划未来产业的发展，重点聚焦未来信息、未来交通、未来能源和未来健康等方向，加快推动未来科学城、瑶湖科学岛等建设，积极培育新质生产力，加快构建集"先进技术研发、高端智能制造、前沿场景应用"于一体的未来产业生态体系。

三是VR产业发展不断壮大。世界VR产业大会宣布永久在南昌召开，这为南昌科技创新带来了契机，如国家虚拟现实创新中心选择落户南昌。江西全省VR及相关产业营业收入由2018年的42亿元增长到2022年的812亿元，五年增长了近20倍。2023年上半年江西省VR及相关产业营业收入超450亿元。泰豪科技投资80亿元打造的泰豪·小蓝VR产业基地通过国家文化产业示范基地复核，成功入选国家文化产业示范基地名单。泰豪科技表示，泰豪·小蓝VR产业基地产业园一期在2023年已建成并投入使用，聚集了VR及相关企业57家。

（四）科技创新取得长足进步

南昌市深入实施创新驱动发展战略，紧紧围绕"区域科创中心"和"两个大幅提升"的目标要求，在创新上下功夫，不断巩固南昌作为省会城市在全省科技创新中的领头羊地位。

一是科研平台建设取得突破。省级和国家级科研平台不断取得突破，南昌大学、江西农业大学建设全国重点实验室，建成全省首个省实验室——南昌实验室。截至2022年，南昌市建成了5家国家重点实验室，4家国家工程技术研究中心，省级重点实验室182家、省级工程技术研究中心119家、省级技术创新中心12家，市级重点实验室179家、市级工程技术研究中心278家。

二是科技创新力量不断增强。持续加大科技企业培育力度，每年组织开展"线上线下"政策宣讲、在线答疑和高企培育培训工作，组建高企服务小分队深入重点企业，开展"面对面"业务辅导活动，全力构建梯次培育机制。截至2022年底，全市科技型中小企业入库2707家，高新技术企业总数达到1939家，独角兽、瞪羚企业达到156家。持续做好科技人才培育，2022年，40项省"双千计划"（江西省引进培养创新创业高层次人才"千人计划"）自然科学类项目入围考察拟立项，创历史最好成绩；入选省主要学科学术和技术带头人培养计划4项、省高层次和急需紧缺海外人才引进计划3项，入选省自然科学基金项目12项；37个人才和团队项目入选南昌市高层次科技创新人才"双百计划"。

三是科技研发投入逐年增长。落实企业研发后补助政策，助推2021年全市研发投入总量达到128.16亿元，占全省的比重为25.52%，同比增长14.66%，研发投入强度1.93%。同时，全力争取省级资金支持，2022年获得省级科技计划项目238个，争取支持资金1.1859亿元。积极发挥市级科技专项资金作用，2022年支持项目2427个，支持资金3.9158亿元，其中，科技重大专项48个，支持资金4071.2万元。全市首批"揭榜挂帅"项目揭榜4项，单个支持资金达500万元。

三、南昌绿色转型面临的困难和挑战

（一）传统产业尚处于粗放发展模式

南昌的传统产业总体还处于"一低三高"（低成本、高投入、高消耗、高排放）的发展方式，资源和能源消耗大，对环境的污染比较严重，面对当前劳动成本不断上升，企业的生产、经营成本不断提高，难以适应当前新形势下的环境要求和经济社会发展状况。

（二）未来产业能级不强

目前，南昌未来产业在顶层设计上还缺乏总体规划，推动未来产业发展的政策文件还不完善。未来产业的布局没有形成片区，较为分散；缺少领军型龙头企业，缺乏引领带头作用；高科技新兴产业规模及总量不够大，汽车、电子信息等产业面临发展困难，一方面业务量难以提升，甚至出现流失订单的困境；另一方面成本升高导致利润空间下降。

（三）自主创新能力不强

南昌市的基础研究和原始创新能力较为薄弱，多数企业技术开发和技术创新水平较低，关键核心技术缺失。"十三五"期间，南昌市没有企业获得"国家技术创新示范企业"认定，较长沙市（8家）、武汉市（7家）、合肥市（5家）、郑州市（3家）存在较大差距。南昌市除LED产业具备较好的技术资源和平台资源外，光伏产业、光电子器件产业以及移动通信终端等产业的技术平台较弱，本地缺乏国家级的通信类工程技术研究中心、重点实验室和检测中心，新产品的检测检验在本地通常无法实现，这为企业增加了成本，降低了效率。南昌创新能力在全国主要城市的排名中处于二十多位，与中部省会其他城市相比处于落后水平（详见表3）。

表3 南昌在创新能力指数和创新能力百强榜排名情况

中部六省省会城市	国家创新型城市创新能力指数中的名次	居中部六省省会城市的位次	全国城市创新能力百强榜中的名次	居中部六省省会城市的位次
南昌市	21	5	25	5
武汉市	5	1	7	1
长沙市	8	2	10	2
合肥市	9	3	11	3
郑州市	20	4	24	4
太原市	32	6	36	6

数据来源：《国家创新型城市创新能力监测报告2022》《国家创新型城市创新能力评价报告2022》。

（四）科技成果转化难度较大

南昌市高新产业和未来产业规模还不够大，发展未来产业本身具有资金投入量大、风险系数高、回收的周期较长等特征，在较短的时间内很难见效，加上企业对技术创新和产业化重视程度不够，各级各类研发机构实力较弱，国家级创新平台和国家级公共服务平台不多。平台间合作创新和成果共享的联动机制也不健全，新产品开发和技术成果转化方面仍然存在较大困难，在未来产业方面形成有较强竞争力的产品不够多。南昌智能网联汽车产业虽然已有各类整车产品研制成功，但科研成果至今未形成批量转化，碳化硅、铜箔、正面银浆等电子信息新材料产业化成熟度不够。

（五）高层次人才缺乏

南昌经济欠发达、产业层次偏低、教育科研能力较弱，人才政策吸引力不够，导致高端人才匮乏，基础人才缺乏。尽管南昌市出台了多项人才优惠政策，但在全国"抢人才"的大潮下，一方面引进高端人才存在困难，另一方面引进的人才难留住，这是限制南昌市高科技产业和未来产业发展的瓶颈和障碍。根据《2023"中国100城"城市创新生态指数报告》显示，南昌创新生态指数、创新主体排名及其规模、投入和产出等排名在全国100城中处于37位以后的位置，在中部六省省会城市中均处于末位（详见表4）。

表4 中部六省省会城市2023年"中国100城"城市创新生态指数报告排名

中部六省省会城市	创新生态指数排名	创新主体排名	创新协同排名	创新环境排名	创新主体规模排名	创新主体投入排名	创新主体产出排名
武汉市	8	10	4	11	8	12	7
长沙市	17	15	16	30	20	15	13
合肥市	19	11	25	34	21	6	16
郑州市	21	17	32	20	17	14	19
太原市	35	27	46	47	42	26	38
南昌市	41	37	39	54	47	34	48

数据来源：《2023"中国100城"城市创新生态指数报告》。

（六）研发经费不足

近年来，虽然南昌市研发经费投入总量居全省首位，强度也高于全省平均水平，但是，研发经费投入占比及研发投入强度与其他地市相比，优势正逐年下降，与发达地区比较差距在加大。2022年，全国研究与试验发展（R&D）经费投入30782.9亿元，与国内生产总值之比为2.54%，南昌全社会R&D经费投入139.71亿元，投入强度占全市GDP之比重为1.94%，与全国的平均水平相比也有较大的差距，与各大城市相比差距就更为明显，在全国主要的大中城市中排名落后（详见表5）。

表5 2022年全国主要城市R&D经费支出情况

排名	城市	2022年R&D经费支出（亿元）	2021年R&D经费支出（亿元）	增量（亿元）	增长（%）	投入强度（%）	2022年GDP（亿元）
1	北京	2843.30	2629.28	214.02	8.14	6.83	41610.90
2	上海	1981.60	1819.82	161.78	8.89	4.44	44652.80
3	深圳	1880.49	1682.31	198.18	11.78	5.81	32387.68
4	苏州	961.40	888.70	72.70	8.18	4.01	23958.00
5	广州	998.36	881.70	116.66	11.69	3.43	28839.00
6	成都	733.26	631.90	101.36	16.04	3.52	20817.50
7	杭州	723.03	667.00	56.03	8.40	3.86	18753.00
8	武汉	—	621.86	—	—	—	18866.43
9	重庆	686.60	603.82	82.78	13.71	2.36	29129.03
10	南京	645.30	578.80	66.50	11.49	3.82	16907.85
11	西安	608.01	553.69	54.32	9.81	5.29	11486.51
12	天津	568.70	574.33	-5.63	-0.98	3.49	16311.34
13	无锡	487.50	445.00	42.50	9.55	3.28	14851.00
14	合肥	469.50	401.35	68.15	16.98	3.91	12013.00
15	宁波	461.00	402.69	58.31	14.48	2.94	15704.30
16	长沙	429.86	367.09	62.77	17.10	3.07	13996.10
17	郑州	344.72	310.45	34.27	11.04	2.67	12934.69
18	济南	306.70	265.54	41.16	15.50	2.55	12027.50
19	福州	283.00	257.51	25.49	9.90	2.30	12308.23
20	大连	261.50	236.01	25.49	10.80	3.10	8430.90
21	石家庄	168.37	134.76	33.61	24.94	2.37	7100.60
22	哈尔滨	153.20	134.20	19.00	14.16	2.79	5490.10
23	南昌	139.71	128.16	11.55	9.01	1.94	7203.5
24	昆明	129.92	128.25	1.67	1.30	1.72	7541.37

数据来源：根据以上城市统计年鉴整理。

注：长沙的数据为预计值，武汉暂无数据。

四、南昌绿色转型的路径及对策

（一）改造提升优势传统产业，加强绿色转型基础支撑

南昌经济的主要支柱是传统产业，发展新质生产力，要因地制宜。对于南昌这样有优势传统产业的城市而言，实现传统产业升级是一条重要的途径。提升传统产业，主要是推进优势传统产业数字化转型升级。数字化转型是促进制造企业绿色转型的核心条件，能够为制造企业绿色转型赋能，实现产业发展与环境保护的和谐统一，促进南昌的传统产业的升级转型。

为此，一方面要加快基建建设，如加快5G基站、数据中心、智慧能源、工业互联网等新型基础设施的建设，为企业的数字化转型提供技术保障。另一方面要在打造全国传统产业转型升级高地发挥省会引领作用，以打造全国产业数字化转型示范区为目标，大力推进《南昌市数字经济促进条例》的落实，把推动数字经济发展纳入国民经济和社会发展规划，加强推进传统产业的数字化；积极引导企业升级改造生产设备，推广智能工厂、智能车间、智能生产线，培育一批智能制造标杆企业。

（二）着力谋划未来产业布局，开辟绿色转型全新赛道

进行绿色转型，发展新质生产力的主要方向是高新技术产业和未来产业。江西未来产业的谋划和布局走在全国前列，制定了未来产业发展的规划，对2023年到2025年的未来产业进行布局，明确了未来产业链群发展的目标和方向。南昌作为省会城市，在未来产业的发展上应当走在前列，抓住发展未来产业的先机，开辟转型全新赛道。

一方面应该尽快开展调研工作，对未来产业的发展方向和重点任务进行规划，明确发展未来产业的路径及一系列举措，结合南昌现有产业发展的基础和拥有的条件，同时也需要借鉴一些发达地区的经验，科学谋划布局对未来产业的培育和布局。培育未来产业不仅仅需要技术的更新，更需

要有良好的生态以及完整的发展长效机制。大力发展科技新兴产业，培育绿色转型增长点。另一方面要制定政策支持企业解决核心技术"卡脖子"问题，帮助企业实现关键技术突破。一是健全关键核心技术攻关投入保障机制，完善金融服务模式。未来企业的高成长性、高风险性，导致金融产品和服务相对单一，因此要拓宽创投资金来源渠道。二是鼓励、引导有条件的产业研究机构开展前沿技术、边缘技术和交叉学科技术研究工作，打造跨领域、全产业链的创新平台，开展联合、协同技术攻关，为开辟更多的产业新赛道、构建更多的产业新引擎提供技术支撑。三是加大未来产业科研投入，特别是依靠基础科研设施的重大科研项目建设，形成科研成果后开展重大科技成果转化工程，为企业提供先进技术支持。

（三）加强自主创新能力，加快重大科技成果转化

新质生产力的核心和支撑是科学技术的变革和提升，也是南昌顺利完成绿色转型的重要保障。南昌必须采取切实有效的措施加快自主创新技术的研发。

一是积极搭建创新研发平台，强化企业自主创新能力。支持重点企业和地方科研机构开展基础科学研究工作，积极推动重大科研平台落户南昌，鼓励企业与省内外高校院所对接；积极发动大学、科研院所为企业发展未来产业提供强大技术支撑，推进产学研合作，引进共建科研机构，提升企业研发机构覆盖率；引导骨干企业设立研发机构，全面了解科技企业数量和有科研潜力的企业名单，建立高科技企业培育的后备梯队。二是充分发挥企业在科技创新中的主导作用和主体地位，激励、引导企业开展基础性、前瞻性研究工作。引导企业开展重点有针对性的研究工作，编制重点技术领域指南，以市场为导向，升级关键核心技术、先进适用技术。有针对性地围绕战略性新兴产业以及VR/AR、碳达峰碳中和等领域，开展重大科技项目研发工作。三是持续加大对重大科技成果转化的投入，建立健全不同周期的资助及相关的评价与考核机制，为开拓成果转化的平台及高科技产业和未来产业核心技术转化提供资金保障。

（四）引育高层次科技人才，加大研发经费的投入

针对南昌人才缺乏，研发经费投入不足的情况，要以实施高层次科技人才项目为抓手，引进和培养高层次创新人才，打造高层次创新团队。

一是建立健全人才保障机制，加强科技创新人才的培养，保证产业突破关键核心技术，使创新主体的活力和动力得以持续不断地激发。二是加强多种不同领域的人才培养的合作，鼓励各大研究机构探索新模式，对首席战略科学家、一流科技领军人才、高层次复合型人才、高级工程师、技术工人等不同类型人才细化支持政策，健全人才梯队引进、培育及激励机制。三是支持和鼓励全社会加大面向未来产业的研发投入，如采取研发费用后补助、"揭榜挂帅"、科技重大专项等方式支持电子信息、生物医药、新能源、新材料等未来产业重点领域的技术创新工作。四是鼓励引导企业加大研发投入，引进一大批科研能力强、实力强，具有强大潜力的大型企业，进行有重点的培育和扶持，完善供应链上下游协作配套，大力支持前沿技术转化。五是加大对科技型中小企业的扶持力度，培育壮大企业规模；支持高校科技园区、在昌国家实验室成果转化和项目孵化，加快构建硬科技初创企业体系。

执笔：杨美蓉

关于南昌市推动 EOD 模式的思考与建议

南昌市城市发展研究院课题组

习近平总书记在全国生态环境保护大会上强调，要大力发展绿色金融，推进生态环境导向的开发模式（又称 EOD 模式）和投融资模式创新。2023年"积极探索 EOD 模式"被写入南昌市《政府工作报告》。为贯彻落实好市《政府工作报告》的要求，南昌市城市发展研究院课题组围绕"EOD 模式"展开调查研究。课题组深入学习了解国家出台的十余项相关政策、广泛搜集外地经验做法，与市生态环境局、湾里管理局多次交流座谈，深入实地了解全市 EOD 项目的发展现状，并赴昆明市、腾冲市等地进行考察学习，在此基础上形成调研报告如下。

一、EOD 模式概况

（一）EOD 模式的定义

EOD 模式是以习近平生态文明思想为引领，通过产业链延伸、组合开发、联合经营等方式，推动公益性较强的生态环境治理与收益较好的关联产业有效融合、增值反哺、统筹推进、市场化运作、一体化实施、可持续运营，以生态环境治理提升关联产业经营收益，以产业增值增收益反哺生态环境治理投入，实现生态环境治理外部经济性内部化的创新性项目实施方式，有利于积极稳妥推进生态产品经营开发，推动生态产品价值有效实现。其运行机制详见图 1。

图 1　EOD 模式运行机制图

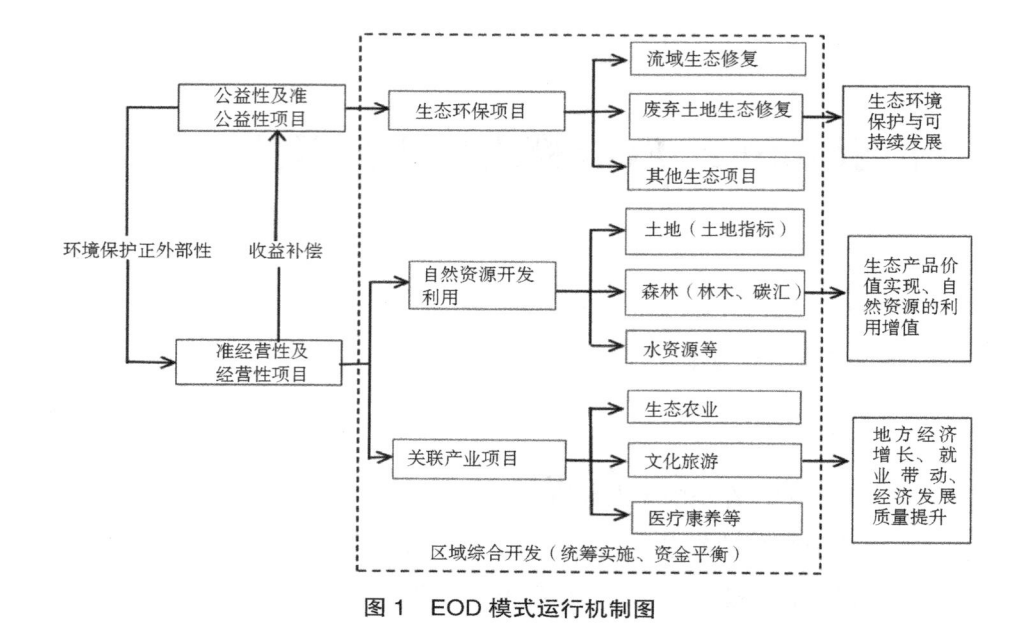

（二）EOD 模式的发展阶段和特征

自 2016 年首次提出，至今，EOD 模式经历了八年的发展历程。从整体来看，EOD 模式的发展过程大致可分为四个阶段：一是政策引导阶段：自 2018 年 8 月开始，多部委相继出台 EOD 相关政策文件；二是试点征集阶段：2020 年 9 月印发《关于推荐生态环境导向的开发模式试点项目的通知》，2021 年 4 月和 2022 年 4 月，生态环境部分别公布了全国第一批 36 个项目试点和第二批 58 个项目试点；三是常态入库阶段，2022 年 4 月，生态环境部印发《生态环保金融支持项目储备库入库指南（试行）》（以下简称《入库指南》），要求"区县级项目投资总额原则上不高于 30 亿元、地市级及以上项目投资总额原则上不高于 50 亿元，子项目数量不高于 5 个，各省每年入库项目原则上不超过 5 个"；四是新规实施阶段，2023 年 12 月，印发《生态环境导向的开发（EOD）项目实施导则（试行）》（以下简称《实施导则》），对项目谋划、设计、实施、评估、监督等全流程活动提出了系统指导和规范意见，EOD 项目入库申报流程逐步规范。

（三）EOD 模式的政策赋能分析

在 EOD 模式八年的探索实践中，国家及各部委高度重视，陆续出台了多达 16 项相关政策文件，为 EOD 模式的深入发展提供了坚实的政策支撑。课题组在全面梳理政策文件并深入结合南昌发展实际的基础上，认为 EOD 模式的政策优势主要体现在以下三个方面：

一是契合"两山"理念，政策支持"火力全开"。EOD 模式通过生态环境治理项目改善生态环境质量，推动生态优势转化为产业发展优势，实现产业的增值溢价，是在项目层面上对"两山"理念的重大实践，预计未来将会有更多支持政策陆续出台，政策支持的力度将逐步增强。

二是缓解财政压力，地方参与兴致高昂。EOD 模式通过引入社会资本投入生态环境治理领域，依靠产业收益反哺生态环境治理的投入，既能帮助政府改善生态环境，又不增加地方政府隐性债务负担。

三是统筹资源配置，项目资金"拼盘开发"。EOD 模式支持项目总体打包开发，无论是已建、在建、未建项目，还是一二三产业项目，都可以进行"拼盘"开发。此外，对符合条件的 EOD 项目，国家开发银行等金融机构正在逐步配套一些金融支持，比如低利率、长周期贷款、优先审查和放款等。

二、外地 EOD 模式实践经验

从 2021 年 4 月和 2022 年 4 月全国试点项目实施情况来看，全国 94 个试点项目中仅有 1/3 的项目在推进实施，其余项目由于存在子项目投资配比不当、捆绑基础设施建设等无关项目变相增加地方隐性债务等问题，导致实施进展缓慢。针对这些问题，新出台的《实施导则》清晰、完整地规定了 EOD 项目总体思路和实施流程，厘清了近年来市场上存在的操作误区，但这也在一定程度上提高了 EOD 项目的入库门槛与落地难度。为准确展现《实施导则》出台前后项目谋划推进的变化，课题组选取其出台前的第二批

EOD 试点项目——滇中新区小哨国际新城水生态环境建设及综合开发利用项目（正在实施推进）和其出台后包装的腾冲市大盈江流域综合治理生态环境导向开发项目（目前尚未入库）进行对比分析。

案例一：滇中新区小哨国际新城水生态环境建设及综合开发利用项目

1. 包装模式："EOD+基础设施建设"。该项目实施内容为 EOD 项目及配套基础设施建设项目，总投资 83 亿元，其中 EOD 项目投资 50 亿元，环境治理与产业发展投资之比为 1∶1。

2. 融资方式："政府投资（含专项债）+企业自筹+市场化融资"。其中计划发行专项债 30.7 亿元，其余资金由中交一公局集团有限公司作为社会投资人进行企业投资以及向金融机构申请贷款获得。

3. 收益来源："政策支持+土地增值"。从短期来看，该项目主要通过争取中央政策支持，以及省、市各类政府资金来覆盖其 50% 左右的建设成本。从中长期来看，主要为生态治理和环境提升带来的土地增值收益，具体可以分为生态板块与建设板块。

案例二：腾冲市大盈江流域综合治理生态环境导向开发项目

1. 包装模式："流域水治理+生态旅游"。该项目主要包括大盈江流域生态保护和修复示范项目、中心城区与筒车河流域水污染治理工程、腾冲火山石时尚产业园基础设施建设项目（一期）、大盈江流域农业文旅产业融合发展示范项目共四个子项目。

2. 融资方式："政府投资+国内外金融机构"。一方面，承接财政预算资金，地方政府专项债券资金，国家、省市各类奖励补助资金，共争取到项目资本金 5.86 亿元；另一方面，通过国内外金融机构等多渠道筹措 22 亿元，综合贷款利率为 3.95%。

3. 收益来源："新增财政收入+产业运营"。该项目收益一部分来自污水处理费，但污水处理费属于财政收入，而《实施导则》中明确强调"项目运营期预期的新增财政收入、税收等不得纳入项目收益"，因此在收益测算中存在混淆项目边界的问题；另一部分则主要来自产业项目运营收益，比如农业种植、植物园门票、农贸市场摊位出租费收入、生态民宿等。

通过对以上案例的剖析，同时对全国其他 EOD 项目案例进行梳理，课题组得出以下结论：

1. 在项目谋划上，由"大而全"转向"小而美"。《实施导则》明确规定"规模大、周期长、不确定因素多、政策风险大项目暂不纳入 EOD 项目"。因此 EOD 项目正由少则几十亿元、多则上百亿元规模，产业繁多、覆盖面杂的"大而全"项目，转向边界清晰、融合度佳、布局集中、基础好的"小而美"项目。

2. 在组织运营上，创新机制占主导。可通过"EPC+"等方式，将承包方的预期收益与前期开发绑定，倒逼承包方从项目全生命周期角度"算总账"，通过设计、施工和运营各个环节有效衔接，降低整个工程的建造成本，从而创造更多效益。

3. 在产业关联上，文旅项目成主流。文旅产业是生态资源向经济价值转化最为直接有效的方式。在全国 94 个试点项目中，约 59 个项目涉及文旅产业或以文旅产业为主导。

4. 在收益来源上，土地增值为主力。从当前的 EOD 项目来看，土地增值收益是此前市场上多数 EOD 项目最主要的收益来源，也是最直接、快速的收益模式。但 2021 年生态环境部明确提出，禁止将土地出让金等政府财政收入纳入项目收益，2022 年又进一步明确不得以土地出让收益等返还补助作为项目收益。在此背景下，EOD 项目的资金反哺难题变得更加突出。

三、全市 EOD 模式的现状及存在的问题

2020—2021 年，生态环境部先后组织两批 EOD 模式项目试点申报工作，江西省共 2 个项目纳入两批试点名单：分别是抚州市"昌抚态何源田园综合体"和九江市湖口县"长江—鄱阳湖"生态环境导向开发项目。南昌市"梅岭国家生态区山水共治与绿色开发 EOD 项目"入选国家 EOD 项目库。

2023年12月《实施导则》发布后，江西省有抚州市崇仁县农村生态环境整治与绿色融入发展（EOD）项目、赣州市会昌县"三江六岸"生态环境治理和特色文化产业融合开发EOD项目通过生态环境部评审，入选国家EOD项目库。全市对EOD模式进行了初步探索，但受现有政策约束，在项目推进的过程中还存在一些问题，主要有以下三个方面的原因：

（一）力量不足，政策把握还不够准

一是力量匹配不够全。EOD项目作为一项系统性工程，实施周期长、要素要求多、综合性强，需要全市相关部门齐抓共管、形成合力、协同推进。但目前全市仅有生态环境局一家单位负责组织实施，力量相对单薄，缺乏系统谋划EOD项目的专门组织机构。二是政策跟踪不够快。作为一种以生态治理为导向的新模式，EOD政策表现出鲜明的调适性稳定特征。特别是新发布的《实施导则》与之前的《入库指南》相比，在EOD项目的申报流程、生态治理内容、生态治理范围、关联产业、投资额以及项目数量等六个方面发生了较大的导向转变。

（二）协同不够，项目谋划还不够好

一是缺乏系统论证。主要体现在前期项目统筹谋划不够足，对生态环境治理效能、产业项目收益水平以及二者的投资配比等缺乏深入研究。二是缺乏智力支撑。《实施导则》对EOD项目的谋划能力提出了更高的要求，而全市缺乏项目研究、策划、包装等方面的人才，目前在EOD项目谋划的能力、水平和效果上距离政策要求存在一定的差距。

（三）重视不够，项目支持还不够强

一是创新激励不强。从中央各部门出台政策的整体情况来看，政策相对分散且缺乏一致性。从全市具体的执行情况来看，主要缺乏市级的统一政策指引，创新管理模式上动力不足。二是融资支持不强。全市尚未出台

针对 EOD 项目的融资支持政策，金融机构提供信贷支持仍需要对每个子项做单独的尽职调查，在实际操作中金融机构仍然看重 EOD 项目包内子项目的经营性现金流、关注融资主体的信用等级。

四、推动全市 EOD 模式发展的建议

综合上述分析，鉴于当前 EOD 模式发展的新要求，课题组认为全市推动 EOD 模式发展，应吸取各地实践经验，坚持"紧跟政策、逐步探索、谨慎推进"的原则，重点解决政策导向、项目整体推进、项目资金平衡三方面的问题，严防新增政府隐性债务，在探索 EOD 模式中努力实现生态效益和经济效益双赢。具体建议如下：

（一）强化顶层设计，解决政策导向的问题

EOD 模式作为一种新模式，政策导向非常强，跟踪和理解政策是重中之重，要精准把握政策，加强与国家政策对接。

一是深化政策解读。建立生态环境、发改、财政、金融机构"联合联动"的 EOD 项目专项推进机制，由市生态环境局负责组织协调和牵头，集中各部门和科研院所及专家力量，对相关政策尤其是最新政策进行全面、深入地梳理和解读，准确把握政策导向。

二是强化政策跟踪。建立 EOD 政策动态跟踪体系，密切关注国家发展改革委、生态环境部等部门发布的最新政策动向，及时收集整理相关信息，确保政策信息的时效性和准确性；积极与上级主管部门保持紧密联系，确保项目实施符合最新政策要求。

三是出台配套政策。针对项目整体收益和成本难以平衡的问题，出台市级层面支持 EOD 模式落地的政策文件，在土地、税费、用能、行政审批等要素环节上，给予政策倾斜，支持 EOD 项目的开展。

（二）加强系统谋划，解决项目整体推进的问题

课题组认为，全市EOD模式在路径上宜遵循"建库—做案例—全面铺开"的推进思路。结合全市打造山水林田湖草沙生命共同体实际需要，谋划建立市级"小而美"的EOD项目储备库，宜储备生态环境治理投资占比在40%左右，产业项目投资占比在60%左右，总投资在10亿元左右的项目。建议结合南昌生态资源优势，围绕"山、水、林"三要素，谋划推进"三个一批"项目。

一是探索一批矿山修复项目。以赣江下游、潦河流域安义区段、大公岭低丘岗地等历史遗留矿山生态修复项目为主体，通过统筹废弃矿山开发、保护与治理，修复破损土地，提升生物多样性与植被覆盖率。同时重点匹配符合当地特点的休闲农业、乡村旅游、露营民宿及物流仓储基础设施等一二三产业融合发展项目。

二是储备一批水域治理项目。通过赣、抚河口三角洲江豚与候鸟栖息地保护修复、鲤鱼洲水生态及鸟类栖息地保护与修复、环鄱阳湖小微湿地群建设示范等项目，形成以生态环境保护为核心，组合文旅康养、生态农业、生态养殖等生态环境依赖型产业的"1+N"EOD发展模式，推动生态产业化和产业生态化。

三是谋划一批植被恢复项目。以瑶湖湿地生态系统保护和修复、潦河流域低丘土地综合整治修复、马咀山及江边湿地生态修复等项目为主体，推动林地提质改造，同时重点发展林下经济产业，促进林地立体复合生产经营，配套布局建设一批医疗康养、生态旅游、文化创意等市场前景好的新产业新业态。

（三）探索"EOD+"模式，解决项目资金平衡的问题

当前EOD项目实施周期长、要素要求高，依靠当前已有的政策赋能，难以覆盖中长期建设成本，需要通过"EOD+"政策、资源、金融等方式反向赋能，推动EOD项目顺利实施。

一是探索"EOD+政策",发挥激励导向作用。要充分利用现有政策。全市支持绿色产业企业首发上市,鼓励企业通过发行绿色短期融资券、中期票据、私募可转债和资产支持证券等方式获取融资。同时,用好省级层面对于EOD项目的支持政策。要形成要素保障机制。针对EOD项目优先保障用地、能耗、水资源等要素,在政策允许范围内优先给予指标调剂,充分保障项目顺利落地实施。要出台项目激励补助。针对成功申报的项目按推进进度分期给予资金奖励或贴息补助,全流程跟踪项目实施,进一步激励市场主体参与EOD项目建设。

二是探索"EOD+资源",提升项目增值空间。要联动周边资源提升区域吸引力。将项目与周边功能板块整体包装,利用交通路网、区域品牌营销等,为产业发展综合赋能,探索使用公募REITs(不动产投资信托基金)模式推动EOD配套基础设施建设。要联动资源权益提升整体运营收益。探索将项目周边林权、水权经营权与项目经营权打包交由项目主体统一经营,项目主体可适当发展水上经济、林下经济,最大限度发挥资源优势,保障项目自平衡。

三是探索"EOD+金融",助力项目主体融资。要探索环境权益抵押融资。积极对接引导金融机构开展能效融资、碳排放权融资、排污权融资等信贷业务,推动"碳排放权质押""碳排放挂钩""林权抵押贷"等绿色金融产品在南昌市落地,为EOD模式推广添薪蓄力。要探索低利率融资方案。积极对接沟通中国银行、国家开发银行、中国农业发展银行等金融机构,针对市内拟申报EOD项目商讨个性化金融支持方案,在尽职调查、审查审批、贷款投放等方面专设绿色通道,争取灵活的还款期限和利率方案,从而降低融资成本。要探索EOD项目"金融顾问"机制。坚持政府主导、银企联动,在EOD项目谋划阶段,邀请金融机构介入,按照"三化一有"(市场化、产业化、法治化、有效益)的办贷原则和思路设计EOD项目融资方案。

组长:王文昌

成员:李　敏　李孟阳　孙　敏

南昌建设"博物馆之城"的路径研究

南昌社会科学院课题组

博物馆是城市文化的重要产物，熔铸了城市的文明历史，是城市文化挖掘者、传播者，也是促进社会经济持续发展、赋能城市美好生活的参与者和贡献者。2021年中宣部、国家文物局等九部门发布《关于推进博物馆改革发展的指导意见》，明确要求"探索在文化资源丰厚地区建设'博物馆之城''博物馆小镇'等集群聚落"，国务院办公厅印发的《"十四五"文物保护和科技创新规划》再次强调，在文化资源丰厚地区探索建设"博物馆之城"。南昌是一座有着2200多年历史的国家历史文化名城，其丰富的文化遗产与悠久的历史传统，既是城市的"金名片"，也是南昌建设"博物馆之城"的宝贵资源。

一、南昌建设"博物馆之城"的机遇和挑战

（一）党和国家高度重视博物馆事业

党的十八大以来，以习近平同志为核心的党中央高度重视博物馆事业，习近平总书记多次作出重要指示批示，多次赴现场调研、指导，就博物馆事业发展提出一系列新理念、新思想、新要求，为新时代中国博物馆事业发展指明了方向。党的二十大报告对推进文化自信自强，健全现代公共文化服务体系，加大文物和文化遗产保护力度等提出明确要求，为南昌博物

馆之城建设提供了根本遵循。当前，南昌肩负着打造"一枢纽四中心"和"宜居宜业、宜学宜游"的现代化都市以及江西高质量发展的省会引领重任，理应在建设"博物馆之城"等方面"走在前、勇争先、善作为"，积极发挥省会引领作用。

（二）美好生活的文化需求

博物馆作为一个地域的文化标志，已经成为旅游的重要组成部分。随着生活水平提高，群众走进博物馆、遗址参观展览，接受教育、增长知识的愿望更加强烈，对优质文创产品需求日益旺盛，对文物事业发展提出新期待，更为文物事业带来了新的发展契机，这就要求积极拓展文物资源盘活路径，让文物在新时代焕发新风采。同时随着经济社会和文物事业不断发展，越来越多的人关注和参与文物保护利用工作，保护文物正在成为社会自觉。顺应文化需求，自2004年东莞率先提出建设"博物馆之城"后，截至目前，国内包括北京、西安、武汉、长沙、郑州等30余个城市先后加入建设热潮，发展如火如荼。

（三）社会经济的高速高质量发展

国家"十四五"发展规划提出，到2035年要建成文化强国，"国民素质和社会文明程度达到新高度，国家文化软实力显著增强"；要"健全现代文化产业体系""提升公共文化服务水平"。博物馆是一座城市的标志，也是城市软实力、文化品位、历史文化底蕴以及文化发展程度的重要体现，建设博物馆之城在提升城市形象、市民素质上具有重要作用。近年来，各地博物馆建设与教育、科技、旅游、商业、传媒等实现跨界融合，不断刷新博物馆及其藏品的社会功能与角色，逐渐成为提升城市文化软实力的重要路径。2023年，南昌GDP为7212.85亿元，人均GDP为110067元，处于重要战略机遇期的南昌，经济持续发展从需求与供给双向赋能南昌文化和旅游业新发展，赋予博物馆事业更大的发展空间和持续动力。

二、南昌建设"博物馆之城"的基本现状和存在问题

（一）基本现状

截至目前，南昌现存2000余处一般不可移动文物，301处各级不可移动文物保护单位，其中全国重点文物保护单位10处，省级文物保护单位61处，市县区级文物保护单位230处；有市级非物质文化遗产项目5批，共101个，其中列入国家级非物质文化遗产名录3项、省级42项；现有市级非物质文化遗产项目传承人70人，其中，列入省级非物质文化遗产项目代表性传承人32人；历史建筑140余处，省级历史文化街区3处；中国传统村落9个，国家级历史文化名村1个、省级历史文化名村9个。这些历久弥新的文化遗产不仅构建了南昌层次分明、严整有序的城市肌理，也塑造了深沉厚重、创新包容的城市内涵，更蕴含了"自信、发奋、齐心"的南昌精气神。把物华天宝、人杰地灵的历史文化名城南昌看作一个整体，其本身可以说就是一座内容丰富的活态博物馆，以其独特的文化品位吸引四方来客。

同时，南昌系列配套政策、资金扶持力度持续加大，较快地推动了博物馆事业发展。目前，南昌已有各级各类博物馆26家，其中国家一级博物馆3家、二级博物馆5家、三级博物馆1家，国有单位馆藏文物近2万件（套），涵盖历史综合类、红色文化及革命旧址类、名人故居类、自然与科技类等多种类型，初步形成以国有博物馆为主体，行业博物馆为特色、非国有博物馆为补充的博物馆建设体系。南昌汉代海昏侯国遗址博物馆、南昌红色记忆展示馆等新建博物馆逐渐成为文化新地标。随着博物馆免费开放，南昌的博物馆在社会经济发展、群众美好生活中的作用日益显现。

（二）存在的问题

近年来，南昌市的博物馆事业虽取得长足发展，但博物馆建设体系、博物馆建设质量与国际国内先进城市相比，与满足人民日益增长的美好文

化生活需要相比，还存在较大差距。

1. 博物馆数量与质量有待提高。博物馆总量偏少，与北京、上海等国内先进城市相比还有不小的差距；国家一级、二级、三级博物馆比例较低，特别是代表南昌城市地位、在全国有较大影响力的博物馆数量较少。博物馆类型层次有待丰富，定级博物馆为9家，未形成集聚效应。同时，科技类、自然类、工业遗产类的博物馆数量较少，乡村民俗类、非遗专题类、生态类博物馆发展不足。截至2022年底，南昌博物馆在数量和质量发展上与南昌"一枢纽四中心"及省会引领战略发展定位相对照，存在着较大提升空间，与武汉、郑州、西安等国家中心城市相比存在着较大差距。西安2010年就启动数量"博物馆城"向质量"博物馆城"建设，2017年明确提出打造"博物馆之城"，并上升为西安城市文化发展战略。（见表1、表2）

表1 南昌与武汉、西安等城市博物馆数量统计

城市	博物馆数量（家）	国家定级博物馆（家）			各门类博物馆（家）		
		一级	二级	三级	国有	非国有	行业
南昌	26	3	5	1	10	7	2
武汉	124	6	5	7	78	46	48
西安	159	7	4	6	38	71	50
郑州	112	2	7	1	11	22	5
南京	68	5	4	6	47	21	—
成都	186	6	7	7	69	117	—
广州	72	5	11	7	33	15	18

表2 南昌与武汉、西安等城市博物馆发展情况

城市	年均参观人数（万人次）	备注
南昌	900	国有单位馆藏文物近2万件（套）。2018年出台《南昌市非国有博物馆扶持办法（试行）》，2023年出台《南昌市"博物馆之城"建设三年行动计划（2023—2025年）》

续表

城市	年均参观人数（万人次）	备注
武汉	1000	备案博物馆藏品95万件（套），其中珍贵文物6万多件（套），一级文物1227件（套）。平均每10万人拥有一座博物馆
西安	3000	平均每7.2万人拥有一座博物馆，在全国副省级城市中排名第一。2009年提出建设"博物馆之城"的构想，2010年正式启动，2017年明确提出打造"博物馆之城"，2019—2023年先后出台《西安博物馆之城建设总体方案（2019—2021）》《西安市"十四五"文物事业发展规划》《西安"博物馆之城"建设总体规划（2023—2035年）》（征求意见稿）
郑州	500	馆藏文物30万件（套），珍贵文物10万件（套）。2019—2023年先后出台《郑州市博物馆事业发展三年行动方案（2019—2021年）》《郑州市文物博物馆事业发展"十四五"规划》《关于进一步推动文物事业高质量发展的实施意见》，2024年印发《郑州市推进百家博物馆建设实施方案》
南京	3448	平均每15.4万人拥有一座博物馆。2016年出台《南京市促进非国有博物馆发展实施办法》，2022年出台《南京市建设"博物馆之城"发展规划》
成都	2550	平均每10万人拥有一座博物馆。2022年出台《成都市深化博物馆改革发展的实施办法》
广州	625	目前馆藏总量达138.68万件（套）。出台《广州市博物馆规定》，修订完善《广州市博物馆藏品征集管理暂行办法》《广州市博物馆扶持资金管理办法》，制定印发《广州市博物馆事业"十四五"发展规划和2035年远景目标》，推进"一区一品"博物馆发展计划

2. 博物馆布局及类型不均衡。区域发展不均衡，博物馆主要集中在东湖、西湖以及青云谱等老城区，新区博物馆数量较少；资源布局不均衡，市属国有博物馆如八一起义纪念馆等在设施、馆藏、人才等方面优势明显，区级博物馆资源相对单薄；国有博物馆（纪念馆）、非国有博物馆、行业性博物馆等不同类型博物馆发展不均衡，发展多样性不足，行业、非国有博物馆数量偏少。在博物馆类型上与武汉、郑州、成都等兄弟城市相比发展悬殊，武汉市社会博物馆超七成，郑州的非国有博物馆数量为22家，成都非国有博物馆数量高达117家，而南昌仅7家。

3. "博物馆+城市"融合有待深化。目前南昌市定级博物馆与国家一级博物馆数量与大多数国内城市相比偏少。一些基层博物馆设施老化、展陈内容陈旧、展示手段落后，服务水平与群众美好生活新要求有差距。部分博物馆周边缺乏相应的公共设施，交通不便导致场馆可达性不够，观众观展前后缺乏娱乐、休闲设施，场馆周边亲子、适老等全年龄服务能力较低，与文创、商业等产业未能形成馆城互动、互相促进的良性循环，带动区域发展效果有限，公共文化供给质量有待提升。

4. 博物馆活化利用水平有待提升。目前，南昌博物馆发展存在吸引力不强，信息化水平较低，对5G、大数据等信息技术应用不够；缺乏具有全国影响力的原创精品展览、代表性教育活动；文化创意产品开发力度不足，品种不多，市场化程度低等问题。与武汉、成都等城市博物馆活化利用相比存在较大差距。根据2023年度"中博热搜百强榜"显示，南京博物馆排第8位，成都博物馆排第10位，长沙博物馆排第37位，郑州博物馆排第40位，西安博物馆排第46位，广州博物馆排第55位，而南昌未有博物馆入选。

三、南昌"博物馆之城"建设的对策和建议

（一）强化顶层统筹规划，健全发展保障体系

首先，建议成立"南昌博物馆之城"建设领导小组，下设专项工作组，发挥好市文物局的牵头作用，推进南昌市"博物馆之城"建设；组建南昌"博物馆之城"建设专家委员会，进一步发挥南昌博物馆学会的智库和联络作用。其次，丰富博物馆类型，积极鼓励相关行政主管部门与企事业单位兴建一批生态类、自然类、工业遗产类、科技类等行业（高校）博物馆，引导社会力量建设艺术、体育、文创、高新技术、数字等新业态博物馆，扶持个人、社会组织建立非国有博物馆，积极培育建设"类博物馆"。再次，认真贯彻落实国家、省市有关文物保护利用、博物馆建设等相关政策要求，借鉴北京、上海、西安等城市的先进经验，推动制定《南昌市博

物馆条例》，加快研究、制定《南昌市建设"博物馆之城"总体规划》《南昌市打造"博物馆之城"实施方案》《南昌市博物馆事业高质量发展扶持办法》《南昌市促进民办和行业博物馆高质量发展实施办法》等系列政策，鼓励、引导、扶持南昌市博物馆建设与高质量发展。加强电视、广播、报刊、网络等主流媒体宣传传播，提升南昌市博物馆的知名度。

（二）提升阐释展示水平，激活藏品传播效能

首先，创新办展理念，以创建国内一流博物馆为目标，借鉴中国国家博物馆、上海科技馆、南京博物院、浙江省博物馆、中国科学技术馆等优秀博物馆在文物阐释和展示方面的成功经验，探索藏品阐释与展示传播新方法、新理念，准确提炼并展示南昌优秀传统文化的精神标识，加大新技术、新手段、新成果在展示陈列中的应用力度，着力推出一批高水平的原创性主题展览。其次，优化策展制度，探索以策展人为主导、藏品研究为基础、观众需求为前提、公众教育为目标、策划设计为亮点的独立策展人制度，充分发挥策展人的引领作用，打造更多优质原创精品展览品牌。再次，丰富展览体系，鼓励博物馆积极筹划配合展览的教育活动、文创产品、科普读物，打造立体、多元的博物馆展示传播体系，借鉴三星堆博物馆大型沉浸式数字交互空间《三星堆奇幻之旅》、南京德基艺术博物馆的"《金陵图》数字艺术展"成功经验，强化博物馆数字赋能，提升展陈设计和场景感受，实现"破屏"融合传播。最后，创新文物活化利用，提升文创设计开发与生产品质，将深度研究与创意阐释相结合，推出体验型、探索型、收藏型文创产品。

（三）探索高质共赢模式，推进馆城融合发展

首先，推动"博物馆+企业"融合发展模式，依托博物馆文旅融合、产业发展，积极培育博物馆新业态、新模式，发挥文化赋能经济的引领作用，助推城市产业优化升级，促进文化事业、文化产业实现双赢。其次，探索推动"馆—社"多元融合发展路径，依托南昌"博物馆之城"建设的

整体布局，强化基层博物馆与社区合作共赢，推动博物馆参与城市文化肌理建设，服务城市公共文化体系建设。最后，推动南昌"博物馆之城"建设融入城市发展规划、有机更新、空间转型、产业升级，实施"博物馆+"战略，充分发挥博物馆创造活力，推动博物馆与教育、科技、旅游、商业、金融、传媒、设计等领域跨界融合，启动实施"融计划"IP共创，挖掘文化在驱动经济社会发展中的潜能，塑造"物华天宝、人杰地灵——天下英雄城"新形象。积极推动南昌"博物馆之城"建设全方位积极城市区域协调发展、乡村振兴、消费中心城市、历史文化名城保护以及社会主义精神文明建设。

（四）拓宽投入运营路径，创新驱动发展体系

首先，积极争取中央、省级各类财政专项补贴，根据南昌经济发展水平，把博物馆事业纳入南昌市、县（区）经济社会发展规划，纳入财政预算，纳入城乡建设规划，纳入体制改革和纳入各级领导责任制，完善市县两级财政资金投入机制，强化资金统筹，优化支出结构，优先保障重大项目支出，提升财政资金投入的科学性、绩效性。其次，完善以政府为主导，鼓励社会组织或个人捐助等多种渠道建设博物馆资金筹措机制，探索建立南昌市博物馆事业发展基金会或专项基金支持博物馆发展。通过多种途径，盘活现有博物馆资源，运用市场机制，策划包装运营项目，搭建投融资平台；筹办南昌博物馆之城"文化产业联盟""文创孵化空间"，发展文博创意产业，保障项目投资建设。借鉴上海、杭州等城市的经验，探索博物馆、遗址公园社会化运营模式，出台相关扶持政策，支持社会团体、企业等参与到博物馆、遗址公园建设运营。最后，根据建设需要修改完善相关专项资金管理办法，加强对博物馆建设专项经费使用管理的监督审计，将中央财政专项资金与各级博物馆主管部门经费相统筹，建立博物馆建设经费使用绩效评估制度，确保专款专用，提升资金使用效益。

执笔：何丽君

南昌市城市地下综合管廊调研报告

南昌市城市发展研究院课题组

近年来，南昌立足实际，积极推进城市地下综合管廊建设，目前已初具规模，但存在规建脱节、建管脱节、管运脱节、建投脱节等问题，导致有管廊但"成网"难、有规定但入廊难、有主体但运维难、有规划但投入难。经过调查研究，建议从完善政策标准、健全体制机制、强化资金平衡入手，解决当前管廊怎么入、后续管廊怎么管、未来管廊怎么建三个问题，进一步规范全市地下综合管廊的规划、建设和管理工作，全力提升南昌城市综合承载能力。

一、城市地下综合管廊建设背景及南昌市推进现状

（一）城市地下综合管廊建设背景

2015—2016年，为策应扩大内需战略，加强城市基础设施投资，国家部署了地下综合管廊试点工作，分两批在25个城市（景德镇市为江西省唯一入选城市）开展。截至2022年6月，全国共有279个城市、104个县开工建设管廊项目1647个、形成廊体3997公里。为规范管廊建设的管理，国家先后出台了《关于推进城市地下综合管廊建设的指导意见》《关于城市地下综合管廊实行有偿使用制度的指导意见》等文件，强调注重管廊建设与当地经济社会发展相匹配，更侧重建设的经济性、科学性。与此同时，"城

市规划区范围内的各类管线原则上应敷设于地下空间。已建设地下综合管廊的区域，该区域内的所有管线必须入廊"的要求没有改变，并新增"专项规划原则上5年进行一次评估，根据评估结果及时调整，加强指导地下综合管廊专项规划编制的科学性、合理性"的要求。

（二）南昌市推进综合管廊建设现状

1. 规划建设情况。2017年，南昌市编制了《南昌市城市地下综合管廊专项规划》，在南昌中心城区及周边重点发展地区构建了包含干线型（三舱或四舱）、支线型（单舱或两舱）、缆线型（单舱）管廊的综合系统，规划2030年管廊总长度约125公里。截至2023年8月，全市已建和在建6个综合管廊项目，分别是洛阳东路综合管廊（3.6公里）、丹霞路（沿江北大道—青山湖北大道）综合管廊（1.6公里）、青山湖西岸片区基础设施建设工程（含管廊工程4.3公里）、青山北路综合管廊（1.8公里）、九龙湖新城城市综合管廊一期工程（11.7公里）和南昌VR科创城配套市政基础设施一期工程（6.1公里），共计管廊总长度为29.1公里，均未完成竣工验收。

2. 建设资金来源情况。2017—2022年，全市6个地下综合管廊项目建设投资超过37亿元，年均投资7.4亿元。资金来源主要为市、县（区）财政资金（26.6亿元，占比71.6%）、专项债（7.7亿元，占比20.9%）和市场化融资（2.8亿元，占比7.5%）。目前在建11条电力管廊资金由电力公司自行解决。

3. 当前管线入廊情况。截至2023年8月，6个管廊项目共涉及强电、弱电、燃气、电力、给水、污水等六种管线，其中洛阳东路综合管廊已有电力、污水管线入廊；青山湖西岸片区基础设施建设工程已有强电（220kV、110kV）管线入廊，青山北路综合管廊工程已有强电（220kV、110kV、10kV）、弱电管线入廊，其余管廊项目均无管线入廊。

二、南昌市地下综合管廊规划、建设、管理中存在的问题

通过调研座谈和学习外地经验，课题组认为，与杭州、合肥、厦门等城市相比，当前全市地下综合管廊在规划、建设、管理、使用等方面存在问题，主要体现为"四脱节四难"：

（一）规建脱节，有管廊但"成网"难

全市地下综合管廊总体规划是成"网"成"环"，而管廊建设受到各县（区）财力、轨道建设以及工程推进等因素影响，目前呈现出"点""线"状，无法发挥整体性和规模性效应，给后续运维带来困难。比如，九龙湖新城地下综合管廊项目在建设期间，因取消了与2号地铁线路冲突的管廊，导致该区域无法建设成网；老城区因拆迁、耗资大等原因管廊推进缓慢，与规划建设时序要求相差较远。目前，洛阳东路管廊是单独一条线，九龙湖新城与南昌VR科创城管廊各自呈十字形，仅青山北路、丹霞路以及青山湖西岸片区管廊初具网状。

（二）建管脱节，有规定但入廊难

国家虽然明确要求已建设地下综合管廊的区域需要"应入尽入"，但管线入廊工作迟迟无法推进，原因主要有：一是成本压力。管廊使用费用主要由入廊费用和运营费用两部分组成，按照《南昌市地下综合管廊管线入廊及有偿使用实施意见》（以下简称《实施意见》）测算，相较于当前管线单位架线、开挖的敷设成本高出1—3倍。二是使用压力。因管线单位未深度参与地下综合管廊的前期规划、中期建设，导致管廊建成后使用便利性不足。比如，供水管和网络光缆入干线管廊后不方便直接接入居民入户的分支管线；管廊标高不够，导致污水管入廊后无法形成重力流。三是安全压力。市燃气公司因燃气在管廊密闭空间内积聚易发生爆炸风险而不愿意入廊。

（三）管运脱节，有主体但运维难

虽然全市明确了主管部门和运维单位，但在管运方面仍存在诸多问题。一是管运力量不强。从管理方面来看，目前由南昌市住建城乡局单个科室负责统筹管理工作，与长沙、杭州等地设置专门内设机构管理相比，力量较弱。从运行和维护方面来看，由南昌市政公用集团一家子公司来承担管廊运营和维护任务，与杭州、合肥成立联合公司"合力管"的效果还存在较大差距。二是移交机制不全。由于缺乏具体可行的移交操作流程，全市目前没有一条管廊完成移交手续，移交不畅形成"真空管理"易产生安全风险。比如，青山北路目前处于无人管理状态，前期因地铁建设开挖出现雨水倒灌情况，造成安全隐患。三是运行和维护费用（简称"运维费"）难以收取。根据《实施意见》收取建安费的 0.5% 作为运维费的规定测算，运维费基本可以覆盖运维成本。然而，由于全市未及时制定新的收费实施细则及管线入廊价格目录，导致运维单位收费无据可依。

（四）建投脱节，有规划但投入难

国家一直鼓励社会资本参与地下管廊建设，但南昌建设资金和运维资金主要由政府兜底，社会投资比例仅占总投入的 7.5%，和市场化运作脱节。在建设投资方面，据规划，未来 6 年需建设管廊 97.9 公里，预计投入 80 亿元，需财政投入 19.6 亿元／年。在运维费用方面，目前 6 个已建管廊项目总的运维费为 1683.8 万元／年，预计规划 2030 年管廊建成后运维费为 5668.4 万元／年。

三、推动南昌市地下综合管廊规建管用一体的意见建议

课题组认为，解决全市当前地下综合管廊面临的"四脱节四难"问题，规范全市城市地下综合管廊规划、建设和管理工作，保障地下管线安全运行，既要立足当前，又要着眼长远，要落实好"因地制宜、分类施策；经济

实用、集约高效；安全韧性、智能绿色；统筹衔接、远近结合"指导原则，重点解决好"当前管廊怎么入""后续管廊怎么管""未来管廊怎么建"三个问题。

（一）完善政策标准，解决当前管廊怎么入的问题

针对当前洛阳东路、青山北路、青山湖西岸片区、丹霞路等管廊管线入廊难的问题，建议市住房城乡建设局进一步明确入廊原则、收费标准、移交管理程序等规定，为解决当前管廊怎么入提供基本依据。

一是明确入廊原则。严格落实国家"已建设地下综合管廊的区域，该区域内的所有管线必须入廊"的要求，明确"应入尽入"的原则。在入廊管理上，市住房城乡建设局要加强对入廊工作的统筹协调，对入廊管线种类进行充分论证，现有管线要根据实际情况，因地制宜、逐步有序迁移至地下综合管廊。各行业主管部门和管线运营企业，要根据国家有关要求，积极配合做好管线入廊工作。在操作路径上，可以采取"市属先行"的方式，由给排水、污水等市属企业无条件先入廊，移动、电信、联通、电力等国有企业协商后入廊，燃气管线在充分论证管廊管线敷设条件安全后入廊。洛阳东路、青山湖西岸片区、丹霞路等3个管廊项目可采用一次性规划管线入廊，青山北路管廊项目可采用保留部分管线、远期入廊、拆迁等方式对既有管线进行处置。

二是明确收费标准。针对企业反馈的按照《实施意见》测算出的管廊使用费过高，指导管线入廊操作性不强的问题，建议对管廊使用费测算方法进行调整，可以借鉴广州市"一廊一费、保本微利、分期付费、低开高走"的模式，针对南昌市实际情况，制定"一廊一价"收费标准，采用"直埋成本法"测算入廊费，"空间比例法"测算日常维护费，拓展"低价引导，共同培育市场"的思路，坚持"早入廊多优惠"的原则，充分调动管线单位入廊积极性，鼓励其尽快入廊。

三是明确移交管理流程。目前，全市还未有管廊项目正式移交，管廊

移交管理工作亟待推进，由南昌市住房城乡建设局按照"分类施策"的原则，尽快制定地下综合管廊移交管理的具体操作流程。对于已完工管廊项目（洛阳东路），按照《南昌市市政工程建设项目移交管理办法》的规定，由建设单位完成竣工验收后移交给运营管理单位进行管理；对于已入或需入管线的在建管廊项目（青山湖西岸片区、丹霞路），采取"分段分舱、同步论证"的方式办理预移交手续，以便运营管理单位尽早进场开展日常巡视巡检工作，消除管廊内安全隐患；对于青山北路管廊项目实行"同步移交、同步整改"，由运营管理单位立即对入廊管线管舱进行运营维护，建设单位对涉及重大安全及功能性损毁或缺陷问题进行同步整改，彻底消除潜在的安全隐患。

（二）健全体制机制，解决后续管廊怎么管的问题

建议从加强统筹管理、完善制度体系、推动智慧化管理、探索道路地下空间确权等方面着手，解决后续管廊怎么管的问题，形成地下综合管廊管理闭环。

一是加强统筹管理。成立由分管副市长任组长，各有关部门共同参与的城市地下综合管廊工作领导小组，并在南昌市住房城乡建设局成立工作专班或者增加内设机构，市住房城乡建设局、市财政局、市发展改革委、市自然资源和规划局、其他各行业主管部门按照职责分工，做好管廊规划、建设、运营管理相关工作。

二是完善制度体系。在顶层设计方面，由南昌市住房城乡建设局加快出台《南昌市城市地下综合管廊管理办法》，对管理部门职责、规划建设、运营管理、绩效考核、管线入廊、有偿使用、财政补贴等作出系统规定。在配套支持政策方面，重新制定《南昌市城市地下综合管廊有偿使用实施意见》，借鉴厦门市经验，采取"管廊运维单位初期不能通过收费补足成本的，由市、区人民政府根据实际情况给予补贴"的做法，明确全市地下综合管廊运维资金由市政府保障、财政兜底，可以将地下综合管廊作为城市

基础设施，日常管护经费由市财政部门从每年城市基础设施运维费中列支。

三是推动智慧化管理。借鉴厦门市地下综合管廊智慧化管控的经验，依托"i南昌"平台，打造一个全市综合管廊一体化管理平台和多个区域监控中心，形成"1+N"智慧管理系统，实时监测全市综合管廊内部的运行环境，实现对城市综合管廊运营维护全过程的信息化、智能化管理。

四是探索确权登记路径。借鉴杭州市颁发地下综合管廊不动产证的经验，以九龙湖地下综合管廊项目为试点，由南昌市自然资源和规划局探索城市道路地下空间确权的路径，通过明确道路地下空间权属和有偿使用规则，提高管线单位直埋敷设成本，弥合开挖直埋和管线入廊的成本差距，提高管线单位入廊积极性。

（三）强化资金平衡，解决未来管廊怎么建的问题

为保障城市地下综合管廊建设资金，确保管廊可持续运营，建议按照"减轻财政压力、突出轻重缓急、合理分步实施"的原则，有序推进未来城市地下管廊建设。

一是专项规划再评估。由南昌市自然资源和规划局牵头，在征求各入廊管线单位意见的基础上，对2025—2030年拟建管廊项目展开必要性和可行性分析，优化规划地下综合管廊建设。遵循"经济实用，集约高效"的原则，对具体的管廊项目进行专题论证，探索合理的舱体建设方案。由南昌市住房城乡建设局牵头，按照"轻重缓急，量力而行"的原则，围绕"区域成网、系统运营"的目标，对拟建项目重新明确建设规模和建设时序，以"一张规划图＋一张建设表"统揽未来规划建设，实现"统筹衔接、远近结合"，解决规划和建设脱节的问题。

二是资金再平衡。地下综合管廊建设管理资金需求巨大，建议进一步拓宽投融资思路，多措并举实现资金平衡。在争取国家资金支持方面，适度超前谋划地下综合管廊项目，积极争取中央预算内资金、地方政府专项债资金、超长期特别国债支持。在金融信贷支持方面，充分发挥政策性、

开发性金融工具的作用，加强与政策性银行、商业银行合作，创新性开发符合城市地下综合管廊项目特点的金融产品，如特许经营权、收费权和预期收益等担保创新类贷款业务。在探索公募REITs盘活存量资产方面，完善全市地下综合管廊有偿使用机制、加快推进管线入廊，合理提高地下综合管廊综合收益率，达到"预计未来3年每年净现金流分派率原则上不低于5%"的公募REITs发行门槛要求。

三是建设管理模式再创新。一方面，吸引社会资本采用市场化运作模式开发建设城市地下综合管廊项目，并在发行企业债券等资金筹措方式上予以政策指导倾斜。在此基础上，为提高城市地下综合管廊建设投资收益，适度拓宽综合管廊项目的建设内容，探索配建道路、地下商业空间、地下停车场等设施。另一方面，学习借鉴苏州经验，组建地下综合管廊投资、建设、运营平台公司，由市建设投资集团有限公司牵头组建南昌市城市地下综合管廊开发有限公司，吸收燃气、供电、水务、电信、移动、联通等管线单位投资入股。后续可依法通过公开招标、竞争性谈判等竞争方式选择特许经营者，承担管廊投资、建设、运营及维护管理工作，加快形成管线单位与管廊公司"共建、共治、共享"的创新模式。

组长：王文昌
成员：罗　侃　赵晶晶　卢　欣　余　静　方　慧　郭芊芊

加快推进南昌生物医药产业转型升级的对策研究

南昌社会科学院课题组

生物医药产业是发展新质生产力的重要载体之一，党的二十大报告明确将其作为重点发展的战略性新兴产业。《"十四五"生物经济发展规划》《江西省"十四五"医药产业高质量发展规划》和《江西省制造业重点产业链现代化建设"1269"行动计划（2023—2026年）》，其中医药产业链是全省12条重点产业链之一。《南昌市制造业重点产业链现代化建设"8810"行动计划（2023—2026年）》，其中医药健康产业链是全市8大重点产业链之一，预计到2026年全产业链营收将达到1300亿元。当前，南昌正全力实施生物医药产业创新高地"南昌方案"，高品质中医药和医疗器械等优势产业具备实现产业升级、换道超车、晋位争先实力。南昌社会科学院课题组为此开展专题调研工作，以期为加快推进南昌生物医药产业转型升级寻找对策。

一、南昌市生物医药产业发展现状

（一）产业稳中向好具有坚实基础

江西省生物医药资源禀赋优越，具备完备的中医药种植、制造、流通产业体系，与上海、浙江、山东、湖南、广东、四川等地一起首批获准建设国家中医药综合改革示范区。南昌作为省会，正在加速集聚中医药创新资源。2022年11月，南昌市出台《关于加快生物医药产业高质量发展的实施意见》，提出了 22 条精准有力的政策措施支持南昌市生物医药产业高质量发展。中国（南昌）中医药科创城江中药谷核心区和进贤县现代医疗器械科创城成为南昌生物医药产业的"掌上明珠"，辐射带动高新区、南昌县（小蓝经开区）和经开区围绕中医药、化学药、生物制品和高端医疗器械等产业集聚，形成了"双城创新引领、三区高效协同"产业发展格局。2023年，南昌市医药健康全产业链营收 1009.2 亿元，南昌全市共有生物医药领域相关企业 800 余家（企业统计指标范围主要为生产研发型企业），其中生物医药生产企业 400 余家，规模以上生物医药企业 126 户，涵盖现代中药、化学药、医疗器械等多个领域。

（二）龙头企业规模实力不断壮大

目前，全市营收超 100 亿元的总部企业 2 家（济民可信、诚志股份），其中济民可信 2023 年实现 5 个新药上市，2 个新药完成临床 1 期，13 个在研新药进入临床，燎原药业通过美国食品药品监督管理局（FDA）认证，两性霉素 B 脂质体注射液进军国际市场，荣获年度责任践行 ESG（Enviromental, Social and Governance 的缩写，环境、社会和公司治理）优秀企业。诚志股份迈上百亿级平台，生命医疗作为其"一体两翼"之一。超 20 亿元生产企业 1 家（华润江中制药集团有限责任公司，简称"华润江中"），超 10 亿元生产企业 2 家（洪达医疗、三鑫医疗）、主板上市企业 2 家（江中药业、三鑫医疗），二者的营业收入和净利润在近五年均保持上升态势，增速虽然存在一定的波动，具体见图 1、图 2、图 3、图 4。新三板挂牌企业 5 家（贝欧特医疗、一保通、龙宇医药、瑞济生物、新草方），以及营收超 100 亿元南华医药、江药集团两家企业和营收超 50 亿元的国药控股、汇仁医药等药品流通企业，这些企业是全市医药健康产业发展的主力军和引领者。

（三）品牌效应带动业态融合发展

南昌生物医药品牌效应带动业态融合发展效应明显，其中"洪达牌一

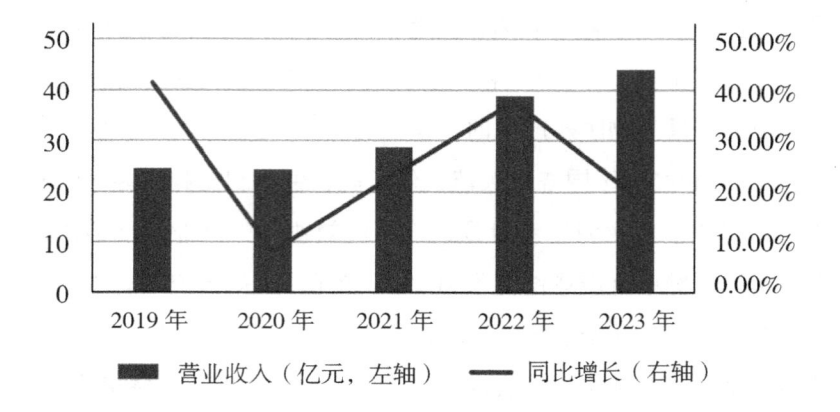

图1　江中药业近五年营收情况

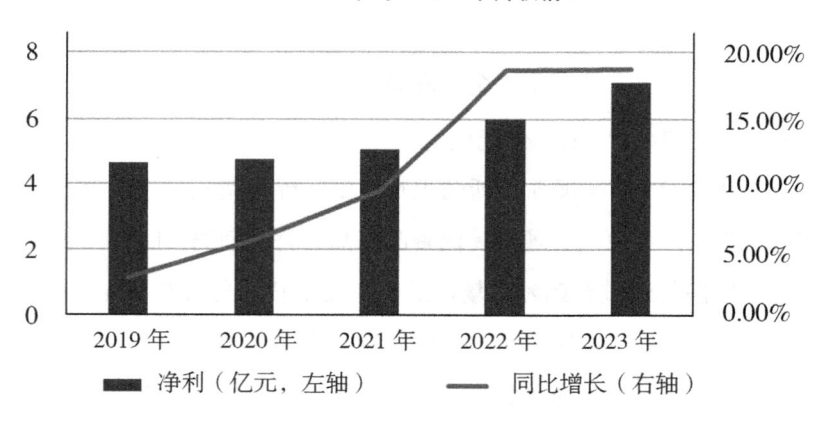

图2　江中药业近五年净利润情况

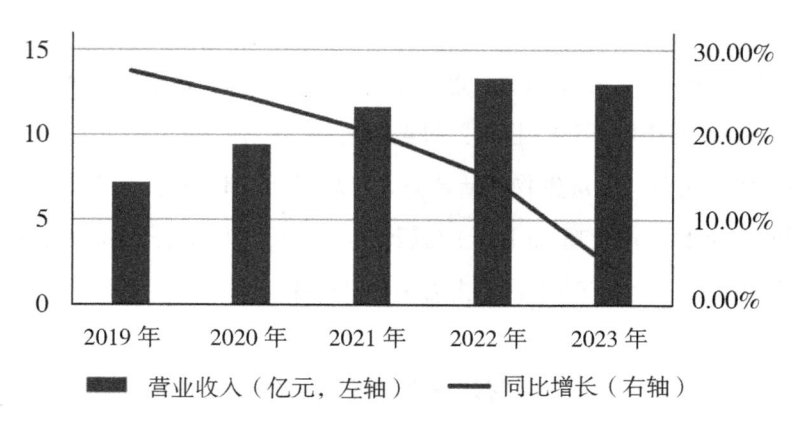

图3　三鑫医疗近五年营收情况

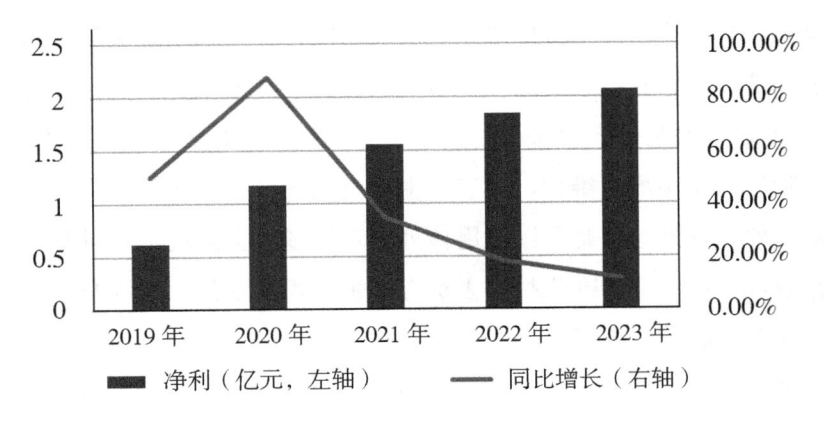

图 4　三鑫医疗近五年净利润情况

次性输注器械"为中国名牌产品，有力支撑了医疗器械产业品牌，促使医疗器械全产业链等新产品、新业态、新经济融合发展。聚焦消费者提质升级的新需求，扩大中高端产品供给，打造了金水宝胶囊、健胃消食片、汇仁肾宝片、复方草珊瑚含片、乌鸡白凤丸、乳酸菌素片、双歧杆菌三联活菌肠溶胶囊（贝飞达）、多维元素片、参灵草口服液、初元复合肽营养饮品、益生菌、复方鲜竹沥液、八珍益母胶囊等一批区域内品牌名优好物，其中江中牌健胃消食片获得 2023 年度中国非处方药产品综合统计排名"中成药消化类第一名"，入选 2023 年度中国非处方药"中成药"黄金大单品。需要特别指出的是，2023 年，江中药业入选 2022 年度中国医药工业百强系列榜"2022 年度中国中药企业 TOP100"。据世界品牌实验室（World Brand Lab）发布的 2023 年《中国 500 最具价值品牌》排行榜，"江中"品牌连续 20 年荣登榜单，品牌价值 376.29 亿元，较 2022 年增值 53.71 亿元，位居医药行业第 6 位。

（四）创新驱动产业持续做优做强

科创城现代中药生产基地智能化项目坚持对标世界一流企业，将数字化、智能化探索贯穿在生产的各个方面，实现企业提质增效。从智能制造、绿色制造、智慧园区三个方面进行智能化系统整体规划分步实施，积极探索智能制造，探索新一代智能化技术与制造业的深度融合。在生产过程数据实时监测、智能生产（MES）、智能仓储、AI视觉检测系统、在线检测、设备故障诊断及预测性维护、数字孪生以及大数据智慧运营等八大方面取得一定成效。三鑫医疗是全国医用体外循环设备、全国医用注射器（针）、全国输液器具等多个标准化技术委员会的重要委员单位，主持及参与起草国家标准和行业标准15项。江西中医药大学陈日新教授的"热敏灸技术的创立及推广应用"获2015年度国家科学技术进步奖二等奖。该技术每年带动全国灸疗养生保健及艾条灸具生产、销售等近千亿元的产业发展。江西中医药大学刘红宁教授团队的"中药制造现代化——固体制剂产业化关键技术研究及应用"项目获2019年度国家科学技术进步奖二等奖，该成果为中药固体制剂制造产业化升级提供了范本。龚千峰教授的"大蓟饮片炮制工艺与质量标准规范化研究"作为国家药品标准被收录《中国药典》（2005年版），解决了相关中药产业链的关键问题。

（五）平台建设塑造产业发展优势

南昌拥有中药固体制剂制造技术国家工程研究中心，是全国中医药类五个工程中心之一。2022年，国家中药先进制造与现代中药产业创新中心成功落地南昌，成为全国中医药领域唯一的国家级产业创新中心。现代中药全国重点实验室由华润江中制药集团有限责任公司、江西中医药大学和华润三九医药股份有限公司联合共建，于2023年3月获得科技部批准建设，是中医药领域7家全国重点实验室之一、央企唯一的中医药领域全国重点实验室、江西省唯一的中医药领域全国重点实验室。该实验室聚焦源于经典名方的现代中药创制，开展源于经典名方的现代中药产品和关键共性技术研究工作，致力于实现"从经典变精品，从名方变名药，从传统到现代"。此外，南昌还拥有蛋白质药物国家工程研究中心、航天营养与食品工程重点实验室江中制药基地等国家级工程研究中心及重点实验室。这些国家级中医药科研平台在南昌落地生根，有力助推了南昌生物医药产业高质量发展，例如参灵草作为华润江中的专利产品之一，由国医大师路志正、朱良春、洪广祥精心研制配伍，中医院士王永炎配方，是将几千年传统中医理论精髓和世界顶尖生产技术工艺相结合的复方滋补品。研发了一系列针对冬虫夏草的提纯技术。截至 2023 年，参灵草已 7 次"伴飞"中国航天"神舟"系列，为航天员健康保驾护航。

二、南昌市生物医药产业转型升级中遇到的困难和问题

尽管南昌市生物医药产业已形成较为明显的产业特色和竞争优势，但仍面临着科技创新不足、研发风险高等挑战，研发资金投入大、高端研发人才短缺等问题依旧突出，对标国际医药巨头还存在较大的差距。

（一）"小散弱"现象明显，结构性产能过剩

当前南昌市生物医药产业的"小散弱"现象明显，产能过剩较为严重，高端和拳头产品供应不足等问题依旧突出，具有强大竞争力的生物医药企业仍旧偏少。截至 2023 年 4 月，全市共有生物医药生产企业 400 余家，规模以上生物医药企业 126 户，但 90% 以上的企业属于中小型企业，完成的销售额不足全行业的 50%，总体规模普遍较小。企业实施药品生产质量管理规范（GMP）以来，特别是片剂、胶囊剂、粉针剂和水针剂生产企业开工率仅有 60% 左右，产能严重过剩。南昌市中药企业主打产品未体现互补态势，中医药产业融合度不高，上下游企业关联性不强。区域内各龙头企业产品属性多有相似，明显呈现同质竞争态势，比如济民可信的金水宝片和汇仁药业的汇仁肾宝片这两款产品都是偏向于补肾类中成药。在化药领域，出现原料药占比高、制剂比重低的情况。在生物药领域，基因工程药物和疫苗尚处空白状态。

（二）企业积极性不高，数智化改造程度低

随着世界经济形势变化，国际贸易争端加剧，全球化产业体系加速重构，数字化进程不断加速，数字化、智能化、绿色化发展成为企业转型升级的主旋律。作为中医药大省，南昌市生物医药产业以中药生产为主要特色，近年来许多企业积极转型升级和实施智能化改造，但中药生产的工艺技术仍较为传统老旧，数字化、智能化程度低。再加上传统中药生产的智能化改造投入大，对于产能、效能的作用不够明显，导致企业智能化改造积极性不高。这都是制约企业数字化、智能化转型的主要因素，也是产业转型发展的一大挑战。

（三）科研攻关能力不足，高附加值产品较少

当前，南昌市医药企业自主研发创新能力弱，导致创新药产品和医疗器械产品数量少、进度慢、科技含量低，对标国内外头部企业存在很大的差距。除金水宝胶囊等少数产品属于原研药外，其他产品大多数为仿制药或强仿药。创新药、高端医疗器械、先进治疗技术等仍以进口为主，部分产业链关键环节脆弱。再加上新药研发具有投入大、风险高、周期长的特点，使得企业创新研发的动力不足，资源配置和研发资金投入非常有限，倾向于仿制和改剂型，导致整个产业科技创新后劲乏力。

（四）高层次研发人才极度紧缺，供不应求

因南昌吸引高端人才不如沿海地区，故而南昌在人才引智政策、人才吸引力等方面不占优势。医药创新研发核心在于高端人才，而高层次医药研发专业人才在省内紧缺且分布不均，进而造成南昌市研发实力不强，极大地制约了行业关键共性技术的突破和科技成果的产出，进一步制约了医药产业的创新发展。同时，在企业管理上，部分企业还是家族式管理，尚未建立现代化企业管理制度，也未聘请高端管理人才、专业化技术人员，导致企业管理和整体经营实力不强。

（五）传统模式难以生存，产业发展配套政策不足

当前国家药品集中带量采购、省级药品集采联盟已成为常态，企业生存空间不断被压缩。受医药产业链上下游企业影响，公司还面临着中药材供给、原料成本上涨、运输成本增加等问题，这对企业经营提出了更高的要求。因此，生物医药产业要实现生存和发展，离不开政策的积极引导。南昌市在生物医药产业涉及产业基金、融资渠道、财税政策、研发飞地、重大项目支持、省级联盟集采等方面出台的相关政策与上海、广州、苏州等城市相比存在一定差距。同时，一些企业的生产厂区地处偏僻位置，周边缺乏商场、医院、公交等生活配套设施，导致人员招聘和留存难度极大。此外，有部分商会会员企业反映，省内医药产品、医疗器械产品的检测机构较少、检测项目不全、费用标准不一，给企业带来较大的不便和负担，制约了企业产品检测效率和生产效率。

三、针对南昌市生物医药产业转型升级的几点建议

基于上述问题分析，经过调研和思考，结合国内生物医药产业发达地区发展经验，提出如下建议：

（一）壮大产业发展能级，选准选优发展赛道

南昌要加大政策支持力度，在全省先行先试，重点壮大产业发展能级、加快培育新兴领域，对重大项目落地、龙头企业做大做强、品种规模提质增量、上市许可持有人产品转化等给予重点扶持。鼓励市内重点企业与产品互补、技术互通、市场互助的复合型企业集团合作，积极与跨国医药集团进行合作，促进南昌市医药企业、医疗器械企业高质量发展。全面盘活南昌生产优势资源，化解过剩产能，实现南昌市生物医药产业裂变式、跨越式发展。要选准选优发展赛道，找准近期有发展潜力、能做大做强的细分领域新赛道，迅速打开发展新局面，在中医药领域，以经典名方、经方

验方以及医院制剂为基础，促进产品的开发和产业化，打造国内一流的研发制造基地。在此基础上，要充分挖掘资源潜力，着重在中药大品种和独家品种质量升级、二次开发、经济学评价、中药创新药开发等方面持续发力。对药品生产企业休眠品种进行梳理和筛选，支持具有市场价值的品种恢复生产，释放闲置产能。

（二）建立绿色智能制造体系，助推产业高端化

严格落实"要素跟着项目走"机制，通过土地、资金和资源等要素倾斜，让龙头企业产生示范效应。引导南昌生物医药企业搭建数字追溯、数字分析、数字决策"三数"质量信息追溯系统，整合精益生产，采用六西格玛管理，大力发展数字化转型，弘扬智能制造，推动南昌生物医药现代化发展。加强与上海、苏州等地区的合作，承接研发先进地区的创新药落地、药品生产、代加工等业务。南昌生物医药创新与投资要重视市场和资源要素的内循环，用好南昌元素和省会优势，以平台创新为支撑，以绿色发展为方向，将绿色高质量、产业高端化理念全面融入南昌生物医药发展战略，打造出集理念创新、管理科学、节能降耗、环保高效、绿色发展为一体的绿色智造南昌模式，为生物医药产业高端化树立典范。南昌要以技术改造为抓手，构建产业发展良好生态，建立"临床＋研发＋企业"常态化对接机制，加快科技成果转化，集合产、学、研、政、金、媒等各方资源，推动各方高效合作，助力南昌未来医药医疗产业高端化。例如，将乡村振兴与中医药产业链相融合，引导企业与供应商合作共建智能化可追溯的中药材示范种植基地，指导中药原材料标准化种植，从源头保障好中药材质量，以供应链规范管理助力乡村振兴提质增效，助推产品品质高端化。

（三）加大创新扶持力度，建立健全产业链条

南昌生物医药产业要通过"产业有延伸、产品谋突破、技术求创新、

南昌争作为"的总体推进思路以产业链招商，强化国内、省内和市内生物医药产业间的合作，开展联合营销，推动市场信息整合，协同布局国际市场。打造生物医药产业联动发展新模式，提升自主创新能力，加大力度支持创新药物的研发工作。同时，鼓励南昌市生物医药企业聚焦自主知识产权创新药物研发，相关行政部门进一步畅通优化审评审批流程，推进创新药同步研发、注册与审评，进一步加快新药审评审批速度，加大企业知识产权保护力度，打造新型医药创新生态系统。积极建立"医保—企业"面对面机制，优化创新服务体系，加大对药品、医疗器械、大健康产品研发创新的支持力度。南昌生物医药产业要着力在上游夯实基础、中游创新技术、下游强化融合，以"强品牌、提品质、建基地、立标准、稳供应、增效益"作为指导原则，切实筑牢全产业链发展的上中下游根基，持续在关键核心技术突破、重大创新平台建设、绿色数字智能制造以及品牌发展市场开拓等关键领域谋求突破，赋能南昌生物医药产业集群发展。作为"湘赣粤港澳中医药产业联盟产业化合作中心"的核心城市之一，应充分利用好相关政策，发挥好江西中药材资源优势，擦亮南昌生物医药品牌，积极推进中医药全产业链的高质量发展。把生物医药产业发展与省会引领战略、南昌都市圈建设紧密结合，引导龙头企业完成南昌都市圈乃至江西省大健康电商数据分析、处方药渠道数据分析，财务数据分析三个数据应用场景的构建。南昌应建立起政府、商会、企业三方常态化互动机制，吸引产业链上下游相关综合实力强、细分领域精的配套企业落户南昌，支持和鼓励做大医药产业集群，推进医药产业链不断完善和延伸。

（四）集聚中高端人才，推进人力资源整合共享

南昌要实施人才工作"一把手"工程，打造良好的人才生态，引导企业搭建相应的核心班子，提升人才工作的科学化水平。新药研发、医学总监、临床总监等生物医药高端人才稀缺，全国乃至全球都在争抢。南昌可以通过共享研发平台，联合开发项目，协同人才培养等"订单式"和"扎

根式"培养特色人才，推进人力资源整合共享，抓紧储备好战略性特色人才。南昌要积极优化生物医药产业结构，聚焦产业创新能力建设，大力开展招商引资工作，为人才提供充分创新创业空间。有针对性地谋划和开展人才引进专项行动，在"引、育、用、留"下功夫，重点引入高层次创新创业人才，既满足产业结构调整与升级的需要，又有效增强产业的研发创新能力和可持续发展能力，形成产业、人才双向赋能、互促共进的良性循环。同时，统筹推进"人才飞地"与"科创飞地"建设，将招引生物医药产业紧缺人才纳入南昌市重点工作，进行系统谋划和整体部署，推动人才流向南昌、用在南昌。此外，对企业高端人才在子女教育、家属就业、住房、医疗、个人荣誉等方面给予支持和倾斜，最大限度地解决人才后顾之忧，提高人才的归属感和忠诚度。

（五）破解生存困局，完善企业发展配套

南昌生物医药产业发展历史悠久，资源禀赋突出，特色优势和政策叠加优势明显，特别是高品质中医药和医疗器械等优势产业具备实现产业升级、换道超车、晋位争先的潜力，应采取"一产一策"和"一企一策"优化产业政策，完善企业发展配套。每年定期深入调研南昌生物医药产业政策需求和主要产品，从产业发展规律来看，南昌必须对标一流、拉高标杆，以非常规手段，从战略高度深入谋划全产业链发展，从行动层面制定时间表、路线图、任务书，从政策层面采取更加有力的举措，实现破局突围、跨越发展。从产业发展抓手来看，必须立足实际，做强中医药、化学药、生物制品和高端医疗器械，做大天然健康产品规模，着力打造国内一流的生物医药研发生产高地。针对定量集采、省级联盟采购，在制定地方药品集采相关政策时，能够给企业发展预留一定的缓冲期。此外，政府应增设一些检测机构医药产品、医疗器械产品的检测机构，丰富检测项目和种类，为相关企业产品检测"降本增效"。同时，培育和扶持企业直接融资，鼓励和支持符合条件的优势企业在境内外上市，支持已上市企业进行定向增发

再融资，推进并购资源的整合共享，健全协同机制，共享并购资源信息，支持开展联合并购工作。此外，积极探索设立医药产业发展专项引导基金，为企业拓宽融资渠道，缓解企业资金压力。

执笔：甘江英

南昌市数字文化产业发展调查报告

——以网络文学产业化为例

南昌社会科学院课题组

党的二十大报告指出,要实施国家文化数字化战略。这为新时代繁荣发展社会主义先进文化指明了方向。根据相关统计数据,2023年全国规模以上文化及相关产业实现营业收入129515亿元,比上年增长8.2%;其中网络和数字文化特征明显的16个行业小类实现营业收入52395亿元,比上年增长15.3%,高于全部规模以上文化企业7.1个百分点。数字文化已经成为当前大众文化消费和信息消费的主流形态,社交、视频、音乐、网购等领域数字技术的广泛运用,深刻影响着人们的生活方式、社交方式和表达方式(见表1)。

表1 2023年中国主要数字文化产品用户数量和网民使用率

应 用	用户规模(万人)	网民使用率(%)
网络视频	106671	97.7
短视频	105330	96.4
网络购物	91496	83.8
网络直播	81566	74.7
网络音乐	71464	65.4
网上外卖	54454	49.9
网络文学	53017	48.6

续表

应 用	用户规模（万人）	网民使用率（%）
在线旅行预订	50901	46.6

资料来源：《第53次〈中国互联网络发展状况统计报告〉》，https：//www.cnnic.net.cn/NMediaFile/2024/0325/MAIN1711355296414FIQ9XKZV63.pdf，2024年3月22日。

在数字文化应用方面，网络文学是依托互联网创作和传播文学作品的新形态，具有内容丰富、形式多样、题材多元、传播广泛、消费便捷等特点。2014年10月，习近平总书记在文艺工作座谈会上指出："要适应形势发展，抓好网络文艺创作生产，加强正面引导力度。"南昌作为一座有着2200多年历史的文化名城，文脉悠长、文风鼎盛、传承有序。新时代以来，南昌市市委、市政府立足南昌市情，从做好红、绿、古"三色"文章、增强文化产业、发展文化事业以及做好宣传推介等方面全方位打造"物华天宝，人杰地灵——天下英雄城"的城市文化品牌。在时代背景与政策红利的加持下，做优做强南昌网络文学产业化恰逢其时。为梳理南昌网络文学产业化发展情况，通过数据收集、座谈交流、实地调研等形式，总结归纳发展的势头和不足，并针对性提出改进建议，以供参考之用。

一、南昌网络文学产业化发展的概况与特点

根据《2023中国网络文学发展研究报告》统计，总体市场规模达3000亿元。南昌网络文学产业化发展从自由生长到流量时代，呈现出以下特点：

（一）大批网络作家崭露头角

以2000年为界，网络文学大致经历了四个阶段：2000—2003年，以互联网论坛为形式的初起阶段；2003—2009年，以付费阅读为特点的发展阶段；2010—2015年，以手机阅读为亮点的繁荣阶段；2016年至今，以IP商业转化为重点的全产业链阶段。在网络文学发展各个阶段，南昌都能踩准

节拍、紧跟潮流，始终在网络文学领域"独领风骚"，成为全国网络文学的重要力量。2000年，南昌作家"今何在"发表网络小说《悟空传》，被业内公认为"网络文学第一书"。在"今何在"的带动下，朱近墨、圣者晨雷、夏言冰等一批作者开始涉足网络，并取得不俗成绩。2003年，起点中文网（阅文集团旗下网站）开始实行VIP付费阅读制度，确立了网站文学赖以生存和发展的生产机制，涌现出大批优质的网络文学精品。比如，南昌作家安以陌的作品《清梦奇缘》在2006年高居起点中文网榜首。自2016年来，IP改编推动网络文学发展进入"新风口"，南昌网络文学继续"乘风而行"，在规模人数、作品数量、"大神"作家等方面保持快速增长。据统计，南昌市网络作家协会现有会员106人，其中中国作协会员11人，江西省作协会员40人，江西省网络作协会员46人，平均年龄27岁。据阅文集团统计，2023年在起点中文网、创世中文网、晋江文学城等11家国内知名原创小说网站的作者中，来自南昌市的有81人。

（二）数字产业赛道效益初显

据第三方机构数据统计，2023年，包括出版、游戏、影视、动漫、音频等细分赛道在内的中国网络文学的全版权运营市场，整体规模超过2600亿元。网络文学在高价值精品内容输出方面具备强大的造血能力，已成为新的行业共识，其中不乏《长相思》《莲花楼》等爆款作品。南昌市部分网文作品因其自带"流量"和"口碑"，成为影视改编或有声读物领域的"宠儿"，改编而成的影视作品获得了较好成绩（见表2）。南昌网络文学"出海"成绩单同样亮眼。全省"出海"作品近70部，如阿彩的《孤凰》位居韩国销售榜前十；净无痕的《太古神王》《绝世武神》在海外总点击量过亿次；黑夜弥天的《平平无奇大师兄》被翻译至韩国、日本，总订阅量破百万。这些网络文学作家通过创作仙侠、玄幻、盗墓、穿越、历史等题材的作品，推动中华传统文化创造性转化和创新性发展，成为讲好中国故事的重要力量。

表 2 南昌部分网络作家代表性作品产业化情况

笔　名	改编作品	领域	市场评价
今何在	《悟空传》	电影	累计票房近 7 亿元
阿　彩	《孤凰》	有声读物	收听量近 2 亿次
净无痕	《太古神王》《绝世武神》	有声读物	收听量近 4 亿次
纯风一度	《奈何 BOSS 要娶我》	电视剧	单集播放量破亿次

资料来源：根据南昌市网络作家协会提供资料整理而成。

（三）特色 IP 生态逐渐形成

随着 IP 转化形式的不断优化和完善，网络文学不仅在影视改编方面成绩显著，而且在动漫、有声、短剧，以及线下文旅和衍生品等方面全方位、全链路运营转化，不同的艺术形式联动促成了网络文学多形态输出的"破圈之旅"。南昌网络文学作品在影视改编方面，除前文所介绍的之外，还有不少优秀作品。比如，净无痕的《太古神王》在优酷平台播放，播放期间一直占据该平台热度前三；梅儿若雪的现实题材小说《疫不容辞》于 2021 年改编成电影《南狮村之行运过中秋》，是 2021 年度佛山市文艺精品专项项目；红刺北的《第九农学基地》和《不要乱碰瓷》均已出版，并签约网络剧；阿彩的《神医凤轻尘》《凤凰错》均已出版，并签约电视剧、网络剧；徐婳的现实主义题材作品《生活挺甜》已售出影视版权。在游戏、有声出版、漫画改编方面：净无痕的《绝世武神》至今仍在各大平台榜单前列，已被改编成游戏、动画、漫画；净无痕的《太古神王》长期处于阅文集团旗下各平台榜单前列，被国家图书馆永久典藏，被翻译成英文并畅销海外，同步出版繁体版，有声阅读版收听量过亿次，根据其改编的游戏也已上线，成为游戏公司爆款；红刺北的《第九农学基地》、静觅的《大秦：皇子行业太卷，我选择摆烂》、仙侠小说《洪荒：签到百年，我大道身份被云霄曝光了》被飞卢小说网进行了有声改编；都市刑侦悬疑小说《走错审讯室，第一次破案震惊全世界》入选飞卢小说网改编漫画作品并已售出有声版权；红刺北的《将错就错》已签约出版及广播剧。

二、南昌网络文学产业化存在的问题与困难

近年来，聚焦文化强市建设，南昌文化产业快速发展。截至2023年，南昌市已创建国家级文化产业示范基地2个，国家级文化和科技融合示范基地1个，省级文化产业园区2个，省级文化产业示范基地（园区）20个。南昌市规上文化企业由2015年167家上升到2023年的443家，总量及增幅稳居全省首位；规上文化企业营收近500亿元，总量居全省首位。世界VR产业大会、国家虚拟现实中心落户南昌，为打造网络文学虚拟体验场景提供技术支撑。这些硬性条件为南昌网络文学产业化发展提供了有利条件，但对比省内其他城市和中部其他省会城市，仍存在以下不足：

（一）缺乏相关扶持政策

与周边城市相比，南昌对网络文学相关扶持政策偏弱，尚未形成良好的网络文学发展环境，导致自己的"孩子"却在外地成名（见表3）。尽管江西省自2022年起，集中出台了《关于开展艺术系列（新文艺群体）和文学创作（网络文学）职称评审工作的通知》《关于印发〈江西省文学创作（网络文学）专业职称申报条件（试行）〉的通知》等系列文件，但是仍然走不出学历和资历的条条框框。由于网络作家与平台之间的合作，存在合作和雇佣两种模式，尤其是刚入门的写手，大多数为版权合作，导致无法享受传统行业中的劳动保障待遇。在调研中发现，除有一定流量的网络作家外，南昌网络作家群体总体收入偏低，社会普遍认为网络作家"不稳定""没前途""吃青春饭"。

表3 部分南昌网络文学作品获奖情况表

名　称	获奖情况	作者	颁奖或支持单位
《飞流之上》	1. 2023年中国作家协会重点扶持项目 2. 2023年度江西省文联文艺精品创作扶持项目 3. 南昌市文联精品创作扶持项目	阿彩	中国作家协会、江西省文联、南昌市文联
《第九农学基地》	1. 2023年中国作家协会重点扶持项目 2. 入选中国网络文学影响力榜（2023年度）网络小说榜	红刺北	中国作家协会
《医警仁心》	"现实题材重点创作项目（网络文学）"	徐婠	上海市作家协会
《孤凰》	第四届辽宁省网络文学"金桅杆"奖	阿彩	辽宁省作家协会
《神医帝妃》	江西省第六届谷雨文学奖	阿彩	江西省作家协会
《砸锅卖铁去上学》	1. 新时代十年百部中国网络文学作品榜单 2. 入选中国网络文学影响力榜（2021年度）网络小说榜 3. 第三届泛华文网络文学金键盘奖	红刺北	1. 新时代十年百部中国网络文学作品榜单推选委员会 2. 中国作家协会 3. 中国作协网络文学中心、江苏省委宣传部、江苏省作家协会
《双面利刃》	第七届现实题材网络文学征文大赛优胜奖	徐婠	上海市新闻出版局、阅文集团
《隐匿人间》	起点现实频道春季征文计划特别关注奖	徐婠	阅文集团
《一不小心捡到爱》	江西省第六届谷雨文学奖网络文学奖	纯风一度	江西省作家协会

资料来源：根据南昌市网络作家协会提供资料整理而成。

（二）缺少头部运营企业

从全省情况来看，在影视、动漫、游戏、文创等领域均有行业领军企业，为打造全省网络文学产业链提供了有力支撑。在影视制作领域，有专注电视剧的主板上市企业慈文传媒、聚焦互联网短视频创作的新三板企业时刻互动、摄录设备制造的专精特新企业华广影视等；在动漫游戏领域，有中国500强企业网易集团、主板上市企业恺英游戏、头部动漫企业功夫动漫、网页游戏"一哥"贪玩游戏等；在文创潮玩领域，有专注文创出口的龙腾达（吉安）动漫科技有限公司、专注3D打印设备制造的江西科欧科技有限公司等。从全市情况来看，只有两家与网络文学相关的文化公司——江西剑来文化传媒有限公司、九重天化传媒有限公司。2018年成立的南昌市网络作家协会，尚无固定办公场所，协会秘书长由南昌市文联工作人员担任，负责处理日常事务、会员发展和组织联络、作品推广、作家维权等工作。

（三）实体出版观念保守

经初步摸底，南昌网络文学作家作品由省内出版社出版的，仅占总数的10%左右（多集中在百花洲文艺出版社），大量省内网络文学作家的作品是通过外省出版社出版。比如，南昌作家阿彩的《孤凰》入选浙江省"十四五"重点数字出版规划作品；南昌作家野玉丫头的《绝代有佳人：貂蝉泪》在台湾出版等。反观唐家三少创作的长篇玄幻小说《斗罗大陆》，2008年12月14日于起点中文网连载，2009年5月在太白文艺出版社出版；其改编为动画后，播放量突破300亿次，同步衍生的盲盒、卡牌、玩偶、出版物等文创产品销售量突破3亿元。再如，爱潜水的乌贼所著的西方玄幻类小说《诡秘之主》于2018年4月1日开始网络连载，2023年8月17日，阅文集团与广州天闻角川动漫有限公司完成实体出版签约，荣获上海市第二届天马文学奖。

（四）著作版权保护困难

根据华经产业研究院统计数据，仅 2022 年中国网络文学盗版损失规模达 62 亿元，同比上升 2.8%，已侵占网络文学产业 17.3% 的市场份额。课题组在实地调研中了解到，盗版侵权已成为制约网络文学上下游产业健康发展的主要因素。以阅文集团、元聚网络、据点科技为代表的网络文学平台和网络作家代表一致认为，网络文学盗版发现难、取证难、赔偿难是原著作者背负的"三座大山"。同时，网络文学盗版已形成"购买软件—搭建网站—宣传推广—获取广告—资金结算"的完整黑产业链条，单一主体很难撼动整条产业链利益结构。虽然 5G、AI 等新技术的发展为网络文学带来了新的机遇，但盗版问题依然存在，并且形式不断更新。据不完全统计，2023 年阅文集团拦截盗版访问 1.5 亿次，每年有 80% 以上的作品被盗版，其中盗版线索追溯率仅有 19% 左右。盗版侵权行为严重影响了网络作家的创作积极性和收益，伤害了网络作家的创作热情，给平台和作家双方都带来较大损失。

三、推进南昌网络文学产业化的建议与对策

网络文学通过激发优秀文化的因子，不断汇集众多"写手"的原创性力量，发挥着传播主流价值、引领时代风尚、激发文化活力、繁荣文化产业的重要作用，有利于中国特色社会主义文化建设。因此，南昌要实施"文化强市"战略，打造"物华天宝，人杰地灵——天下英雄城"的城市文化品牌，需要大力推动文化产业化，除要从文化企业、文旅融合以及文化消费等方面综合推进、系统提升之外，还应重点扶持和发展网络文学、电竞产业等新兴业态，抢抓文化产业发展新赛道。具体来说，可从以下方面着手：

（一）增强网络文学作家归属感

出台《南昌市文学创作专项扶持奖励办法（试行）》，鼓励和支持网络作家创作更多体现南昌红色文化、绿色文化、古色文化和当代改革开放的现实主义题材网络文学作品，积极推荐优秀网络文学作品申报各类扶持项目，坚持以优秀网络文学作品为导向，进一步优化职称评审认定制度。要加强"文艺两新"（新文艺组织新文艺群体）组织建设，利用市网络协会为市内网络文学作家搭建文学交流、社会实践、志愿服务、写作采风等活动平台，逐步扭转网络作家群体"宅属性"，增强网络作家的生活动力、创作活力和作品创造力。同时学习上海、浙江、江苏等地经验，由南昌市文联牵头建立网络作家保障制度，对月收入3000元以下的签约作家提供部分生活补贴，减轻其创作和生活压力。要加大司法援助力度，以法律援助的形式破解签约作家"霸王合同"难题，维护市内网文作家的合法权益和正当利益。

（二）培育壮大网络文学青年队伍

充分发挥南昌域内高等院校和职业院校人才供给优势，推动元聚网络、据点科技、剑来传媒等省内阅读平台企业与市域内高校建立合作关系，通过增设网络文学选修课、组织校内文学创作征文活动、举办网络文学新手作家培训班等活动，充分激发在校学生的创作潜力和参与意愿，发掘网络文学新人。引导各级文联、网文协会建立新人作家培育、培训、培养机制，重点选拔培养一批文学素养高、文字功底好、创作欲望强的作家"新星"，增强南昌网络文学发展后劲。在省、市各类文学评奖、研讨、评论活动中，提高网络文学作品推荐比例，持续完善网络文学评价体系与评价机制，更好发挥正面导向性作用。

（三）招引头部企业加速IP转化

经江西省委宣传部"牵线搭桥"，阅文集团即将落户南昌高新区。要发挥其全版权运营优势,加大对南昌签约网文作品的开发支持力度,推动精品创作生产,塑造"网文赣军"品牌。同时要提升服务水平,优化营商环境,招引一批网络文学产业化头部企业。目前,信息网络传播视听节目许可证、互联网出版许可证、网络文化经营许可证、ICP证办理难、申请难、审批难,是制约各城市网络文学、短视频、游戏等产业发展的重要因素。要学习借鉴赣州在网络文学、动漫游戏、影视音乐等领域争取"先行先试"政策,持续优化"投、贷、奖、补"体系,深入实施文化企业培大育强行动,着力培育一批发展潜力大、科技含量高、市场竞争强的网络文学产业链企业。

(四)搭建高能级产业化生态

要学习借鉴依托上饶高铁经济试验区打造文娱创意中心,选取在南昌数字化产业较好的区域,聚焦网络文学创作,以数字视听、动漫游戏、文创潮玩、直播电商为重点方向,将市内外网文作家和上下游企业全面整合,打造集创作、展示、对接、服务等功能于一体的省级数字视听产业园,为网文IP开发提供支持平台和变现渠道。定期举办全省乃至全国网络文学博览会,以网络作家交流会、网文作品签售会、动漫节、网文游戏体验馆等方式,不断延展网络文学产业链向中下游延伸。推动网络文学与旅游景区、民宿景点相融合,打造爆款网络作品特色小镇、主题酒店、体验场景等,以网文流量推动省内城市、景区持续"出圈"。

(五)共建共享版权保护机制

要用好《中华人民共和国著作权法》这个"尚方宝剑",通过建立政府、协会、企业、作家"四位一体"的统一战线,各司其职、上下协力,完善版权保护机制。要加大对文化执法大队、公安、法院等执法队伍的培训力度,打造专业化执法队伍,提高违法成本,加大对盗版侵权行为的打击力度。要深入开展网络侵权盗版专项治理"剑网行动",常态化打击网文市场盗版行为，为网文版权保驾护航。要发挥市网络文学协会职能作用，加强对搜索引擎、移动应用市场和网络广告联盟等服务提供商的监管，敦促平台做到常态化自查自纠。要发挥文化企业"主力军"作用，积极联合阅文集团、晋江文学、番茄小说等头部阅读平台，综合运用AI、大数据、实时检索等技术手段，对盗版平台、搜索引擎、应用市场中的侵权行为进行重点打击。

执笔：张晓波

南昌康养旅游业发展路径及对策研究

南昌社会科学院课题组

在经济内循环和人口老龄化的大背景下，近年来全国许多地区都在寻找旅游业发展与本地康养资源深度融合的方法，大力推动康养旅游业的发展，使之成为地区旅游发展的一个新热点和新的竞争选项。作为近两年新晋的"网红城市"，南昌更应该依托本地生态、人文、中医药和健康服务等优势资源，深度开发与挖掘本地的康养旅游资源，帮助旅游行业提质增效，以及产业升级和结构调整。

一、南昌康养旅游业发展的现状

南昌近年来努力丰富城市内涵，完善旅游基础设施、突出竞争优势，厚积薄发终于迎来了新的旅游热潮，成为新晋的旅游"网红城市"。同时也具备了成为康养旅游城市的诸多条件和基础，主要表现在各类现有资源、产业雏形和城市潜力等方面。

（一）生态环境与资源独具优势

南昌东、西、南、北方向都拥有较大规模的内湖和水域，中小湖泊更是随处可见，城水相依、水城相融形成了南昌"一江十河串百湖"的水域格局。森林占地面积大，这些年南昌建设了 24 个乡村森林公园，创建了 16

个国家森林乡村和94个省级森林乡村，整体森林覆盖率达21.27%，其中梅岭森林覆盖率为73.27%，早在1993年就被批准为"国家级森林公园"。综合空气环境质量在国家二级标准以上，位居全国前列，单位空气中负氧离子含量年平均值超过了世界卫生组织规定的清洁空气标准，大多县市和景区的负氧离子含量在每立方厘米10万个以上。作为国际湿地城市的南昌，已成为百鸟乐园。据最新统计，南昌共有冬候鸟133种，夏候鸟60种，旅鸟64种。有国家重点保护鸟类83种，其中国家一级重点保护鸟类16种，国家二级重点保护鸟类67种。同时南昌日照时间长，适合中医药植物花卉生长，是营造"花园城市"的理想地区。南昌康养旅游资源类别详见表1。

表1 南昌康养旅游资源分类

主类	亚类	次亚类	典型旅游景区
自然康养旅游资源	生态景区资源	树木、花卉、野生动物栖息地	梅岭狮子峰景区、象山森林公园景区
	气候资源	天气与气候现象	五星垦殖农场、天香园景区
	水域风光资源	天然湖泊与池沼、瀑布、泉、河段	艾溪湖湿地公园、瑶湖湿地公园
	乡村资源	生态田园、生态物产	凤凰沟景区
人文康养旅游资源	宗教文化资源	佛教养生文化、道教养生文化	南昌万寿宫、佑民寺、西山万寿宫
	民俗文化资源	客家饮食文化、建筑文化、风水文化、方言文化、民间艺术文化、节庆文化	八大山人梅湖景区、南昌市中国红壤农业博览景区
	中医药文化资源	中医药康养资源	江中药谷、南昌中医药科创城、江西中医药文化馆
	建筑与设施资源	康体游乐休闲度假地	安义古村群景区

（二）医药资源非常丰富

南昌本地药材种植面积广、品种多，中医药资源丰富，历代名医辈出，医家纷呈。南昌中医药龙头企业数量众多，南昌拥有江西中医药大学、江中药业、汇仁集团、济民可信等全国知名的中医药大学和大型药企，在研发开拓的道路上，同样赢得了极高的声誉。例如江中健胃消食片、金水宝、汇仁肾宝等产品。同时拥有中国（南昌）中医药科创城和中国"最美工厂"江中药谷的双核驱动，规划的中医药生产示范基地、中医药古法养生示范小镇、中医药旅游示范基地、中医药材种植基地都颇具规模。热敏灸是江西省中医药领域的原创性成果，在防治疾病、康复保健等方面具有独特优势，曾获2015年度国家科技进步奖二等奖。目前热敏灸在江西已经全面推广，有55家中医院加入热敏灸联盟，已经建成运行的热敏灸小镇（社区）有15个，正在建设的还有20多个，大力将热敏灸小镇建设与康养旅游基地相结合，推进"热敏灸"进景区。

（三）宗教文化底蕴深厚

南昌自古是宗教文化底蕴深厚的地方，儒释道完美融合发展并各有所长。在儒学方面，滕王阁"落霞与孤鹜齐飞，秋水共长天一色"就是最好的生态、人文与心灵融合疗愈的典范。在佛教方面，南昌佛教自东汉传入至今有1700余年历史。唐代马祖道一在今佑民寺（开元寺）开"洪洲宗"，开坛传法名扬海外，他的弟子百丈怀海创立的丛林清规也名传佛界，成为著名的师徒佳话：马祖建道场、百丈立清规。在道教方面，南昌是重要发源地之一，著名的洪崖丹井就是黄帝时代掌管天下音乐的洪崖先生修道炼丹的地方。东晋许逊在南昌首传并由后世形成的净明派道教，也被尊称"许真君"，据传许逊由西山万寿宫修道成仙，南昌万寿宫也是其铸铁柱锁蛟龙之处，所以又名铁柱万寿宫。葛洪曾先后到南昌西山等处采药炼丹，留下诸多名句诗词和足迹。

（四）交通区位条件优越

南昌是国内唯一一个与长江三角洲、珠江三角洲和闽东南三角区都相邻的省会城市，也是"一带一路"和长江经济带的战略连接点。公路、铁路、航空同样发展迅速，到上海、杭州、长沙、广州、深圳等大城市只需三四个小时的路程。这些条件使南昌最有可能成为长珠闽健康养生休闲度假旅游消费群体的目的地。

二、南昌发展康养旅游存在的问题

目前南昌康养旅游业的发展还处在初级阶段，将传统健康医养产业与旅游简单嫁接的方式还是主流，对体验与健康旅游深度融合的创新性还不足，将环境、人文、医药、餐饮、住宿、休闲和调养身心等各个环节全面整合形成高质量体验的模式还处于探索阶段，对智慧康养体系的重视程度还不够，在实现健康旅游双满足的需求上还没有形成真正的引爆点。

（一）统筹规划不足，政策支持乏力

全市部分主管部门对康养旅游与传统旅游认识不到位，对康养旅游的发展趋势和市场前景理解不到位，缺乏科学判断，仍以原有方式和模式推进相关工作。目前，全市康养旅游业处于起步阶段，欠缺总体设计，也未出台针对性的有关措施。同时各部门也未充分认识康养旅游融合多种产业需各部门通力配合的特点，工作中未形成合力，导致本地康养旅游产业发展与周边地区相比有所滞后。医疗和医保支持政策不全面，部分康养医疗项目不能报销。支持康养产业和旅游产业融合发展的政策欠缺，并且对相关服务机构和企业的补贴不足，导致相关企业参与性不高、投资不积极。

（二）基础设施薄弱，产品单一同质

虽然近两年南昌市的中医药康养旅游资源开发呈现良好的势头，但康养为主题的旅游资源和设施建设还是明显不足，能够用于康养旅游的景点较少，没有开发出真正具有特色的中医药康养体验产品。现有的旅游设施也流于表面，没有体现出南昌康养旅游的特点，城市内配套交通、酒店设

施等缺乏康养文化和品质，市内较难找到能体现康养、食疗、药膳为主题的餐厅和休闲娱乐场所。距离形成多层次、全方位、融合化康养旅游设施还有较大差距。南昌旅游企业以中小民营为主，开展旅居式康养旅游项目的经验和实力不足。大部分景区仍是以吃住娱乐为主，医疗、康养、保健等项目较少，多数还只是附带项目，拓展不够。景区内外部分设施、设备因经营不善或季节性等原因空置率较高。调查发现，进行康养旅游的游客总体经济条件较好，对精神生活有一定追求，因而对服务品质和环境都有很高要求，而现有基础设施和配套服务等与之还不匹配。

（三）创新产品不多，康养特色不突出

南昌康养旅游产品形式不多、内容单一，产品相似度高、同质化严重，康养体验和康养度假等产品较为欠缺。以森林康养旅游为例，多以登山、避暑、观景为主，内容单一、互动活动少、参与性不够，降低了旅游目的地的吸引力和游客停留时间，也减弱了游客故地重游的热情。南昌的康养旅游产业资源开发与整合都不足，现有的康养旅游产品的开发基本还停留在传统模式当中，比如参观展览馆、听专家讲座、品尝药膳、观看种植园、购买药材等，没有贴近市场的康养需求，没有整合出既能适应各个群体、各个阶层，又能兼具个性化需求的产品。课题组对南昌康养旅游感和期望值作了取样调查，详见表2。

表2 南昌康养旅游感知期望值和满意度评分表

公共因子	评价要素	重要性评价均值	满意度评价均值
类型感知	您认为在旅行中康养旅游项目种类丰富的重要性	非常重要	一般满意
	您认为在旅行中康养旅游游览项目具有特色的重要性	非常重要	不满意
	您认为在旅行中康养活动过程身心愉悦、达到预期效果的重要性	非常重要	一般满意
	您认为在旅行中保健疗养类型康养旅游项目的重要性	一般重要	不满意

续表

公共因子	评价要素	重要性评价均值	满意度评价均值
条件感知	您认为在旅行中食宿享乐类型康养旅游项目的重要性	非常重要	一般满意
	您认为在旅行中体育休闲类型康养旅游项目的重要性	一般重要	不满意
	您认为在旅行中景区内、外部交通便利、各景点间通达性好的重要性	一般重要	一般满意
	您认为在旅行中就餐及住宿方便的重要性	一般重要	不满意
服务感知	您认为在旅行中能够及时获取诊疗及安保等服务的重要性	一般重要	一般满意
	您认为在旅行中服务人员业务熟练、技能专业的重要性	一般重要	一般满意

注：此评价表为收集本地景区及旅行机构提供的康养旅游感知期望值和满意度随机取样的调查结果，其中重要性评价分为非常重要、一般重要、不重要；满意值分为非常满意、一般满意、不满意。

（四）人才欠缺，服务意识差、品质需提升

目前南昌绝大多数旅游景区和相关从业人员仍然停留在旧有的业态模式下运作，而作为一种复合多元的康养旅游新模式，康养旅游需要将健康、体育、医疗、养生、旅游等集为一体的多方位人才和高素质服务人员。从人才培养现状来看，本土高校及职业院校仍然注重传统旅游人才的培养，缺乏复合型多业态全方位的新型人才培养方案，难以满足现有康养旅游从业的标准和需要。从产业从业现状来看，部分康养旅游的服务人员是当地招募的农民工和兼职人员，整体素质无法保证，更缺乏专业的康养理念与服务技能。从产业发展情况来看，目前南昌康养旅游业的管理水平、服务标准和评价体系都不完善，无法对从业人员起到示范和监督作用，包括在景区和机构还存在安全措施、食品卫生、住宿标准不达标，以及专门服务于老弱病残的设施不完善，给相关从业人员带来压力过重，收入有落差等问题，不足以吸引更多优质人才进入康养旅游业。

三、南昌发展康养旅游业发展路径及对策

南昌要紧跟康养旅游业转型升级的趋势，强化服务大局的意识，积极推进本地康养休闲度假旅游等创新业态的发展，打造整体统筹、特点突出、样态丰富的康养旅游产业体系，力争在10年内打造成全国康养旅游最佳目的地之一。

（一）加大政策扶持力度，科学布局规划

南昌要系统规划康养旅游产业体系，明确今后发展的总体思路，打造出一批具有鲜明特色、本地属性突出的康养休闲养生度假基地和康养旅游景区，推出康养旅游企业群和品牌群。政府要更充分地发挥管理与帮扶职能，积极搭建产业、景区、企业与市场的平台，推动南昌健康、体育、休闲、养生、度假等产业与旅游资源多方融合，根据南昌实际发展情况制定行之有效的产业指导方针政策，积极引导市场发展。积极推动建构和完善社会组织体系，加强行业管理，推进行业制定相关行规、准入标准，培养技术与从业人员等。要在区域协同发展机制上发挥作用，把南昌各县区、乡镇的产业发展进行优势整合串联和统筹开发，将各县区资源、服务功能和文化品格进行统一包装和培育，创建全域康养旅游的新格局，让全市康养旅游可以走上良性发展以及提质增效的正确轨道上来。

（二）走集群化差异化建设之路，打造优势特色的旅游产品

通过集中资源、集齐土地和景区、集聚项目等方式，推动新型健康体育休闲养生度假等旅游产业模式的开发，打造新型产业聚集区，并形成全方位的具有优势和特色的康养旅游新业态。可以集中发展五类优势业态及项目：第一，中医药康养度假游。依托南昌丰富的中医药资源，借助热敏灸等原创中医药健康品牌，发展中医疗养、针灸推拿、治未病和预防慢性

疾病等产品，结合梅岭森林景区或者医药谷等发展中医药特色康养度假游，充分开发狮子峰、梅岭和南昌市湾里中医药康养旅游资源的功能类型，可以从饮食、起居、沐浴、运动、针灸推拿、药物几个方面共同开发旅游产品。第二，森林生态休闲康养游。以梅岭、湾里为核心区域，结合南昌各大水域、湿地、候鸟等生态优势，提供避暑胜地、天然氧吧、湿地公园等全天然康养旅游线路。第三，发展传统文化养生身心一体休闲旅游。依托南昌自古在道教、佛教、儒学等的独特资源，结合南昌特有的红色、绿色、古色文化资源，打造独一无二的身心一体休闲康养旅游项目，发展国学、书画和古法养生等相关产品。第四，体育康养休闲旅游。依托马拉松、梅岭山地赛车、户外露营和户外研学等开发体育运动康养项目和产品。第五，乡村田园康养休闲旅游。挖掘南昌历史文化和乡村文化，结合如安义古村、汪山土库等古建筑和乡村田园风光，开发田园观光、采摘餐饮和乡村名建筑游等产品。

（三）升级软硬件实力，加快基础设施建设

要对景区进行升级改造，加大对景区和旅游项目中康养元素的配套及投入，完善基础的景点景区交通路网设施和布局，着实有效地改善南昌城乡生态环境质量。对康养需求大的顾客群体——老幼游客，重点倾斜旅游服务资源，提供安全防护和健康保障，注重对水电气热和景区绿化美化的投入和建设。同时针对主导康养旅游的企业、景区等机构加强质量和服务规划，要求服务做到规范有序、有章可循，建立有差异、有特色、有质量的服务标准，打造一批服务有保障、唱得响的康养旅游品牌企业。要依托南昌大学江西医学院（医学部）、江西中医药大学等资源优势，充分发挥中国（南昌）中医药科创城和中国"最美工厂"江中药谷的双核驱动作用，深入挖掘南昌中医药文化内涵，不断打造南昌康养旅游发展的新动力和新特色。

（四）塑造康养旅游城市形象，创新市场和营销手段

积极通过各种媒介和网络新媒体展示城市康养旅游新形象，传递城市特色康养品牌，兼具本土特色的中医药康养旅游南昌故事和南昌文化。搭建好的宣传平台和渠道，保持与传统媒体的合作，制作南昌康养旅游专栏内容，适时投放康养旅游项目和产品广告，不断提高南昌康养旅游的知名度和美誉度。也要加强与新媒体自媒体知名网络红人等的合作，运用更加灵活多变的市场策略和营销手段扩大新消费群体的触达率和影响力，积极参与新社交媒体和平台的使用与建构，推行智慧旅游和智慧管理，搭建信息化大数据网络，积极利用5G和VR/AR等新兴技术进行项目升级和实时营销体验，积极到外地进行市场推介和营销宣传。

（五）加强人才培养，优化服务质量

构建完善的康养旅游企业、学校、研究机构、服务中介和康养机构等的培训体系和人才流通平台，通过院校培养、研究机构和专门机构学习与实践，设立专门的职业技能院校集中实训，努力帮助康养旅游从业人员快速提高技能与服务水平，形成以专家和名医为核心、以康养师、康养教练和康养受训服务人员为辅的专业队伍。同时通过内部培养和外部引进的方式快速组建人才队伍，借鉴发达地区的培养和实践经验，摸索出南昌人才培养与运作模式，助力南昌康养旅游业的蓬勃发展。

执笔：段志明

南昌培育壮大新型储能产业研究

南昌社会科学院课题组

新型储能技术建设周期短、响应速度快，已在全球范围内得到广泛应用，并展现出巨大的发展潜力和快速增长趋势。国家发展改革委和国家能源局在《"十四五"新型储能发展实施方案》提出，到2025年新型储能将从商业化初期阶段迈向规模化发展阶段，具备大规模商业化应用的条件。《江西省制造业重点产业链现代化建设"1269"行动计划（2023—2026年）》提出，将培育氢能、钠离子电池以及其他新型储能等新兴产业链，并将锂电和光伏新能源先进制造业集群作为打造新型储能产业的重要手段。《南昌市新能源产业链现代化建设行动方案（2023—2026年）》中提出，要重点做大、做强、做优锂电和光伏两个细分产业。南昌市正按照"空间集聚、业态集群、发展集约"的发展原则，大力发展新型储能产业。自2021年以来开启倍数增长模式，多家新型储能制造企业增长率高达200%。但喜人的成绩背后仍然存在许多短板与不足，阻碍着南昌新型储能产业健康持续发展。本课题组对新型储能产业的发展前景和相关产业链情况进行介绍，在前期摸底工作中广泛调研了南昌新型储能产业发展情况，分析了当前南昌培育壮大新型储能产业存在的短板与不足，充分借鉴吸收先进地区宝贵的发展经验，针对具体问题提出了相关对策建议。

一、新型储能产业的发展前景和产业链分析

（一）新型储能产业发展前景

新型储能技术在促进新能源的利用、保障电力系统安全运行等方面具有多重价值，其应用场景多样，未来发展前景广阔。国家发展改革委和国家能源局发布的《关于加快推动新型储能发展的指导意见》中提出，到2025年我国将实现新型储能从商业化初期向规模化发展的转变，装机规模达到30GW以上（见表1），到2030年实现新型储能的全面市场化发展。根据中国能源研究会的预测，到2025年全球电化学储能预计将新增170GW，中国电化学储能预计新增80GW。湖北、浙江、广东、安徽、河北、江苏等多个省份相继出台新型储能发展实施方案，都对未来新型储能装机规模提出具体的目标。氢能与储能作为未来产业细分赛道之一，展现出广阔的发展前景，对地区加速形成和发展新质生产力有重要的推动作用。

表1　2018—2025年中国新型储能累计装机规模　　单位：GW

年份	累计装机规模
2018年	1.10
2019年	1.73
2020年	3.28
2021年	5.73
2022年	8.70
2023年	15.00（预测）
2024年	22.00（预测）
2025年	30.00（预测）

资料来源：国家能源局、中关村储能产业技术联盟。

（二）新型储能产业链分析

新型储能技术类型主要有化学储能、电化学储能、热储能、机械储能和电磁储能技术，这些技术各有其独特的优势和应用场景（见表2）。新型储能产业链上游主要包括电芯材料和电池生产设备，其中正极材料价值比重占比较高。产业链中游包括电池制造及系统集成安装，在产业链的利润分配中占据最大比例。产业链下游包括电力系统储能和备用电源等应用，电力系统储能应用包括发电侧、电网侧和用户侧，备用电源应用包括通信基站、数据中心和UPS。新型储能产业链以锂电储能产业链为核心，在新型储能产业中，电化学储能的锂离子电池（磷酸铁锂电池、三元锂电池、锰酸锂电池和钴酸锂电池）处于主导地位，市场份额占比约90%。

表2 各类新型储能技术的优势与应用对比

储能类型		能量密度	循环次数/使用寿命	充放电效率	功率水平	响应速度	续航时间	基础研发	应用研发	样机试制	试验示范	规模应用	其他主要瓶颈
化学储能	氢燃料电池	350Wh/kg	10000 h	50%	兆瓦级	毫秒级	天级	√	√		√		制氢到用氢各环节的能量转换效率低、成本高
电化学储能	锂离子电池	150—300Wh/kg	3000+ 次	80%—95%	兆瓦级	毫秒级	小时级		√		√	√	锂资源开采难度大，重度依赖进口
	钠离子电池	100—150Wh/kg	2000—4500 次	80%—95%	兆瓦级	毫秒级	小时级	√	√				金属钠易燃，运行在高温下，存在安全风险
	液流电池	30—100Wh/kg	6000+ 次	65%—80%	兆瓦级	毫秒级	小时级			√	√		电池的功率和能量是不相关的，储存的能量多少取决于储存罐的大小
	铅碳电池	30—100Wh/kg	<1000 次	80%	兆瓦级	毫秒级	小时级					√	铅污染，自放电损耗较大

续表

储能类型		能量密度	循环次数/使用寿命	充放电效率	功率水平	响应速度	续航时间	技术成熟度				其他主要瓶颈
								基础研发	应用研发	样机试制	试验示范	规模应用	
热储能		低	长期	50%	百兆瓦级	分钟级			√	√	√		热电转换效率低
机械储能	压缩空气	低	长期	70%	百兆瓦级	分钟级		√			√		需要大型储气装置，选址受限
	飞轮储能	低	20000+次	90%	兆瓦级	毫秒级	秒至分钟级		√		√		自放电率高（如停止充电，能量在几到几十个小时内就会自行耗尽）
电磁储能	超导储能	低	100000+次	90%	兆瓦级	毫秒级	秒至分钟级	√			√		价格昂贵、维护复杂。超导体有临界电流的限制，电流大到一定程度会使其丧失超导特性
	超级电容	低	50000+次	90%	兆瓦级	毫秒级	秒至分钟级		√		√		能量密度低，有一定的自放电损耗，投资成本高

二、南昌新型储能产业发展情况

（一）储能产业初具规模

2023年是新型储能产业爆发元年。根据相关机构预测，我国新型储能产业市场规模将在2030年突破10万亿元。2022年，南昌市已投产的新型储能企业全部实现正增长，产业营业收入从2021年的25.7亿元增长到68.32亿元，增长率达到165.83%。2022年以来，南昌新型储能产业发展开启倍数增长模式，多家新型储能制造企业增长率高达200%。2023年南昌市新型储能产业突破200亿元，预计到2026年将突破1000亿元。

（二）储能产业错位分布、协同发展

南昌市按照"空间集聚、业态集群、发展集约"的原则，整合资源优势，打造新型产业链和生态系统，推动不同细分领域协同发展，加快培育壮大新型储能产业。在经开区和新建区重点打造储能电池集聚区，在安义县、南昌县小蓝经开区和进贤县重点打造正极材料、负极材料、电解液和隔膜等材料集聚区；在高新区和青山湖区重点打造储能控制产品及系统集成和先进装备制造集聚区。上下游产业链之间通过资源共享、协同创新等方式进行合作，实现产业差异性和互补性协同发展，优化资源配置，提高经济效益，全力打造布局更加合理、特色更加鲜明的产业集群。

（三）储能企业发展迅速

根据企查查相关数据显示，注册地在南昌市、注册资本超过5000万元且经营范围与储能相关的公司有85家，主要分布在储能技术服务、储能系统开发和新能源储能设备研发与运用领域。近年来，南昌吸引了欣旺达动力电池、维科钠离子电池、振江锂电储能生产基地、南方新能源储能电池生产基地、杭电铜箔等一批行业优势企业和重点项目落户，培育了江铜、赛维、钛创等一批本地企业做大做强，产业链拥有超薄锂电铜箔企业江西华创新材有限公司，"中国铜箔行业十强企业"江铜铜箔，以及科达利、好力威、中泽精密等专精特新配套企业。当前，南昌具备生产力的新型储能制造企业有14家。装车量在全球排名第9、全国排名第5的动力电池厂商欣旺达仅用15个月的时间在南昌部署了15条生产线。

（四）项目建设如火如荼

2023年5月下旬，位于新建区的维科南昌钠电一期项目正式量产，二期项目建设也同步启动。2023年8月，南昌市举办了新型储能产业发展研

究与合作对接恳谈会，协鑫能科10GW储能系统生产基地、丰锦储能集成设备生产、深圳车电网储能电池生产基地等9个项目进行了现场签约，签约金额153.5亿元。赣锋锂业南昌锂电池生产基地、南方新能源储能电池生产基地、南昌振江锂电等一批优质项目也将落户南昌。2023年9月，总投资60亿元的欣旺达"源网荷储一体化"零碳智慧产业园项目正式开工。该项目全部建成投入运营后，每年将提供约9.5亿kWh的清洁能源绿电，预计节约33.3万吨标煤，年减排二氧化碳约82万吨。

三、南昌培育壮大新型储能产业存在的短板与不足

（一）产业规划不够明晰

当前，南昌市新型储能产业的发展还没有出台专门的产业政策，仅《南昌市新能源产业链现代化建设行动方案（2023—2026年）》中有所涉及，如新型储能产业的发展，要重点做大、做强、做优锂电和光伏产业，通过龙头引领、创新驱动、集群集聚、绿色智能、供需互促、融合协同，进一步增强南昌市新能源产业链综合实力和内生动力。而2023年至今，东莞、珠海、宿迁和杭州等地已陆续出台加快新型储能产业高质量发展若干措施。2024年1月江西省能源局印发了《江西省新型储能发展规划（2024—2030年）》，与发达地区相比，南昌市新型储能产业面临着产业政策和产业规划不明晰的问题。

（二）产业链条不够完善

南昌市在新型储能产业链的上游和中游环节有所布局，但专注于储能产品开发和应用的企业并不多。整个产业链的上中下游尚未实现有效连接，企业间缺乏协同发展的合力。在储能终端产品领域，龙头企业数量有限且规模不大，特别是在正极材料等关键环节较为薄弱。尽管在锂电领域具有一定的优势，如隔膜、负极材料、电解液等，但相关企业之间的合作不够

深入。储能系统集成所需的关键材料和部件大多依赖于长三角和粤港澳大湾区地区供应，本地配套能力不足，导致全市储能产业未能形成规模经济效应。下游规模化应用受阻原因主要表现在电力市场机制不完善、投资回报机制不明确、用户参与积极性不高等，也与南昌在电源侧和电网侧的储能应用较少，缺乏大型风光发电储能项目有关。

（三）技术核心竞争力不强

我国新型储能应用以锂离子电池储能为主，还包括液流电池、飞轮、压缩空气、氢（氨）储能、热（冷）储能等储能类型，在技术革新上拥有广阔的发展空间。南昌市进入储能新赛道时间晚、技术积累不足、相关专利不多，导致在与其他城市竞争时存在技术核心竞争力不强的短板。中游电池和变流器两大环节技术含量高、产值占比大，是新型储能产业链的核心环节。南昌在储能电池和储能变流器细分领域龙头企业较少、关键技术支撑不强，大多数龙头企业总部不设在南昌，只在南昌设立产品生产车间，技术研发部门设在沿海发达地区。

（四）产业人才紧缺

随着能源转型的发展，特别是在储能和电动汽车市场增长显著的背景下，经验丰富的储能工程师日益稀缺。许多关键基础设施管理的工程师正在接近退休年龄，而且新兴技术的快速发展使得即使是有经验的专业人士也需要不断更新知识以适应新技术的要求。储能行业中逆变器、储能系统和储能电池三大类岗位的人才需求量大，南昌缺乏既懂管理又懂技术的复合型人才，也缺少高层次创业人才和高技能人才。南昌高水平高等院校较少、大院大所较少、高层次领军型人才较少，与长三角地区、粤港澳大湾区和长江中游其他城市存在较大差距，产业人才的数量和质量难以支撑新型储能产业取得突破性进展。

四、南昌培育壮大新型储能产业的对策建议

（一）加强统筹规划，厚植新型储能产业沃土

一是要做好产业政策规划。学习吸收其他省份、其他城市出台的支持新型储能发展实施方案，结合南昌市发展实际，强短板、补弱项，适时出台市级加快新型储能产业高质量发展实施方案，制定清晰的长期和短期目标，包括产业规模、技术水平、市场渗透率等，并建立相应的时间表和路线图。二是要做好研发规划。充分发挥大院大所、高校、新型研发机构和企业自主创新的力量，规划好新型储能产业的路径和赛道，吸引更多的优质企业来昌集聚，进一步实现精准补链。鼓励企业、科研机构和高校加强对新型储能技术的研究与开发，特别是在关键材料、核心技术和装备的研发。三是要做好区域合作规划。加强与省内设区市合作，以南昌为核心，联合吉安、抚州等地，引进相关配套产业，错位布局相关产业，实现协同发展。成立新型储能产业发展工作领导小组和工作专班，建立区域间常态化沟通协调机制，打破部门和区域间的工作壁垒，为新型储能产业规划落地落实保驾护航。

（二）坚持引育并举，推动新型储能产业集聚壮大

一是要引育并举、大小并进，加强产业链强链补链。摸排南昌市内储能企业，对照产业链图谱，招引一批优质国内外龙头企业，以"链式"思维推动产业集群发展。重点围绕上游的正负极材料和中游的储能变流器、电池管理系统等关键领域，优先引入宁德时代、阳光电源、比亚迪等行业龙头企业。支持本地龙头企业扮演产业链"链长"角色，加快培育上下游企业，促进产业链的集中和扩展，建立储能战略产业集群。二是要促进全产业链协同发展。出台相关政策鼓励产业链上下游企业加强合作，培育从材料生产、设备制造、系统集成、运行检测到资源回收等全产业链产业集

群。加快新能源装备制造产业的布局，促进电机和风力发电机等装备产业发展，为新型储能产业提供配套支持。三是要进一步推动新型储能与新能源汽车产业的融合。重点引进新能源汽车动力电池和整车制造企业，引导储能企业与国内知名整车企业深度合作，促进新型储能产业与新能源汽车产业良性协同发展，集聚壮大新型储能产业的规模。

（三）加强技术创新，提升新型储能产业核心竞争力

一是要推动核心技术突破，突破关键技术瓶颈。出台相关财政政策，鼓励企业通过创新驱动提升科技创新能力。通过"揭榜挂帅"等机制鼓励企业攻克储能新材料的技术难题，加快实现核心技术的自主研发。支持关键企业在电化学储能领域进行长寿命、低成本、高安全性和高效率的先进材料以及大规模、长时间的新技术研发。二是要构建新型储能产业技术创新平台。鼓励企业与高等教育机构和科研院所加强合作，共同研究新型储能的技术路径、关键材料、控制系统和安全管理，同时探索超越电化学储能的其他新型技术路线。通过加强与海外高水平研发机构和海外高层次人才合作，提高企业的技术竞争力。三是要加快科技成果就地转化利用。打通新型储能产业"产学研用"链条，充分利用本地高等院校、大院大所和企业研发部门科创资源，定期组织开展新型储能领域技术合作、交易等活动，推动储能企业和高校院校、科研机构精准对接和深度交流，支持科技成果就地转化。

（四）加强要素保障，为新型储能产业培育壮大保驾护航

一是要加强人才保障，加大人才引育力度。全市上下一盘棋，统筹产业技术人才引进和培育工作，充分利用南昌现有人才政策，为储能行业的人才提供资金和政策上的支持。同时，也可以调整现有人才政策相关细则，适当向产业人才倾斜，吸引更多产业人才来昌发展。加强与高校和研究机构的合作，开设专业课程和开展研究项目，以培养储能技术方面的专业人

才。以重点企业、高等院校为载体，进行团队式、靶向式精准引进，鼓励储能企业与高校、大院大所和职业院校展开合作，培育更多的本土技能型人才。二是要加强服务保障。建立互联互通、上下联动的工作机制，不断优化服务举措，持续优化产业发展生态，通过"妈妈式"服务，加快新型储能优质企业孵化和发展。建立行业信息平台，收集和发布储能产业的市场动态、技术进步、政策法规等信息，以实现信息共享，为企业决策提供参考。三是要加强金融保障。鼓励银行、基金公司、信托公司等金融机构为企业提供绿色融资支持，探索成立新型储能产业引导基金，扶持中小微企业，助力储能企业培育壮大。加强金融创新，创新担保抵押形式，出台信贷评估标准，允许相关储能企业以储存能源做抵押的形式获取金融机构资金。

组长：罗思越（执笔）
成员：杨卓琪　刘　建　刘　珂　刘洋平

南昌市现代物流产业高质量发展研究

南昌社会科学院课题组

现代物流业是国民经济的"动脉",也是促进国民经济高质量发展的战略性基础产业,还是联结消费和生产,延展产业链,提高价值链,畅通供应链的重要支柱,更是提升国民经济运转效率的关键。党的十八大报告提出,加强物流等基础网络的建设,首次把物流基础设施的建设上升到国家战略地位。国务院印发的《物流业发展中长期规划(2014—2020年)》进一步明确了物流业的发展目标是建立健全现代物流体系。《"十四五"现代物流发展规划》中数次提及物流的重要性,再次凸显了物流产业在全国经济社会中的重要战略位置。全国经济已经从高速增长阶段进入高质量发展阶段,促进经济社会高质量发展,是现如今经济社会发展的主旋律,也是"十四五"时期各区域制定经济社会发展目标和相关政策的根本遵循。2023年全国社会物流总额达到352.4万亿元,比2022年增长5.2%;社会物流总费用182万亿元,比2022年增长2.3%,占GDP的比重为14.4%。近五年来,全国物流业经受住了国际复杂环境及国内新冠疫情等多种超预期因素的冲击,产业规模持续稳定增长,物流市场规模持续维持世界第一位,成为全国构建新发展格局,实现高质量发展的重要支撑力量。

一、南昌市物流产业发展现状

南昌区位交通优势明显，地处沪昆与京港澳（台）物流大通道一横一纵连接点，是全国唯一与长江三角洲、珠江三角洲以及海西经济区相毗连的省会城市，也是承接东部沿海发达地区产业转移和"一带一路"重要节点城市，现代物流产业发展潜力巨大。《南昌市2013—2025年物流业发展规划》明晰指出将南昌塑造成为全国重要的物流中心城市、国家共同配送示范城市和全国流通领域现代物流示范城市。2016年南昌被选为国家服务业综合改革试点城市，2021年南昌国际陆港成功入选"十四五"首批陆港型国家物流枢纽建设名单，是江西省唯一入选的国家物流枢纽，2023年南昌入选国家骨干冷链物流基地和综合型国家现代流通战略支点城市。南昌借这些机会，进行服务业供给侧结构性改革，加速培植和拓展新型业态与新兴产业，倾力创建高品质服务业集聚发展中心，物流产业获得迅猛的发展，取得了明显的成绩。2020年，全市社会物流总费用为851.14亿元，同比增长4.0%。其中，运输费用为386.97亿元，同比增长6.0%；保管费用为340.59亿元，同比增长2.2%；管理费用为123.58亿元，同比增长2.6%。社会物流总费用在国内生产总值中占比为14.81%，同期比较降低0.19个百分点。截至2023年底，全市社会物流总额为1.62万亿元，八大物流产业集群主营业务收入共计800亿元，在全市物流主营业务收入中占比达90%。全市累计A级物流企业56家，同比增长近40%，其中5A级物流企业3家，比上年新增1家，3A级以上企业53家；四星级冷链物流企业1家，省级重点冷链物流企业4家；省级重点商贸物流企业13家，省级重点商贸物流园区（中心）3家，物流市场整体运行平稳，物流企业经营水平进一步提升。

二、南昌现代物流产业发展面临的问题

（一）物流基础设施还不够完善

物流交通网络发达是现代物流业发展的必要保障，南昌对外交通通道顺畅，航空、铁路、公路以及水路等区域交通网络较发达。目前，以昌北国际机场、向塘国际陆港铁路口岸、沿江港口、公路货场为核心的支撑南昌物流业高质量发展的枢纽体系已经基本形成。虽然南昌市物流基础设施比较完备，但是南昌市的物流基础设施与快速发展的物流产业需求之间还存在一定的滞后性和差距。空运、铁路、公路、港口等不同运输方式之间欠缺高效的承接，各种运输方式之间"连而不畅、邻而不接"问题较突出，具备陆空联运、公水联运、铁水联运等多式联运功能的运输体系还没有真正形成，能促进区域经济发展的综合物流枢纽设施建设方面还有一定的短板，通畅、快捷、智慧的综合交通运输网络还不够完善，在一定程度上抑制了物流业高质量的发展。

（二）物流企业规模偏小，竞争能力不强

目前，南昌市登记注册的物流企业有1500余家，但大部分物流企业仍然属于中小型物流企业，具备现代物流企业特质的大中型物流企业也就60多家，注册资本超千万元的大型物流企业在全市物流企业总数中占比不到10%，而且目前全国物流企业前50强中南昌还没有一家，也没有上市物流企业，90%以上的物流企业只能简单地行使货代、配送、仓储等低端物流服务。头部企业为数不多，南昌市累积A级物流企业数目为32家，其中5A级物流企业仅3家，3A级以上物流企业29家。而武汉市现有A级物流企业数目为412家，位居全国城市首位，5A级物流企业17家；长沙市A级物流企业数目为109家，其中5A级物流企业10家；郑州市A级物流企业数目为128家，其中5A级物流企业9家。南昌与武汉、长沙及郑州的物流企业相

比在质量和数量上均存在着较大的差距。此外，很多物流企业在物流服务、经营管理等方面专业化和智能化程度都不高，智能化和信息化程度比较低，商业模式落后，大部分企业不能够提供一体化专业的物流服务和解决方案，达不到大型商业和制造型企业对供应链一体化管理的要求。

（三）物流专业人才匮乏

现今社会的竞争，本质上就是人才的竞争。当前南昌物流企业现有人员大部分都是从过去的货物储存运输型企业转变而来的，知识结构不尽合理，缺乏专业物流管理知识的储备，加上当前社会对物流业的认知程度不高，物流行业从业环境和薪资待遇不理想等因素，导致很多专业人员特别是高校毕业生不愿意从事物流职业，这进一步加重了在物流行业相关领域中物流专业人才的不足，已经成为限制物流业高质量发展的短板。物流人才供给方面，目前南昌只有十余所高等院校开设了物流管理或者物流工程本科专业，每年提供的物流专业人才数量有限。尽管南昌这些年加大了引才力度，出台了南昌"人才10条"政策，但作为一个欠发达的中部省会城市，经济发展总体水平不高，薪酬待遇偏低，缺乏足够的竞争力和吸引力，一方面难以吸引到省外高素质的物流人才来南昌创业就业，另一方面留不住南昌本地物流专业人才。每年物流专业毕业生大量"东南飞"，使得南昌物流专业人才尤其是具备创新理念的中高级物流管理人才十分紧缺。

（四）物流与其他产业融合协同创新不强

制造业是国民经济发展的根基，是全社会物流总需求的主要源泉，促进物流业与制造业的融通发展，是深入推进供给侧结构性改革，推动经济高质量发展的现实需求。当前，南昌物流业与制造业等其他产业融合协同发展程度还不高，与其他产业链之间的嵌入度还不足，产业之间、企业之间协同不强，无法满足其他产业的多样化多元化的需求，供应链的保障服务支撑能力还有待提升。如安义县铝合金产业，进贤县医疗器械产业均无规范的物流园区相衔接，小蓝汽车制造产地与向塘铁路物流基地相距较远，仍需短途接驳。大部分物流企业主要从事基础性的存储和配送，在产品与服务方面竞争非常同质化，在供应链环节中居于被整合被挤压的位置，大部分物流企业在供应链体系中只承担运输、仓储、配送等中低端业务，很难与上下游企业产生联动。诸如新洪城大市场，深圳农产品等大型商品批发市场欠缺足够的物流支撑体系，容易造成供应链的上下游之间的割裂。

三、南昌市现代物流业高质量发展的路径

（一）完善现代物流业基础设施

基础设施是构筑现代物流体系的重要承载，以构造"渠道+枢纽+网络"的现代物流产业体系为宗旨，持续推进物流大通道与枢纽网络体系布局建设，不断完善支撑现代物流业高质量发展的基础设施，加速构建国家物流枢纽网络体系，推进示范性物流园区与国家骨干冷链物流基地建设，形成物流枢纽的集群效应。持续推进空铁公水等各类交通基础设施的完善，充分发挥航空运输、铁路、公路以及水路的自身优势，大力推进多式联运，以大数据为支撑，构建多式联运信息平台，实现大数据平台共享，形成各类运输方式互联互通的市场机制。加强组织协调与标准对接，着力解决不同运输方式之间的"卡脖子"问题，切实打通物流运输的堵点，确保物流通道的畅通，切实解决"最后一公里"问题，构建陆海空一体化现代化的物流大通道。

（二）培育物流市场主体

构建现代化物流体系，必须培育壮大物流市场主体，打造一批具有国内国际竞争力的现代化物流企业，改变物流行业"小、杂、乱"等现象，进一步提高物流市场集聚程度。着力培育龙头企业，引导、鼓励与支持物流企业跨区域、跨行业、跨所有制采取并购、重组、联盟合作等形式，发

展壮大一批较大规模的现代化物流企业。聚焦招大引强，采取"三请三回"等方式，努力引进具有全球 500 强背景、国内物流（供应链）50 强企业以及 4A 级以上国内外知名物流企业在南昌投资兴建物流配送中心，设立区域运营总部、研发中心、数据结算中心。深入开展领军企业培育行动，制定出台 A 级物流企业扶持政策，培育更多企业进入 4A 级以上物流企业以及全国物流 50 强、民营物流 50 强行列，力争在"十四五"期间培育两到三家百亿级物流龙头企业，打造千亿级物流产业。

（三）加强物流人才的引进与培养

物流产业高质量的发展离不开高素质的物流专业人才，在构建国内国际双循环相互促进的新发展格局背景下，物流产业的发展既要与先进制造业以及现代服务业等其他产业纵深融合，又要进行数字化转型。这就需要具有一定的创新精神，既熟悉运输、仓储、信息加工等物流业务，又深谙物流运行规律和模式；既懂企业经营管理，又懂物流技术的高素质复合型人才。首先，充分用好省市人才政策，完善引才、用才和育才机制。重点引进符合南昌物流产业特色的高层次专业人才及专家团队。构建物流高端智库，构建完善的物流人才储备机制，为引进和培育物流人才营造良好的环境。其次，开展形式多样的在岗培训活动。在第三方物流公司与对物流有需求的公司中开展在岗培训活动，针对那些岗位相近与知识结构相近的员工进行在职培训，采取短期培训班、进修、自主学习等方式，加快培育企业急需的物流专业人才。最后，加强物流人才的基础教育。引导物流企业与物流咨询公司、高校以及科研机构等建立战略合作伙伴关系，充分运用各类资源，实现物流系统的"产学研"联动发展，为物流企业供给既掌握专业知识又具备实操技能的高素质专业物流人才。

（四）推动物流产业融合发展

促进现代服务业与先进制造业的融通发展，是推动经济高质量发展的现实需求。物流业作为现代服务业的一个重要组成部分，与制造业的融合发展不但有助于降本增效和制造业核心竞争力的提升，还有助于造就高品质物流服务需求推动物流业高质量的发展。重点关注南昌"4+4+X"产业体系中汽车、电子信息、航空、医药健康、轻工纺织等产业链条长、配套环节多的重点产业，根据这些制造企业特点与需求，制定"互联网＋高效物流＋先进制造"政策。依托现代物流企业在云计算、供应链、大数据等方面的优势，面向制造企业开发信息化数字化平台，共建物流服务体系。推进物流服务融入先进制造业产业链供应链全过程，延伸产业链，巩固供应链，提升价值链及物流价值创造能力，为制造企业提供供应链管理等一体化增值服务。

促进现代物流企业与商贸流通企业的深度融合，协同创建一体化供应链服务体系，依据商贸流通产业特点，顺应大市场、大流通、大贸易的要求，强化物流企业高效协同，积极推进多式联运、冷链物流、高铁物流、应急物流、共享物流等体系建设，倾力发展物联网，打造完善高效专业的智慧物流配送体系。推动物流业与金融产业融合发展，探索结合区块链、物联网等现代技术创新物流金融服务模式，为物流企业提供融资、结算等金融服务，进一步激发物流市场主体活力，促进现代物流产业高质量发展。

执笔：张超武

南昌推进"八一"红色文化品牌的路径研究

南昌社会科学院课题组

文化是一座城市的灵魂。当前，城市之间的竞争越来越表现为城市之间深层次的文化竞争，积极推进文化品牌建设成为许多城市发展战略中的关键一环，也是提升城市核心竞争力的重要举措。南昌是一座拥有2200多年历史的文化名城，素有"物华天宝、人杰地灵"之美誉。90多年前的八一南昌起义让红色基因在此代代相传，使"八一"成为这座城市有别于其他城市的独特品牌，成为南昌城市品格中最亮丽的色彩、最核心的元素。挖掘"八一"历史文化资源，推进"八一"红色文化品牌建设，不仅是传承红色基因的有效手段，更是提升南昌知名度和美誉度的必然要求，是推动南昌文化强市建设的有益实践。

一、"八一"红色文化品牌培育成效

近年来，南昌坚持守正创新，积极作为，全力做好"八一"文章，加快构建"八一"红色文化品牌。在城市形象标志、城市宣传推介和大型文旅活动中突出"八一"元素，在城市建设、文化内涵、精神气质等方面展现鲜明的"八一"气质，不断擦亮"八一"名片，增强南昌城市文化认同和文化自信。

（一）打造多样的"八一"地标

在城市建设中，用"八一"对街道、建筑和单位命名是南昌的一个突出特点。据统计，南昌市城区内名称含有"八一"的地方有近200处，书写着这座城市对革命先烈的深情追忆，也镌刻着这座城市永不磨灭的红色印记。近年来，政府在"八一"相关景点较为密集的老城区开展了一系列革命旧址的复原保护、环境优化和展陈提升工作，如完成了八一起义"一馆五址"展陈改造提升、中共中央东南分局旧址维修复原工作，让人们更好地感知那段激情燃烧的历史。新建南昌军事装备展示中心、南昌建军雕塑广场等项目使"一江两岸"的城市格局中的"八一构图"更加完整。这些"八一"地标作为南昌红色文化的重要载体，不仅是展陈之地，更承载着深厚的历史底蕴和革命精神，为市民和游客提供了一个深入了解历史、感受红色文化的平台。

（二）形成浓郁的"八一"文化

南昌高度重视红色基因传承，立足红色资源优势，创新推出一系列新颖丰富的展陈手段和宣教方式，让"八一"文化根植于群众心中。南昌通过"八一"+文创产品让群众感受革命精神的传承，如八一起义纪念馆创新研发了东方欲晓书灯、"军事机要"游戏棋等8类21件红色文创产品，新四军军部旧址陈列馆推出釉上粉彩陶瓷茶具，生动地将革命故事呈现在文创产品中。通过现代创意的融入，用年轻化的元素连接红色资源，使得南昌的红色资源得以用全新的方式呈现，让革命历史焕发新的活力，如八一起义纪念馆复兴之路主题邮局、新四军军部旧址陈列馆体验裸眼VR沉浸馆等。近年来，南昌积极将"八一"历史搬上银幕和舞台，在文学、影视、美术、音乐等领域推出一批文化创意精品，如江西首部革命旧址沉浸式实景剧《那年八一》、沉浸式实景互动剧场《启航·春天的故事》、现代赣剧《铁军出征》、全国热映电影《建军大业》、大型文献纪录片《军魂》等，营造了浓厚的"八一"文化氛围。

（三）开展丰富的"八一"活动

南昌历来非常重视"八一"文化的传承和弘扬，尤其是每当周年庆典和重要时间节点都会策划开展各类纪念性活动，不断强化这一历史记忆。近年来，南昌开展了系列主题活动，如"南昌，登场皆为英雄"主题系列活动、"跨越时空的八一追寻"主题活动、"我们的八一"传承红色基因主题活动等，举办了南昌本土首届以红色文化为主题的艺术节——"八一文化艺术节"，每月常态化开展"弘扬爱国志 奋进新征程"八一广场升旗仪式活动，并举办了多届全国唯一以城市冠名举办的军乐节——南昌国际军乐节，开展了一系列爱国主义教育活动，不断地丰富着南昌市民文化的"八一"特质和内涵。"八一"的文化基因已经深深地浸透到南昌这座城市的血液之中。

二、南昌推进"八一"红色文化品牌面临的问题

虽然南昌在"八一"红色文化品牌培育方面取得了一定成效，但受制于品牌内涵挖掘不深、品牌经济效益不强、品牌传播效果不佳、品牌塑造保障不足等问题，"八一"红色文化品牌的影响力仍然较弱。

（一）"八一"红色文化品牌内涵挖掘不深

"八一"红色文化品牌作为南昌走向全国的一张亮丽名片，是南昌城市精神的重要体现。然而，南昌在"八一"红色文化品牌方面缺乏立体化建构和系统化推广，单纯立足名人、事件等单一历史层面进行文化资源开发使得文化产品与群众之间存在距离感，导致"八一"红色文化品牌的知名度局限于八一南昌起义的历史范围和爱国主义教育功能范畴。同时，南昌对"八一"遗址、"八一"史料、"八一"故事的挖掘不够深入，结合新时代背景与时俱进地进行理论阐述做得还不够，难以使目标群体感受到"八一"红色文化品牌的丰富内涵和厚重精神。

（二）"八一"红色文化品牌经济效益不强

"八一"红色文化品牌在将文化效益转化为经济效益方面还有待加强，利用这一品牌助推全市经济社会协调发展方面与延安、西柏坡甚至省内的井冈山相比存在差距。文化产品创新不足，文化产品和服务在市场上缺乏吸引力，有影响力的"八一"文化产品和文艺精品较少，产业带动作用还不明显，未形成完整的"八一"文化产业生态链。此外，"八一"文化资源与旅游开发的融合度还不够，许多"八一"文化旅游资源未得到充分、有效的整合和开发，导致游客难以获得连贯、深入的"八一"文化体验，使得相关旅游产品的吸引力大打折扣。

（三）"八一"红色文化品牌传播效果不佳

在传播渠道方面，南昌在利用新媒体传播"八一"红色文化品牌上还有较大提升空间，对新型传播媒介的应用不够全面，无法全方位立体化地触达目标群体，导致目标受众对"八一"红色文化品牌的感知力较弱。在传播主体方面，尽管南昌市相关部门采取了多项政策和措施向外界宣传推广"八一"文化，然而政府作为单一主体，其宣传作用是有限的，需要文化企业和广大市民的积极参与。在传播范围方面，南昌未借助发展机遇发挥集群效应，文化品牌与区域品牌协同力不足，未能借助区域一体化协同发展挖掘出新的品牌增长点。

（四）"八一"红色文化品牌塑造保障不足

一方面，推进"八一"红色文化品牌需要投入大量资金，包括宣传推广、活动策划、设施建设等，然而其投资回报周期较长，风险相对较高，导致很多投资主体投资意愿不强，制约了"八一"红色文化品牌塑造的规模和效果。另一方面，推进"八一"红色文化品牌需要专业人才作为支撑，尽管近年来南昌加大了对人才培养的投入，但在培养机制、培养质量方面仍有待提升，品牌管理和品牌运营方面的专业人才培养和引进力度还不够，缺乏具备相应技能和经验的人才，难以系统整合南昌"八一"文化资源。

三、南昌推进"八一"红色文化品牌的策略思考

推进"八一"红色文化品牌的目的就是要不断提升"八一"文化在省内外的吸引力、影响力，助力南昌经济社会高质量发展，这不仅需要从整体层面做好规划和引导，夯实内在发展基础，还要善抓机遇，创新营销方式，做好宣传推广工作。探索出一条具有南昌特色且行之有效的"八一"红色文化品牌推广之路。

（一）科学定位，深入研究，丰富"八一"红色文化品牌内涵要素

1. 制定明确的"八一"红色文化品牌发展战略。加强政府对全市"八一"红色文化品牌建设的组织、协调和引导，使政府成为推动"八一"红色文化品牌建设的支撑和后盾。加快制定"八一"红色文化品牌构建总体计划和实施方案，明确"八一"红色文化品牌构建目标，打造具有鲜明"八一"特色、体现革命精神、彰显城市魅力的文化品牌，使其成为城市发展的重要支撑和对外展示的重要窗口。构建具有独特性和辨识度的"八一"红色文化品牌体系，包括确立品牌标识、品牌口号、品牌形象等，形成统一、规范的视觉识别系统。成立相关促进"八一"红色文化品牌的社会组织，专门致力于"八一"红色文化品牌的建设和提升，定期评估品牌建设中存在的问题，并不断改进，使其走上良性发展的道路。

2. 以理论研究为支撑深挖"八一"文化内涵。深入挖掘八一南昌起义的历史，开展"八一"理论研究活动，邀请高水平的专家学者进行专题研讨活动，形成高质量理论研究成果，奠定"八一"红色文化品牌的理论基础。在依托史实开展理论研究的基础之上，结合新时代人们的精神文化需求对"八一"文化内涵与时俱进地进行挖掘和阐述，整理出系统全面的史料并加以提炼，作为"八一"红色文化品牌的根基和精髓。积极申报国家

级和省级爱国主义教育基地、特色干部培训基地、党校教学点，把"八一"文化以理论和实践教学的形式进行传承和弘扬，实现育人、化人的功能。

（二）综合开发，借力借势，推动"八一"红色文化品牌产业化发展

1. 树立精品意识，提升"八一"文化品牌吸引力。对"八一"文化进行深入的研究和挖掘，通过梳理"八一"文化的历史脉络、传承演变以及精神内涵，提炼出独特且富有代表性的文化元素和符号，培育和塑造一批具有鲜明"八一"文化特色的原创 IP 形象和产品。以八一南昌起义为主题，创作一系列军事题材文艺作品，包括纪录片、电影、电视剧、文学作品、舞台剧等，从多个角度、以多种形式讲述八一南昌起义的故事，不断扩大"八一"红色文化品牌的影响力。做大做强军事主题文创产业，扶持和培育研发设计骨干企业，促进产业集聚和产业链延伸，推动军事主题文创产业规模化、特色化、品牌化发展。举办军事文创产品展交会、军事文创设计大赛、军事文化博览会等活动，从而进一步提升"八一"军事文创产品的市场影响力。

2. 加强文旅融合，打造"八一"文化旅游胜地。对南昌现有的红色旅游资源进行全面梳理和评估，深入了解南昌八一起义纪念馆等核心景点的历史背景、文化内涵和现状，评估其他潜在红色旅游资源的价值和潜力。根据梳理结果，制定红色旅游项目引进计划，积极寻求与具有丰富经验和创新能力的旅游开发机构合作，共同策划和开发具有南昌特色的红色旅游项目，确保项目与南昌"八一"红色文化品牌相契合，并以生动、有趣的方式展现南昌起义的历史场景和革命精神，满足游客的多样化需求。在发展红色旅游产业的过程中，除了要依托"八一"文化资源，充分挖掘红色文化资源的独特性和唯一性外，还要融合丰富的历史文化元素和自然生态禀赋，使红色、绿色、古色和城市的时尚色交汇在一起，让游客既可以在红色历史文化中穿行，又能在青山绿水中徜徉，还能感受别具特色的民俗文化，从而增添这张文化名片的厚度。

(三)强化宣传,区域联动,改善"八一"红色文化品牌传播效果

1. 创新宣传方式,丰富传播渠道。创新宣传方式和手段,提高"八一"红色文化品牌的知名度和影响力。"八一"红色文化品牌应依托新媒体造势,倚仗传统媒体加持,从而形成一种全平台覆盖的融合营销。品牌宣传的重点应向新媒体转移,积极运用互联网、社交媒体等新媒体平台,制作和传播与"八一"红色文化品牌相关的短视频、直播、互动游戏等内容,吸引年轻群体的关注和参与。在广播电视、报纸杂志等传统媒体上进行常态化宣传,通过制作宣传片、纪录片等影视作品,广泛宣传"八一"红色文化品牌。统筹和协调好新媒体和传统媒体间的关系,形成传播合力,提升传播效能。从宣传主体的角度而言,政府还要广泛协同企业、社会组织、市民参与"八一"红色文化品牌传播并进行更好的联动,形成以政府为主体、文化企业为助力、市民广泛参与的多主体密切合作格局。

2. 加强交流合作,扩大传播范围。加强与其他红色文化品牌的交流合作,形成联动效应。可以与井冈山、延安等其他红色文化品牌展开交流合作,共同举办活动、开展研究工作,实现资源共享、优势互补,形成更广泛的影响力和辐射力。与各地红色文化景区、纪念馆、博物馆等建立长期稳定的合作关系,共同开展品牌宣传、活动组织等工作,形成品牌传播合力。以"八一"作为特色名片和沟通纽带,主动融入长江经济带发展战略,与周边省市加强合作,共同打造红色文化旅游线路,实现资源共享、客源互送,扩大品牌的影响范围。积极参与国际文化交流活动,如国际旅游节、文化博览会等,展示"八一"红色文化品牌的独特魅力,吸引国际关注。

(四)政策支持,多方赋能,强化"八一"红色文化品牌保障措施

1. 拓宽品牌建设资金来源渠道。加大资金投入是确保"八一"红色文化品牌发展稳健和有效传播的重要基础。要设立"八一"红色文化品牌发展专项资金,用于支持"八一"红色文化品牌的宣传推广、活动开展和项目建设,确保品牌建设的资金需求得到满足。通过政策引导,鼓励企业参

与"八一"红色文化品牌的投资与建设，发挥企业在品牌建设中的积极作用，对参与"八一"红色文化品牌投资的企业，给予税收减免等政策支持，激发企业投资热情。建立多元化的融资机制，引导社会资本进入"八一"红色文化品牌建设领域，为品牌建设提供充足的资金支持。

2. 加强品牌建设专业人才培育。培养和引进一批懂文化、善经营、会管理的专业人才，能够为品牌建设提供有力的人才支撑。针对文化、经营和管理领域，设立专门的培训项目，邀请行业专家和学者进行授课，培养既有专业知识又有实践经验的人才。与高校和职业院校合作，开设与"八一"红色文化品牌相关的课程，通过定向培养的方式，为品牌建设输送专业人才。出台吸引人才的优惠政策，吸引更多优秀人才加入"八一"红色文化品牌建设队伍。与红色文化景区、博物馆等单位合作，建立实践基地，为专业人才提供实践平台，并让这些专业人才在品牌传播、活动策划、经营管理等方面发挥积极作用，持续推动"八一"红色文化品牌建设。

执笔：阳春秀